3D프린터
활용 가이드

3D 프린터 활용 가이드

초판 1쇄 인쇄 | 2023년 1월 5일
초판 1쇄 발행 | 2023년 1월 10일

지 은 이 | 정성원, 고준혁, 김민관, 노우성, 장호준
발 행 인 | 이상만
발 행 처 | 정보문화사

책 임 편 집 | 노미라
교 정 교 열 | 안종군

주   소 | 서울시 종로구 동숭길 113 (정보빌딩)
전   화 | (02)3673-0114
팩   스 | (02)3673-0260
등   록 | 1990년 2월 14일 제1-1013호
홈 페 이 지 | www.infopub.co.kr

I S B N | 978-89-5674-921-1

3D PRINTER

메이커를 위한
프로토타이핑 바이블

3D프린터
활용 가이드

정성원, 고준혁, 김민관, 노우성, 장호준 **지음**

정보문화사
Information Publishing Group

머리말

요즘의 메이커는 참 행복합니다. 상상하는 모든 물건을 비교적 쉽게 실제 제품으로 만들어 볼 수 있기 때문입니다. 과거에는 높은 비용을 지불하면서 고도의 훈련받은 사람이 고가의 전문 장비를 이용해야만 만들 수 있는 여러 가지 부품과 제품을 지금은 내 책상 옆에 있는 작은 3D프린터 한 대로도 모두 만들어 볼 수 있는 환경이 됐습니다.

수십 년 동안 제품 개발 관련 프로젝트를 수행해 왔던 필자는 늘 새로운 제품을 디자인하고 설계하고 만드는 일을 했습니다. 머릿속에 있던 새로운 제품에 대한 아이디어는 캐드(CAD) 툴을 이용해 컴퓨터에서 3차원 모델(3D Model)로 만들어지고 프로토타입(Prototype)을 제작하는 전문 기업에 전달돼 여러 단계의 기계 가공과 수작업을 거쳐 실제로 만질 수 있는 프로토타입으로 탄생했습니다. 과거에는 오래 걸리고 많은 비용이 소모되던 이 과정이 이제는 3D프린터를 이용해 짧은 시간 안에 매우 적은 비용으로 만들 수 있는 시대가 된 것입니다.

그런데 이러한 3D프린터는 단순한 하드웨어이며 도구입니다. 이 도구를 이용해 내가 원하는 무엇인가를 만들어 내기 위해서는 그것을 작동시킬 수 있는 좋은 콘텐츠가 필요합니다. 3D프린터를 움직이는 콘텐츠는 캐드 툴에서 만들어진 3D 모델입니다. 따라서 3D프린터를 잘 이용하기 위해서는 무엇보다 3D 모델을 제대로 만드는 것이 필요합니다. 하드웨어가 잘 갖춰져 있다고 해도 그것을 제대로 운용할 수 있는 콘텐츠가 부실하다면 원하는 제품을 만들 수 없기 때문입니다.

이 책은 필자가 대학에서 강의하고 있는 '3D프린팅과 프로토타이핑' 관련 교과목의 교재로 활용하기 위한 용도로 기획되었습니다. 자신이 구상하는 아이디어를 3D프린터로 실제로 만들어 보고 싶은 학생들을 대상으로 하는 교과목에 적합한 교재를 찾는 과정에서 여러 책의 내용이 3D 프린터의 원리나 구조에 중점을 두고 있고 3D프린터의 콘텐츠인 3D 모델을 어떻게 만들어야 하는지에 관한 내용이 별로 없다는 것을 알게 됐습니다. 또한 모델링을 다루고 있더라도 그 대상은 주로 3D프린터라는 하드웨어를 연습하기 위한 간단한 소품, 3D캐릭터 등에 국한돼 있다는 것을 발견했습니다.

따라서 이 책에서는 3D프린터를 효과적으로 활용하는 데 필요한 하드웨어에 관련된 내용과 그 것을 움직이게 하는 콘텐츠에 관한 내용들을 균형 있는 비율로 구성했습니다. 구체적인 내용은 다음과 같습니다.

- 3D프린터에 대한 기본적인 이해
- 3D프린터에 사용하는 재료의 특징
- 3D프린터를 운용하기 위한 소프트웨어의 설정 방법
- 3D프린터에서 출력된 부품의 물리적 속성
- 단일 부품을 디자인하기 위한 모델링 가이드라인
- 부품을 결합해 완성된 제품으로 조립하기 위한 방법과 가이드라인
- 종합 예제와 문제 해결 방법

이 책의 독자층은 3D프린터를 이용해 무엇인가를 만들고 싶지만, 3D프린팅에 대한 경험이 충분하지 않거나 3D프린터의 콘텐츠인 3D 모델을 보다 효율적으로 만들고 싶은 사람들을 대상으로 합니다. 이를 위해 다루는 대상은 단순한 캐릭터나 취미용 소품이 아닌, 실제로 상품으로 개발될 수 있는 제품입니다. 제품 개발 과정에서 만들게 되는 목업(Mock-up)과 프로토타입의 효과적인 3D 모델 생성과 활용 방법에 중점을 두고 있습니다. 특히, 처음 캐드 툴과 모델링을 접하는 독자는 이 책을 통해 부품을 디자인할 때 고려해야 할 여러 사항을 경험하게 될 것이라 생각합니다.

다만, 이 책에서 제시하고 있는 3D프린팅을 위한 모델링, 소프트웨어의 설정, 부품과 조립품 설계 등과 같은 가이드라인은 개인용 3D프린터에 국한되며 절대적인 표준 값을 적용하는 것이 아니라 전반적인 경향을 파악하고 3D프린팅과 프로토타입의 제작 과정에서 발생할 수 있는 다양한 상황을 이해하는 방향으로 활용해야 합니다. 자신이 사용하고자 하는 프린터의 종류와 특성에 맞춰 이 책의 내용을 응용할 수 있을 것입니다. 부디 이 책이 3D프린터로 새로운 제품을 만들고 싶은 메이커의 디자인 능력과 3D프린터 활용 능력을 키우는 데 도움이 되기를 기대합니다.

저자 씀

차례

02장   3D프린팅 출력물의 특징

차례

01장

3D프린팅의 기초

01

3D프린팅 개요

01 3D프린팅의 개념

01 3D프린팅의 의미

3D프린팅은 컴퓨터로 만들어진 3차원 모델링(형상과 치수) 데이터를 플라스틱, 금속, 세라믹 등과 같은 다양한 재료를 이용해 1개의 얇은 판 형태로 적층시켜 물체를 만들어 내는 방법을 말한다.

3D 모델링   3D프린팅   완성

[그림 1-1] 3D프린팅 과정

3D프린팅에서 물체를 만들어 나가는 방법은 모델링 데이터를 수직 방향의 얇은 층으로 분리(Slicing)한 후 한 면(Layer)씩 쌓아 나가는 방식을 이용한다고 해서 '적층 가공(Additive Manufacturing)'이라고 부른다.

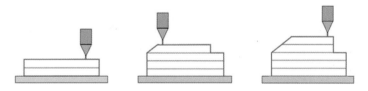

[그림 1-2] 모델링 데이터를 적층 가공 방식으로 프린팅하는 방법

02 기존 제조 방식과 3D프린팅의 비교

전통적인 제조 방식 중 가장 보편적인 방법은 금속과 플라스틱의 가공이다. 금속 가공의 대표적인 방법 중 하나는 큰 덩어리를 조금씩 깎아 나가면서 형상을 완성하는 방식, 즉 절삭 가공이다. 프레스 금형, 주물과 같은 생산 방법도 있지만, 절삭 가공은 금속 가공의 특성을 잘 보여 준다. 절삭 가공은 매우 정밀한 부품을 제조할 수 있다는 장점이 있는 반면 가공 비용이 높고 만들 수 있는 형상에 제약이 있다는 단점이 있다. CNC를 이용한 절삭 가공은 프로토타이핑 과정에서 플라스틱 재료에도 광범위하게 적용되는 보편적인 방법이다.

[그림 1-3] 모재를 깎아 형상을 완성해 나가는 절삭 가공 · [그림 1-4] CNC 아크릴 절삭 가공

플라스틱 가공의 대표적인 방법은 금형이라는 틀에 액체 상태의 플라스틱 수지를 주입한 후 금형을 분리하고 가공품을 얻는 '사출(Injection Molding)'이다. 대량 생산에 적합하고 복잡한 형상을 저렴한 비용으로 만들 수 있다는 장점이 있다. 우리 주변에서 볼 수 있는 많은 플라스틱 제품이 사출 금형으로 만들어진다. 사출 금형은 산업 사회의 대량 생산 체제와 맞물려 비약적으로 발전했다. 가장 큰 장점은 매우 저렴한 비용으로 복잡하고 정교한 플라스틱 부품을 만들 수 있다는 것이다. 반면, 단점은 소량으로 생산할 때도 금형이라는 장치를 동일하게 이용해야 하므로 비용이 매우 높아진다는 것이다. 일반적으로 사출 금형은 동일 부품을 최소 1,000개~1만 개 이상 생산할 때 비용 대비 효과가 높아진다. 따라서 시제품과 같이 플라스틱으로 소량 생산을 할 때는 금속과 마찬가지로 절삭 가공을 사용하는데, 이때의 생산 비용은 매우 높다.

[그림 1-5] 사출 금형을 이용한 플라스틱 제조 방식

03 3D프린팅의 장점

3D프린팅을 이용하면 형상과 구조가 복잡한 부품을 쉽게 만들 수 있다. 기존의 전통적인 제조 방식으로는 구현하기 힘든 매우 복잡한 부품의 제조에 제약이 없다. 생산 수량이 매우 작은 제품일 경우, 비교적 적은 비용으로 제품을 생산할 수 있다. 기존 제조 방식의 경우, 대량 생산에는 유리하지만, 서로 다른 디자인을 적용해 소량 생산하는 경우에는 경제성이 떨어진다. 또한 조립된 상태로 출력할 수 있으므로 기존 방법으로 생산할 수 없는 제품도 생산할 수 있다. 이 밖의 장점으로는 여러 가지 색상이 1개의 부품에 적용된 상태로도 출력할 수 있다는 점을 들 수 있다.

FDM 프린터의 가장 큰 장점은 누구나 쉽게 이용할 수 있을 정도로 진입 문턱이 낮다는 점이다. FDM 프린터는 비교적 저렴한 가격으로 구입할 수 있을 뿐만 아니라 다양한 색상과 재료의 필라멘트를 구하기 쉽고 관련 정보도 쉽게 구할 수 있다.

04 3D프린팅의 단점

3D프린팅은 출력 시간이 기존 생산 방법 대비 매우 오래 걸린다. 따라서 대량 생산은 매우 힘든 실정이다. 현재까지는 일반 생산 목적보다 프로토타이핑의 용도로 주로 활용되고 있으며 특수한 분야에서 특별한 용도로 사용하고 있다.

[그림 1-6] 프로토타이핑 용도로 사용하는 3D프린팅

최근 다양한 재료를 사용하는 많은 산업용 프린터의 개발로 프린팅 출력물의 품질이 획기적으로 개선되고 있지만, 개인용 프린터의 출력 품질, 출력 시간 등은 아직 테스트용으로 사용할 정도이다. 개인용 프린터는 제품의 목업과 프로토타입의 제작, 아이디어 확인, 형상과 구조의 확인용으로 활용하는 데 적합하다.

3D프린팅을 사용하기 위해서는 3D데이터가 필요한데, 이는 3D 모델링을 통해 수행된다. 이 모델링은 전문적인 교육과 훈련으로 이뤄지므로 3D프린터를 업무에 직접적으로 활용하기 위해서는 3D 모델링(디자인과 설계)이라는 능력이 요구된다.

개인용 프린터에서 사용하는 3D프린터의 재료는 물리적으로 여러 약점이 있으므로 3D데이터를 만들 때는 이를 고려해야 한다.

02 3D프린팅의 역사

최초의 3D프린팅 기술은 1980년대에 개발됐지만, 그동안은 특허권 때문에 대중화되지 못하다가 최근 10여 년 전부터 관련 특허권이 만료되면서 많은 기업이 3D프린터를 개발하기 시작했다.

01 1981~1989년: 최초의 3D프린터

최초의 3D프린팅 관련 기술은 1981년 일본 나고야 시립 연구소의 히데오 코타마 박사가 제안했다. 이는 빛에 반응해 굳어지는 물질인 '광경화성 액상 수지'로 고체층을 만들어 쌓아올리는 방식으로, 캐드(CAD) 모델을 실제 물체로 만들어 낼 수 있는 최초의 방식이었다.

이후 다양한 관련 기술이 소개됐고 1986년 미국의 3D systems 사는 최초의 SLA(Stereo Lithography Apparatus) 방식의 프린터인 'SLA-1'을 개발했다. SLA 방식은 수조에 담긴 광경화성 액상 수지에 자외선 레이저를 조사해 굳혀가면서 원하는 형상을 만들어 내는 기술이다.

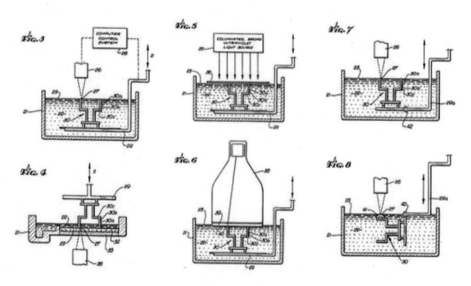

[그림 1-7] 척 헐(Chuck Hull)의 3D프린터 특허(특허 번호 US 4575330 A: 조형에 의한 3차원 물체의 제조 장치)

02 1992년: FDM 3D프린터의 출현

1989년 스콧 크럼프(Scott Crump)는 '3차원 물체를 생성하는 장치 및 방법(특허 번호: US 5121329 A)'이라는 이름의 특허를 출원하고 현재 세계 3D프린터 점유율 1위인 '스트라타시스(Stratasys)'를 설립했다. 이는 열가소성 플라스틱을 노즐 안에서 녹여 적층하면서 입체 형상물을 만드는 방식으로, SLA 방식과 달리 레이저 장비가 필요하지 않기 때문에 가격이 매우 저렴했다. 이후 스트라타시스 사는 우리 주변에서 흔히 볼 수 있는 FDM(Fused Deposition Modeling: 용융 적층 모델링) 방식의 프린터를 1991년 선보이게 된다.

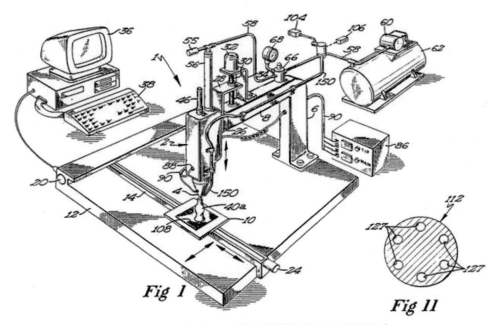

[그림 1-8] 스콧 크럼프의 FDM 특허 중 일부(특허 번호: US 5121329 A)

03 1994년: 금속 3D프린터의 출현

[그림 1-9] EOS 사의 소형 금속 프린터 EOS M100

미국 텍사스 대학의 칼 데커드(Carl Deckard)는 SLS(Selective Laser Sintering, 선택적 레이저 소결) 방식의 3D프린팅 특허를 등록했다(특허 번호: US 5597589 A). 이는 분말 형태의 폴리머 재료를 레이저로 소결시켜 형상을 만드는 방법이다. 이후 이 기술은 독일의 EOS GmbH(Electro Optical Systems) 사에 의해 DMLS(Direct Metal Layer Sintering)로 발전돼 금속 3D프린터인 EOSINT M250 모델로 출시된다.

04 2000년대 이후: 렙랩 프로젝트

영국의 아드리안 보이어(Adrian Bowyer) 교수는 렙랩(Reprap, Replication Rapid Prototyping) 프로젝트라는 자가 복제가 가능한 저렴한 3D프린터의 제작과 보급 운동을 일으켰다. 실제로 렙랩의 프린터들은 몇 가지 요소를 제외하고는 모든 부품을 3D프린터로 복제 생산할 수 있도록 설계했으며 이를 지원하는 오픈소스 3D프린팅 커뮤니티인 싱기버스(Thingiverse.com)가 개설됐다. 이후 많은 회사가 렙랩의 프린터를 기반으로 저렴한 3D프린터를 확산시켰다.

[그림 1-10] 렙랩의 3D프린터, 다윈

[그림 1-11] 렙랩의 3D프린터, 멘델

05 2009년 이후: 개인용 3D프린터의 확산

미국의 메이커봇 사는 렙랩 기반의 3D프린터인 '리플리케이터'를 출시해 개인용 3D프린터의 보급에 앞장섰다. 메이커봇 사는 싱기버스와 함께 3D프린터의 개인화에 큰 역할을 했다.

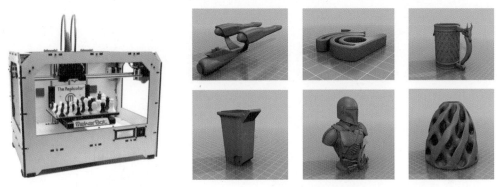

[그림 1-12] 메이커봇의 초기 리플리케이터   [그림 1-13] 싱기버스에서 찾을 수 있는 모델링들

특히 2009년 스타라타시스 사가 보유한 FDM 방식의 특허가 만료되면서 전 세계적으로 엄청난 수의 3D프린터가 출시되고 있으며 개인용 3D프린팅이 일반화됐다. 최근에는 초저가의 3D프린터가 출시되면서 3D프린팅의 이용과 경험에 제약이 없어졌으며 3D프린터를 활용한 다양한 시도가 이뤄지고 있다.

03 3D프린터의 활용 분야

01 제조업

스마트 팩토리

[그림 1-14] 대량 생산을 위해 구축된 SLS 프린터 팩토리

대량 생산을 기반으로 하는 기존 제조 방식에서 개인 맞춤형 생산 방식이 확대됨에 따라 스마트 팩토리에 3D프린터를 도입하기 시작했다. 수십 대의 3D프린터를 한 곳에서 모니터링하고 제어하며 생산 시간과 물량을 원격으로 제어해 생산할 수 있는 시스템이 구축된다.

아디다스 사에서는 스마트 팩토리에서 3D프린팅한 운동화 4DFWD을 연 10만 개 생산하기도 했으며 GE 사는 기존 10개의 조립 라인에서 조립하던 엔진 노즐을 2020년부터 금속 프린터를 이용해 한 번에 연 10만 개씩 만들고 있다.

[그림 1-15] 아디다스 사의 4DFWD 운동화

[그림 1-16] GE 사의 적층 제조된 엔진 노즐

자동차 제조

3D프린팅을 이용하면 복잡한 형상의 부품을 가벼운 소재로 만들 수 있는 장점이 있기 때문에 최근 자동차 업계에서도 3D프린터를 도입하고 있다. 포르셰(Porsche)에서는 엔진 피스톤과 시트의 부품을 3D프린팅해 무게를 경량화했다. 독일 부품 업체인 말레(MAHLE)는 엔진 피스톤을 SLS 방식의 3D프린터로 제작했다. 기존에는 금속 블록을 통째로 절삭하는 방식을 사용했는데, 피스톤 무게를 줄이려다 금속 블록을 과도하게 깎아 내 내구성이 감소하는 경우가 많았다. 3D프린팅을 이용한 피스톤은 엔진 실린더의 폭발력을 견뎌 낼 수 있는 복잡한 구조물을 입체적으로 만들 수 있었기 때문에 기존 강도는 유지한 채 무게를 10% 줄일 수 있었다.

[그림 1-17] 포르셰의 3D프린팅 피스톤

[그림 1-18] 포르셰에서 3D프린팅한 시트의 일부 구조

항공 우주

2013년 NASA는 3D프린터를 활용해 로켓 엔진의 일부를 만드는 실험에 성공했다. 원래 연료 분사 노즐은 매우 복잡하고 정교한 부품이기 때문에 제작 비용이 매우 높고 제작 기간이 수년이나 됐는데, SLS 방식의 3D프린터를 활용해 4개월 만에 분사 노즐의 제작을 완성했다. 최근에는 로켓의 엔진룸, 터보 펌프, 메인 추진 밸브 등과 같은 핵심 부품을 3D프린터로 제작하기도 하고 국제 우주 정거장의 유지 보수에 사용하기도 한다.

[그림 1-19] 3D프린팅 로켓 TERRAN 1, TERRAN R

[그림 1-20] GE 사에서 3D프린팅한 항공기 엔진

02 의료

의료 부분에서는 개인 맞춤 제품이 필요한 경우가 많고 제품의 제작 비용이 높으며 수량이 적기 때문에 3D프린터를 활용하는 사례들이 많이 생기고 있다. 다양한 적용 사례가 있지만, 여기서는 대표적인 2가지만 살펴보기로 한다.

▌바이오 3D프린팅

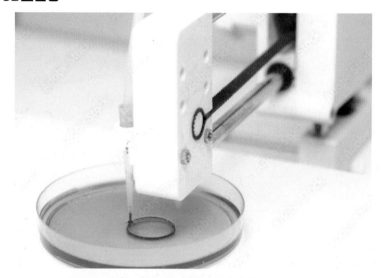

[그림 1-21] 바이오 재료로 된 세포를 조합해 배양 중인 3D프린터

바이오 분야에서는 3D프린터를 세포를 조합해 배양하는 곳에 활용하고 있다. 새로운 바이오 재료들이 3D프린팅 용도로 개발되고 있는 것이다.

2019년 4월 이스라엘의 텔아비브대 연구팀이 환자 세포 등을 이용한 인공 심장을 3D프린터로 출력하는 데 성공했다. 기존의 심장 질환 환자들은 심장 이식을 기증자들에게 의존할 수밖에 없었고 어렵게 기증자를 구하더라도 면역 거부 반응 때문에 쉽게 이식할 수 없었다. 그러나 3D프린터를 활용하면 이식을 원하는 환자가 나타났을 때 환자 본인의 세포를 이용해 면역 거부 반응이 거의 없는 인공 심장을 신속하게 제작해 이식할 수 있다. 이때는 생체 재료를 하이드로겔 형태로 가공한 후 세포와 하이드로겔을 혼합해 심장 세포와 심장의 내피 세포로 분화시켜 심장 혈관과 함께 프린팅하는 방법을 사용한다.

[그림 1-22] 3D프린터로 출력한 인공 심장

[그림 1-23] 인공 심장 제작 과정

MIT의 연구원들은 기존의 바이오 프린터를 개선해 성장 호르몬의 농도를 조절한 영양액을 사용한 식물 재료를 프린팅하는 기술을 개발 중이다. 이 기술을 이용하면 나무가 자라는 형태를 조절할 수 있어서 만들고자 하는 물건과 유사한 형태로 나무를 프린팅할 수 있고 프린팅하는 속도도 실제 나무가 자라는 속도보다 수십 배 이상 빠르기 때문에 다양한 곳에 활용할 수 있을 것으로 기대된다.

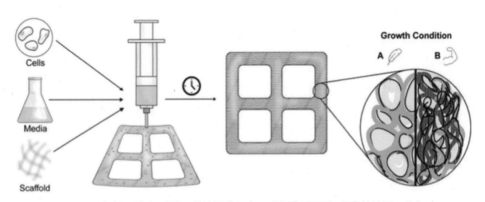

[그림 1-24] 바이오프린터로 창살 모양의 목재를 기르고 특성을 강화하는 것을 보여 주는 개념

▌치과 분야

[그림 1-25] 3D프린팅된 치아의 원형

치과 분야에서는 3D프린팅이 치아 교정과 보철 치료, 임플란트용 인공 치아 제작 등에 활용되고 있다. 3D프린팅으로 인공 치아를 제작하는 경우, 환자의 치근 형상뿐만 아니라 치과용 특수 재료를 이용해 개인 맞춤형으로 진행되므로 치료 후 부작용의 위험이 줄어들고 환자의 만족도가 증가한다. 더 나아가 인공 치아의 표면에 미세한 구멍을 구현해 표면적을 넓힘으로써 인공 치아의 뿌리 부분이 잇몸뼈와 더 잘 융합될 수도 있다.

이와 같이 의료 분야에서 바이오 3D프린팅 기술을 활용하면 환자 맞춤형 제품 제작이 가능해지고 부작용을 최소화할 수 있다는 장점이 있다. 향후 바이오프린팅을 위한 안전한 재료의 개발과 이러한 재료를 이용한 다양한 맞춤형 기술 개발 및 치료 사례가 계속 소개될 것으로 기대한다.

03 전기·전자

▌3D프린팅 배터리

3D프린팅 기술은 전기 · 전자 분야에서도 활용 가능성이 커지고 있으며 관련 개발 사례들이 소개되고 있다. 실리콘밸리의 배터리 제조 스타트업인 사쿠(Sakuu) 사는 3D프린터로 리튬이온 전고체 배터리 제조 관련 기술을 개발했다고 발표했고 카이스트(KAIST)의 한 연구팀은 3D프린터를 이용해 자유로운 형태의 아연-이온(Zn-Ion) 배터리를 제조할 수 있는 기술을 개발했다고 발표했다.

[그림 1-26] 사쿠 사에서 소개한 배터리

[그림 1-27] 3D프린팅으로 구현된 아연-이온 배터리

▋반도체 분야

기존 반도체 인쇄 기술에 3D프린터를 접목한 기술도 개발되고 있다. 최근에는 수평으로 트랜지스터와 배선을 연결하던 방식에서 3차원으로 회로를 구성하는 기술이 소개됐다. 이 기술을 이용하면 더 높은 집적도를 구현할 수 있다. 3차원 회로 구성뿐만 아니라 웨어러블 제품에 많이 사용하는 플렉시블 반도체를 제작하는 곳에도 3D프린터가 활용되고 있다. 이 밖에도 금속 프린팅 기술을 활용해 다양한 반도체 장비 및 설비 제작에 활용되고 있다.

04 식품

[그림 1-28] 3DSystems 사의 반도체 생산 설비

[그림 1-29] 반도체 세척 시스템의 가스 혼합기 제작 사례

식품 분야의 3D프린터 활용은 이제 일반적인 일이 됐다. 식품 재료는 다른 재료와 달리, 상대적으로 정밀도와 온도 제어에 민감하지 않으므로 관련 기술이 빠르게 개발되고 있으며 다양한 적용 사례가 소개되고 있다.

▋3D프린터를 활용한 대체육 개발

이스라엘의 스타트업 기업인 '리디파인 미트(Redefine Meat)'는 3D프린터를 이용해 대체육을 프린트하고 요리하는 모습을 공개하고 완두콩, 코코넛, 해바라기유 등의 식물성 재료를 이용해 일반 스테이크 고기와 똑같은 외형, 식감, 질감을 구현했다고 발표했다. 이 회사의 식품 프린터는 식물성 재료만으로 70가지가 넘는 색과 맛 향을 재현해 낸다고 하는데, 미래의 식품을 제조하는 다양한 수단 중 하나로 활용될 수 있을지 주목받고 있다.

한편 콜롬비아대학의 한 연구팀은 닭고기를 3D프린터로 출력한 후 바로 3가지 종류의 레이저를 사용해 즉석에서 닭고기를 굽는 3D프린터를 개발하고 있다. 제한된 환경에서 식품을 제조하고 조리하는 데 이용될 수 있을 것으로 기대된다.

[그림 1-30] 인쇄된 고기를 레이저로 굽는 모습

[그림 1-31] 대체육을 프린팅하는 모습

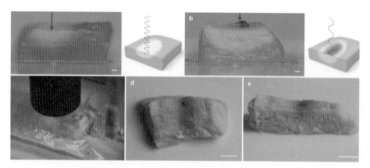

[그림 1-32] 레이저로 닭고기를 조리하는 모습

▌케이크와 디저트

3D프린터는 다양한 식품에서 사용되는데, 특히 화려한 장식을 중요시하는 디저트 분야에서 각광받고 있다. 기존의 수작업 방식은 케이크, 초콜릿과 같은 화려한 장식이 들어갈 때 시간이 오래 걸리는데, 3D프린터를 활용하면 빠른 속도로 같은 퀄리티의 장식을 만들어 낼 수 있다. 케이크나 디저트를 만드는 사람은 자신의 아이디어나 공개돼 있는 다양한 장식 디자인을 이용해 빠른 시간에 고품질의 디저트를 생산할 수 있게 됐다.

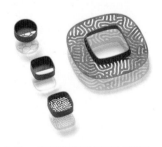

[그림 1-33] 3D프린팅된 초콜릿 장식품

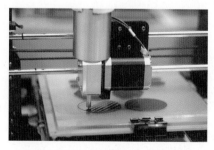

[그림 1-34] 디저트를 출력 중인 3D프린터

02

3D프린팅의 일반적인 방법

01 프린팅 데이터 작성

3D프린팅은 워드프로세서에서 작성된 문서를 잉크젯 프린터를 이용해 종이에 출력하는 방법과 유사하다. 3D프린터에서는 워드프로세서 대신 입체 형태를 만드는 모델링 소프트웨어를 사용하고 잉크젯 프린터 대신 3D프린터를 이용한다는 점이 다를 뿐이다.

흔히 '캐드(CAD) 프로그램'이라 불리는 모델링 소프트웨어는 입체 형상의 3차원 데이터를 만드는 소프트웨어이다. 여기서 만들어진 모델링 데이터를 '슬라이서(Slicer)'라는 3D프린팅을 위한 전용 소프트웨어에서 열어 3D프린팅에 필요한 몇 가지 설정값을 지정한 후 3D프린터로 전송하면 필라멘트라는 플라스틱 재료가 녹으면서 적층으로 출력된다.

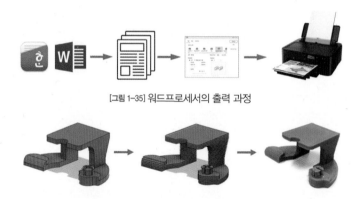

[그림 1-35] 워드프로세서의 출력 과정

[그림 1-36] 3D프린팅 과정: 모델링 → 슬라이싱 → 출력 → 후가공

3D프린팅의 각 단계를 순서대로 간략하게 알아보자.

01 3D 모델링 데이터 준비

3D프린팅은 3차원의 물체를 만들어 내는 과정이므로 데이터도 3차원 형상 정보를 포함하고 있어야 한다. 이 데이터를 '모델링(Modeling) 데이터' 또는 '모델(Model)'이라고 부른다.

이러한 모델은 전용 제작 툴에서 만들어진다. 모델링 초보자를 위한 프로그램에는 123디자인 (123 Design), 틴커캐드(Tinkercad), 스케치업(SketchUp)이 있으며 소프트웨어로는 일반적인 디자이너를 위한 라이노(Rhino3D), 3ds Max, 블렌더(Blender), 지브러시(Z brush) 등이 있다. 이 밖에 디자인과 설계를 전문으로 하는 사람들을 대상으로 하는 전문 3차원 설계 툴인 크레오(CREO),

엔엑스(NX), 카티아(CATIA), 솔리드웍스(Solidworks), 인벤터(Inventor), 퓨전360(Fusion360) 등과 같은 솔리드 모델링 툴도 있다. 그런데 이러한 모델링 툴은 일정 시간 이상의 교육을 받은 후에 사용할 수 있는 것들이므로 프린팅하고자 하는 모델을 생성하기 위해서는 별도의 노력이 필요하다.

싱기버스와 같은 무료 공개 모델링 데이터 웹 사이트를 방문하면 미리 만들어진 다양한 종류의 모델링 데이터를 얻을 수 있다. 다만, 이곳의 데이터는 다른 용도로 만들어진 모델들이므로 내가 출력하고자 하는 데이터를 찾기는 어렵다.

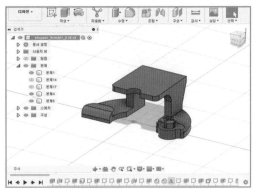
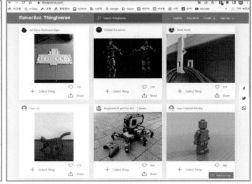

[그림 1-37] 모델링 소프트웨어인 퓨전360 화면　　　　[그림 1-38] 모델링 데이터 공유 웹 사이트 싱기버스

위 모델링 소프트웨어는 모두 3D프린터에서 불러들일 수 있는 STL 형식의 파일로 내보내기 할 수 있는 기능이 있다. STL 파일은 모델링 표면의 형상 데이터만 갖고 있으며 색상이나 기타 정보는 없다. 최근에는 STL 파일 이외에도 OBJ 파일이나 3MF 형식의 파일을 이용하기도 한다. 일반적인 FDM 프린터라면 STL 파일만으로도 충분하다. 단, 모델링 소프트웨어에 따라 STL 파일의 해상도를 조절할 수 있는 옵션이 있으므로 각 소프트웨어의 STL 변환 옵션에 유의해야 한다. 대부분은 해상도를 별도의 옵션 조절 창에서 조절한다. CATIA의 경우에는 별도의 조절 옵션이 없으며 화면 해상도가 바로 STL 해상도가 되므로 유의해야 한다.

02 슬라이서에서 프린팅 옵션 설정 후 지코드 저장

슬라이서(Slicer)는 단어가 암시하는 바와 같이 모델링의 형상 데이터를 수직 방향으로 매우 얇은 여러 개의 층으로 잘게 분리해 주고 분리된 층(레이어) 1개를 만들기 위한 노즐의 이동 경로를 나타내는 지코드(G-code)를 생성하는 소프트웨어이다. 3D프린팅을 하기 위해서는 3D프린터별로 제공하는 전용 슬라이서를 사용하거나 큐라(CURA)와 같은 오픈소스 형태의 공개 슬라이서를 이용하기도 한다.

[그림 1-39] 모델링(왼쪽)과 슬라이싱된 모델(오른쪽)

[그림 1-40] 지코드의 예: 대부분 각 레이어별 노즐의 x, y, z 이동 방향에 대한 정보로 구성돼 있음

[그림 1-41] 큐라 슬라이서에서 불러들인 STL 파일(왼쪽), 큐라의 기본값으로 슬라이싱한 후의 모습(오른쪽)

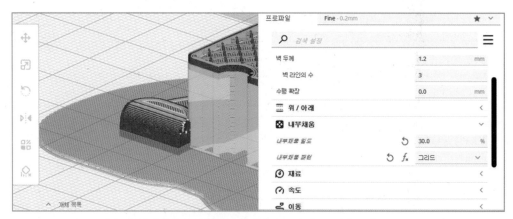

[그림 1-42] 큐라의 프린팅 설정 화면. 설정값에 따라 출력 속도, 출력물의 정밀도, 서포트 유무 등이 다르다

슬라이서에서는 3D프린팅과 관련된 주요 설정값을 조절한다. 예를 들어, 얼마나 정밀하게 출력할 것인지, 출력 재료로는 무엇을 사용할 것인지, 출력 속도는 어떻게 설정할 것인지, 막힌 공간 내부를 어떤 형태로 채울 것인지와 같은 항목들을 설정한다. 이 밖에도 다양한 항목을 설정할 수 있다. 출력 옵션의 설정이 끝나면 노즐의 이동 경로 정보를 가진 지코드를 생성한 후 파일로 저장하는 기능을 수행한다.

02 출력과 후가공

01 3D프린터에서 출력

시중에 출시된 FDM 방식의 개인용 3D프린터의 종류는 매우 다양하다. 프린터의 출력 속도, 출력물의 정밀도, 사용 가능 재료, 출력물의 가능 크기 등에 따라 수십만 원에서부터 수백만 원에 이르기까지 다양한 종류의 프린터가 있다. 반면, 산업용 프린터는 가격이 수천만 원에서부터 수억 원에 이르며 사용 재료도 개인용 FDM과는 다소 다르다. 출력물의 강도, 표면 정밀도 등 물리적인 속성도 개인용 프린터와는 많은 차이가 있다.

이 책에서는 개인용 프린터에 관한 내용을 다루며 개인용 프린터를 잘 활용하기 위한 다양한 내용으로 구성돼 있다. 만약, 산업용 프린터를 주로 이용할 계획이라면 특정 프린터에 맞는 활용 방법을 제조사로부터 직접 구하는 것이 좋다.

3D프린터는 슬라이서에서 넘겨받은 지코드 데이터를 이용해 노즐을 주어진 경로로 이동시키면서 베드라고 하는 평평한 판 위에 재료를 적층한다. 3D프린터의 노즐의 재질은 일반적으로 황동이며 약 200~240℃ 내외로 가열돼 지름이 약 1.75mm인 가느다란 고체 플라스틱 필라멘트를 녹인다.

[그림 1-43] FDM 프린터로 출력 중인 부품들

02 후가공 또는 페인팅

3D프린팅 출력물은 금형이나 기계 가공을 통해 만들어진 플라스틱 부품과 달리, 표면이 매끄럽지 못하다. 필라멘트를 녹인 후 여러 겹으로 적층해 만들므로 미세한 층이 생기고 정밀도가 떨어지기 때문이다. 또한 FDM 방식에서는 출력물의 형상에 따라 서포트라는 지지대가 생기고 출력 후에는 표면이 거칠어진다. 따라서 이렇게 거친 표면을 필요에 따라 매끄럽게 다듬어야 할 경우가 발생한다. 이를 출력 후에 하는 과정이라고 해서 '후가공'이라고 하는데, 최종 출력물의 사용 용도에 따라 후가공 여부가 결정된다. 개인용 3D프린터에서는 3차원 모델링을 하는 과정에서부터 출력물의 표면 상태를 고려해 가능한 한 후가공 없이 좋은 품질의 출력물을 얻는 노력이 필요하다.

한편 필라멘트는 검은색, 흰색, 빨간색, 파란색, 노란색 등과 같이 다양한 색상으로 출시되고 있지만, 사용자의 필요에 따라 출력물에 페인팅해야 하는 경우도 생긴다. 필라멘트의 색상이 다양하다고는 하지만, 원색 위주의 몇 가지 색상으로 제한되기 때문이다. 그러나 페인팅이 꼭 필요한지 확인하고 가능한 한 페인팅을 하지 않는 것이 유리하다.

출력물의 거친 표면을 매끄럽게 만들기 위한 후가공 방법의 대표적인 예로는 샌딩을 들 수 있다. 이는 사포를 이용해 표면을 갈아 내는 방법인데, 이 책의 후가공 편에서 다시 설명한다. 다른 방법으로는 공업용 아세톤을 이용해 표면을 일정 부분 녹여 내는 방식이 있다.

[그림 1-44] 서포트가 제거된 표면의 거칠기 차이

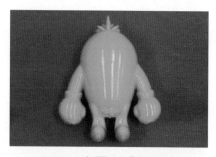

[그림 1-45] 아세톤으로 훈증한 표면

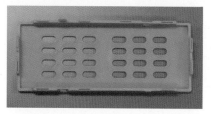

[그림 1-46] 프로토타입을 제작하기 위해 출력 후 서포트를 제거한 다음 샌딩하고 페인팅한 모습

[그림 1-47] 무광 검은색으로 페인팅해 조립한 모습

모델링이 처음이라면 어떤 소프트웨어를 선택해야 할까?

3D프린터는 내가 설계한 대로 출력해 주는 프린터에 지나지 않는다. 무엇을 출력할 것인지는 무엇을 모델링하는지에 따라 결정되므로 모델링은 3D프린팅의 가장 중요한 요소라고 할 수 있다. 만약, 모델링을 한 번도 해 본 적이 없고 모델링이 처음이라면 다음과 같은 상황에 따라 모델링 툴을 선택하는 것이 필요하다. 한 번 선택한 모델링 툴은 계속 사용하게 되므로 처음 선택이 중요하다.

3D프린팅을 체험하기 위한 용도

모델링 툴을 배우는 것이 어렵고 3D프린팅을 빨리 체험해 보고 싶다면 싱기버스를 방문해 여러 가지 원하는 모델링 파일을 다운로드해 보기 바란다. 만약, 간단한 모델을 직접 만들어 보고 싶다면 스케치업과 같은 직관적인 프로그램을 사용해 볼 것을 추천한다. 단, 만들고자 하는 형상이 복잡하고 곡면이 많다면 스케치업만으로는 한계가 있다.

간단한 부품을 직접 만들고 싶을 때

내가 원하는 형상과 구조는 크기와 치수 등이 결정돼 있고 프린팅을 한 후에도 형상과 치수를 수정한다. 이러한 경우가 예상된다면 123디자인, 틴커캐드와 같은 캐드 프로그램으로 시작해 볼 것을 추천한다. 이러한 프로그램을 사용하면 다양한 형태의 모델을 만들거나 여러 번 수정할 수도 있다. 그러나 복잡한 형상과 구조의 제품을 모델링하는 데는 불편할 수 있다. 학교의 동아리 활동 등에서 필요한 부품을 프린팅하기 위한 용도로는 적합하다.

대학생 이상이면서 앞으로 계속 모델링을 할 경우

대학생 이상이면서 향후 다양한 모델링을 하고 프린팅을 계속할 계획이 있거나 다른 종류의 디자인과 설계를 하게 될 것으로 예상된다면 오토데스크(Autodesk) 사의 퓨전360(Fusion360)으로 시작해 볼 것을 추천한다. 퓨전360은 3D프린팅뿐만 아니라 제품 디자인과 설계, 제조, 프린팅, 제너레이티브 디자인에 이르기까지 다양한 기능을 한 곳에서 운용할 수 있게 해 주는 솔리드 기반의 3차원 설계 소프트웨어이다. 현재 대학생과 스타트업에게 무료로 제공되고 있다.

대부분의 경우, CATIA, NX 등과 같은 3차원 전문 설계 툴에서 할 수 있는 많은 기능을 수행할 수 있고 특정 부분의 경우 더 편리하게 모델링할 수 있는 장점이 있다. 또한 전 세계적으로 사용자가 많아 관련 자료를 구하기 쉽다는 장점도 있다.

특히, 제품 디자이너라면 라이노와 같은 서피스 툴보다 퓨전360과 같은 솔리드 툴을 이용할 것을 적극 권장한다. 솔리드 툴에서도 웬만한 서피스는 모두 생성되며 강력한 히스토리 기능을 지원하므로 수정과 변경이 반복되는 디자인 작업에 적합하기 때문이다.

새롭게 개발하는 제품의 시제품을 지금 바로 만들어야 하는 경우

시제품 또는 설계에 대한 충분한 경험이 없는 경우, 관련 전문가의 도움을 받는 것을 추천한다. 새롭게 모델링과 설계를 배워 3D프린팅으로 시제품을 만드는 것은 사실상 매우 어렵고 시간도 오래 걸리기 때문이다.

03

3D프린팅의 원리

01 3D프린터의 분류

3D프린터는 기본적으로 재료를 한 층씩 쌓아올리면서 형상을 만들어 나가는데, 이때 층을 만드는 방법은 매우 다양하다. 이 책의 주요 관심사인 FDM 방식의 프린터는 고체의 플라스틱 필라멘트를 고온의 노즐로 녹여서 압출하면서 쌓아 나간다.

[그림 1-48] FDM 프린터에서 출력하는 모습

미국 재료시험협회(ASTM, American Society for Testing and Materials)에서는 3D프린팅을 재료 압출(Material Extrusion), 광 중합(Vat Photopolymerization), 분말 소결(Powder Bed Fusion), 재료 분사(Material Jetting), 결합제 분사(Binder Jetting), 직접 에너지 증착(Directed Energy Deposition), 시트 적층(Sheet Lamination)으로 구분(ASTM F2792−12a)한다. 이 책에서는 이 중 가장 일반적이고 대표적인 FDM, SLA, SLS를 소개한다.

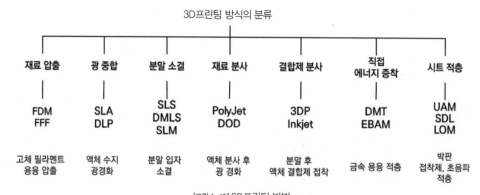

[그림 1-49] 3D프린팅 방법

[그림 1-50] SLA 방식의 3LFORMLABS 사 Form(왼쪽),
XYZPrinting 사의 DLP 방식의 Nobel superfine(오른쪽)

[그림 1-51] 3DSystems 사의 DMP flex200(왼쪽),
Sinterit 사의 LlsaX SLS 3D프린터(오른쪽)

[그림 1-52] 재료 분사 방식의 스트라타시스 사 J55 prime

[그림 1-53] 결합제 분사 방식의 exone 사 S-print

[그림 1-54] 직접 에너지 증착 방식의 INSSTEK 사
MX-Fab 시리즈

[그림 1-55] 시트 적층 방식인 UAM 기술을 이용한
FABRISONIC 사 fabrisonic1200

02 FDM/FFF 프린터

최초의 FDM(Fused Deposition Modeling) 방식 프린팅 아이디어는 글루건에서 나왔다. 스콧 크럼프는 딸에게 장난감 개구리를 글루건으로 만들어 주면서 이런 방식으로 3차원 물체를 적층하면서 만들 수 있는 FDM 프린터 방식의 특허를 출원하고 1989년 그의 아내 리사(Lisa)와 함께 현재 세계 최대의 3D프린터 제조 회사 중 하나인 스트라타시스(Stratasys) 사를 창립한다.

FDM은 스트라타시스에서 특허권을 계속 보유하고 있었는데, 2012년 특허권이 만료된 이후 급속하게 대중화되면서 널리 확산된 개인용 프린팅의 대표적인 방식이다. 우리 주변에서 흔히 볼 수 있는 수백만 원 이하의 저가형 프린터의 대부분이 이 방식을 사용하고 있다. FFF(Fused Filament Fabrication)는 FDM과 동일하지만, 1992년 당시 렙랩 프로젝트에서 스트라타시스 사와의 상표권 분쟁을 피하기 위해 사용한 용어이다.

[그림 1-56] FDM 방식의 프린터(왼쪽부터 Creality 사의 ENDER3, PRUSA 사의 i3 MK3S+, 큐비콘 사의 Style-220C)

FDM과 FFF는 둘 다 필라멘트라는 플라스틱 고체 재료를 고온의 노즐에서 녹여 액체 상태로 압출해 굳히는 방식이다.

[그림 1-57] FDM 3D프린터의 적층 원리

01 FDM 프린터의 기본 원리

FDM 프린터는 열을 가하면 부드러워지면서 녹고 응고된 후에 다시 가열하면 부드러워지는 열가소성 플라스틱 재료를 사용한다. 이 플라스틱 재료는 와이어와 같은 긴 철사 모양의 형태로 만드는데, 이를 '필라멘트'라고 부른다. 고체 상태의 지름 약 1.75mm의 필라멘트는 익스트루더(Extruder)라는 압출기를 통해 노즐까지 이동하고 약 200℃ 가까이 가열된 노즐은 필라멘트를 녹여 노즐 밖으로 압출한다.

노즐은 필라멘트를 압출하면서 수평 및 수직 방향(X, Y, Z)으로 이동하며 '베드'라고 하는 평평한 판 위에 재료를 한 층 한 층 쌓아올린다. 이때 압출된 직후의 액체 필라멘트는 팬(Fan)에 의해 응고하고 그 위에 새로운 압출 재료가 적층되고 다시 응고되는 과정을 반복하면서 3차원 형상이 만들어진다.

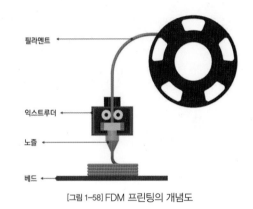

[그림 1-58] FDM 프린팅의 개념도

02 FDM 프린터의 구성 부품

FDM 프린터는 필라멘트와 필라멘트를 이송시키고 녹이는 익스트루더, 녹은 필라멘트가 적층돼 쌓이는 베드 그리고 이러한 부품들을 작동시키는 데 필요한 프레임과 작동 장치로 구성돼 있다. 여기서는 전기·전자 부분을 제외한 프린팅의 원리와 관련된 부분을 설명한다.

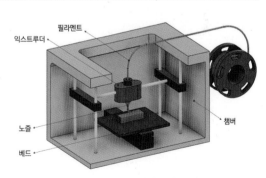

[그림 1-59] FDM 프린터의 기본 구조

█ 익스트루더

익스트루더(압출기)는 필라멘트를 이송시키고 녹인 후 노즐 밖으로 배출시키면서 베드에 적층시키는 역할을 한다. 익스트루더에는 필라멘트의 이송을 위한 기어와 모터 등으로 구성된 콜드엔드(Cold End)와 노즐과 노즐을 가열하기 위한 히팅 블록으로 구성된 핫 엔드(Hot End)가 결합돼 있다.

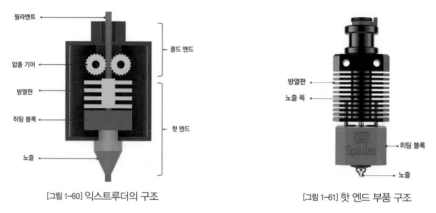

[그림 1-60] 익스트루더의 구조   [그림 1-61] 핫 엔드 부품 구조

█ 핫 엔드

핫 엔드는 필라멘트를 직접 녹이는 부분으로, 일반적으로 노즐, 노즐 목, 히팅 블록, 방열판, 압출된 재료를 굳게 만드는 쿨링팬으로 구성돼 있다. 핫 엔드에서 중요한 것은 필라멘트를 적절하게 용융시키고 압출시키기 위한 온도 관리이다. 핫 엔드가 너무 뜨겁거나, 쿨링팬에 의해 충분히 냉각되지 않거나, 필라멘트가 장기간 핫 엔드에 머물러 있으면 히트 크리프(Heat Creep)라는 출력 실패 현상을 겪을 수 있다. 이러한 히트 크리프는 노즐 막힘으로 이어질 수 있다.

한편 방열판의 역할은 노즐 목의 온도를 빨리 냉각시켜 주기 위한 것이다. 필라멘트는 노즐 목을 거쳐 노즐로 이송되는데, 히팅 블록에서 발생한 열이 노즐 목으로 전달되면 필라멘트가 미리 가열돼 열팽창을 하고 노즐 안쪽의 필라멘트 통로 벽과 마찰을 일으켜 원활한 이송에 방해를 받게 된다.

█ 노즐

노즐의 재료는 부식에 강하며 높은 열전도율을 갖는 황동이 주로 사용한다. 황동 소재의 노즐은 PLA, ABS와 같은 가장 일반적인 필라멘트에 적합하다. 단, 탄소섬유, 금속과 같이 마모를 일으킬 수 있는 거친 입자가 포함된 재료에는 변형하기 쉬운 황동 대신 스테인리스 스틸과 같은 소재의 노즐을 사용하기도 한다.

[그림 1-62] 다양한 지름의 노즐

노즐 지름은 최종적으로 압출되는 필라멘트의 양을 결정하는 요인으로, 출력물의 품질뿐만 아니라 출력 시간에도 직접적인 영향을 미친다. FDM 프린터에서 가장 흔하게 사용하는 노즐의 지름은 0.4mm이다. 지름이 0.2mm인 노즐은 지름이 0.4mm인 노즐보다 정밀하지만, 노즐 막힘 등과 같은 현상이 자주 발생하고 출력 시간이 늘어나는 단점이 있으므로 지름이 0.4mm인 황동 소재의 노즐이 가장 무난하다.

노즐에서 압출되는 액체 상태 재료의 적층 높이, 즉 레이어 높이는 노즐 지름의 25~75% 정도가 가장 적절하다. 따라서 지름이 0.4mm인 노즐의 레이어 높이는 0.2mm 정도로 하는 것이 일반적이다. 레이어 한 층의 최대 높이는 노즐의 지름을 초과할 수 없다. 지름이 0.4mm인 노즐을 사용하고 있다면 레이어 높이는 0.4mm가 최대이다.

FDM 프린터를 사용하다 보면 여러 가지 이유로 노즐이 막히게 되는데, 이때는 다음과 같은 공구를 이용해 청소해야 한다. 고온 상태의 노즐을 가늘고 긴 핀 모양의 도구로 밀어 넣어 막혀 있는 필라멘트를 제거한다.

[그림 1-63] 노즐 청소 도구

▌콜드 엔드

콜드 엔드는 필라멘트의 이송을 위한 장치이다. 압출 기어와 가이드 베어링 사이로 필라멘트가 삽입되고 압출 기어가 회전하면서 필라멘트가 이송된다. 익스트루더의 종류는 콜드 엔드의 위치에 따라 직결 방식과 보우덴 방식으로 구분된다.

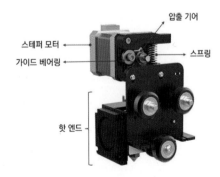

[그림 1-64] 콜드 엔드의 구성 요소

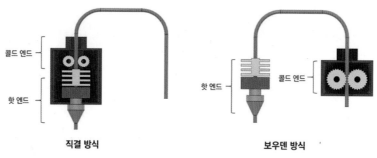

직결 방식(왼쪽)과 보우덴 방식(오른쪽)

콜드 엔드

핫 엔드

핫 엔드

콜드 엔드

직결 방식

보우덴 방식

[그림 1-65] 직결 방식(왼쪽)과 보우덴 방식(오른쪽)의 익스트루더

직결 방식

직결 방식은 이송 부분인 콜드 엔드와 핫 엔드가 서로 가깝게 붙어 있어서 고체 상태에서 액체 상태로 바뀌는 구간의 거리가 짧으므로 필라멘트의 이송 거리를 정밀하게 컨트롤하고 필라멘트의 압출량을 조절하는 것이 상대적으로 용이하다. 또한 이송 거리가 짧기 때문에 모터의 소형화가 가능하다. 그러나 익스트루더의 전체 무게가 증가하므로 익스트루더를 이동시키는 데 많은 힘이 필요하고 진동이 발생할 가능성이 높아진다. 프린터 전체의 작동 안정성을 높이려면 보우덴 방식보다 상대적으로 크고 새시(Chassis)의 강성이 높아야 한다.

보우덴 방식

보우덴 방식은 익스트루더의 콜드 엔드를 핫 엔드에서 분리해 노즐에서 떨어뜨려 놓은 방식이다. 익스트루더의 무게가 가벼워져서 익스트루더를 이동시키는 데 유리하다. 무거운 직결 방식보다 진동이 덜 발생하므로 상대적으로 노즐의 이동 속도를 빠르게 설정할 수 있다. 이에 따라 출력 속도가 빨라지고 좀 더 정교한 출력이 가능하다.

그러나 고체 상태의 필라멘트에서 액체 상태의 필라멘트까지의 거리가 멀어져 압출량을 정밀하게 조절하기 힘든 단점이 있다. 이송 시 필라멘트와 필라멘트 밖의 튜브에서 마찰이 생기는데, 이러한 문제를 해결할 수 있는 강력한 모터가 필요하다. 또한 튜브 속의 마찰이 커지면 압출량을 정밀하게 제어하는 것이 상대적으로 어려워진다.

이와 같은 이유로 필라멘트가 이송 기어 사이에서 이탈되거나 휘어질 가능성이 커짐으로써 유연한 소재를 사용하는 데 어려움이 발생한다. 따라서 유연한 소재를 자주 출력해야 한다면 보우덴 방식보다 직결 방식을 선택하는 것이 좋다. 다만, 보우덴 방식이라도 유연한 소재의 이송을 도와주는 별도의 장치를 사용하면 TPU와 같은 소재의 출력도 가능해진다.

[표 1-1] 익스트루더의 직결 방식과 보우덴 방식의 비교

구분	직결 방식	보우덴 방식
출력 속도	느림	빠름
안정성	진동 큼	진동 작음
정비 난이도	쉬움	어려움
사용 재료	제한 없음	플렉서블 소재를 사용하기 어려움
필라멘트 공급	안정적이고 쉬움	불안정하고 어려움

베드

베드(Bed)는 압출된 필라멘트가 적층되는 평평한 판과 이것의 이송부를 말한다. 일반적으로 베드는 플라스틱, 알루미늄, 유리로 만들어진다. 출력물의 품질을 높이려면 노즐에서 압출된 재료가 베드에 잘 안착할 수 있도록 하는 것이 중요하다. 첫 번째 레이어가 안정적으로 베드에 붙어 있어야 그 이후의 레이어도 잘 결합한다. 한편 베드가 수평이 맞지 않거나 평평하지 않으면 레이어가 베드에서 분리되는 '레이어 이동'이 발생할 수 있다.

베드는 노즐에서 압출된 고온의 재료와의 온도 차이가 크게 나지 않도록 가열되는 것이 일반적이다. 그러나 비용 문제로 저가의 프린터에서는 베드를 가열하지 않기도 한다.

[그림 1-66] 신도리코 사, 큐비콘 사, Crealitiy 사의 FDM 프린터 베드

필라멘트

FDM 프린터에서 사용하는 필라멘트의 대표적인 2가지 재료는 ABS와 PLA이다. 이 밖에도 나일론, PETG, PC, ASA와 유연한 소재인 TPU 등이 있다. 특수 재료로는 PVA, PEEK, ULTM, 목재, 세라믹, 캐스터블 재료 등이 있다. 최근에는 금속, 탄소 섬유, 야광 소재 등이 함유된 필라멘트 소재가 소개되고 있다.

사용 중인 필라멘트를 보관할 때는 필라멘트를 단단히 잡아당겨 엉킴을 방지해야 한다. 필라멘트의 엉킴은 출력 중 필라멘트의 끊김을 발생시킬 수 있다. 또한 필라멘트는 습기에 약하다. 습기를 함유한 필라멘트를 사용할 때는 열팽창에 따른 노즐 막힘이 발생할 가능성이 높아지고 출

력 도중 수분이 기화되면서 공기를 내뿜는 에어 파핑(Air popping) 현상이 발생해 출력물의 품질이 낮아질 수 있다. 경우에 따라 필라멘트 건조기를 사용하기도 한다. 필라멘트 전용 건조기가 없는 경우에는 식품 건조기를 이용할 수 있다.

한편 서포트 용도로 사용될 수 있고 물에 녹는 재료인 PVA가 개발됐는데, 이 재료는 습기에 극도로 민감하다. 개봉하자마자 습기를 흡수하므로 건조한 환경에서 사용해야 한다.

[그림 1-67] 아래쪽부터 PETG, PLA, ABS 필라멘트 | [그림 1-68] 필라멘트의 습기를 제거 중인 식품 건조기 | [그림 1-69] 노즐이 2개인 신도리코 사의 3DWOX 2X | [그림 1-70] 물에 녹는 신도리코 사의 PVA 필라멘트

▌챔버

챔버(Chamber)는 3D프린터 새시를 둘러싸고 있는 구조물로, 프린터 내외부의 공기 흐름을 차단해 출력물이 있는 베드 주변의 온도를 일정하게 유지하는 역할을 한다. 프린터가 놓여 있는 작업 공간이 온도가 낮은 경우, 재료의 급격한 수축을 방지함으로써 출력물의 품질을 일정하게 유지할 수 있게 한다. 일반적으로 챔버형은 챔버가 없는 오픈형보다 상대적으로 가격이 높다.

[그림 1-71] Ultimaker 사의 S5(왼쪽), 큐비콘 사의 single plus-320c 에어필터(오른쪽)

03 FDM 프린터의 구동 방식

FDM 프린터는 노즐과 베드의 이동 방향과 방식에 따라 카르테시안(Cartesian) 방식과 델타 (Delta) 방식으로 구분할 수 있다. 카르테시안 방식은 노즐이 X, Y 방향으로 이동하고 베드는 Z 축으로만 수직 이동을 하거나 노즐은 X, Z 방향으로 움직이고 베드는 Y 방향으로만 움직이는 방식이다. 이러한 방식은 렙랩 프로젝트에서 처음으로 선보인 방식이며 개발품의 이름을 따서 전자는 다윈 방식(XY-Z), 후자는 멘델 방식(XZ-Y)이라 부른다.

다윈 방식(XY-Z)	멘델 방식(XZ-Y)	델타 방식
카르테시안 방식		

[그림 1-72] 다윈 방식, 멘델 방식, 델타 방식의 FDM 프린터 구동 방식

▌다윈 방식(XY-Z)

다윈 방식은 출력이 진행됨에 따라 베드가 아래, 위로 이동한다. 다윈 방식은 초기에 1개의 타이밍벨트를 이용해 노즐을 X, Y축으로 이동시키는 H-BOT 방식에서 2개의 타이밍 벨트를 이용한 CoreXY 방식으로 개선됐다. CoreXY 방식은 진동이 적고 H-BOT 방식보다 훨씬 정확하고 빠르다. 대표적인 다윈 방식의 3D프린터로는 큐비콘 Single Plus-320C 가 있다.

[그림 1-73] 큐비콘 사의 Single Plus-320C

멘델 방식(XZ-Y)

[그림 1-74] PRUSA의 i3 MK3S+(왼쪽), 신도리코 사의 3DWOX 2X(오른쪽)

멘델 방식(XZ-Y)은 프린터의 헤드 대비 면적이 큰 베드가 y축 방향으로 이동하기 때문에 프린터의 크기가 커진다. 큰 베드의 움직임에 의해 진동이 발생할 가능성도 커진다. 그러나 구조가 간단해 저가형 프린터에서 많이 채용한다. 대표적인 멘델 방식 3D프린터로는 프루사(PRUSA) 시리즈, 신도리코 사의 3DWOX 2X가 있다.

델타 방식

델타 방식은 프린터 헤드를 이동하기 위해 각각 움직일 수 있는 3개의 기둥과 연결돼 있는 암(Arm)을 위, 아래로 각각 움직여 헤드를 모든 방향으로 이동시키는 프린터이다. 델타 방식은 노즐의 위치를 결정하기 위해 암이 만들어 내는 각도를 바탕으로 하는 삼각함수를 사용한다. 델타 방식의 베드는 원형이고 베드가 고정돼 있기 때문에 카르테시안 방식의 프린터보다 베드의 수평 조절의 어려움이 적다. 이와 더불어 보우덴 방식의 익스트루더를 사용하기 때문에 헤드의 무게가 가볍고 빠른 속도의 출력이 가능하다.

[그림 1-75] FLSUN 사의 Q5(왼쪽), Monoprice 사의 Mini Delta V2(오른쪽)

델타 방식의 단점은 정밀도가 상대적으로 낮다는 것이다. 프린터의 속도가 증가함에 따른 표면의 정밀도가 카르테시안 방식의 프린터보다 낮다. 이와 더불어 프린터 프레임의 폭과 너비에 비해 높이가 높아 설치 공간의 제약이 생길 수 있다. 대표적인 델타 방식의 3D프린터로는 FLSUN사의 제품이 있다.

[표 1-2] 다윈 방식, 멘델 방식, 델타 방식 비교

분류	카르테시안 방식		델타 방식
종류	다윈 방식	멘델 방식	델타 방식
운동 방식	헤드: X, Y축 운동	헤드: X, Z축 운동	헤드의 3축 운동
	베드: Z축 운동	베드: Y축 운동	베드: 고정
출력 속도	느림	빠름	매우 빠름
가격	높음	낮음	높음
정비 난이도	복잡한 구조, 정비 어려움	간단한 구조, 정비 쉬움	정비 어려움

04 FDM 프린터의 장점

쉽고 저렴하게 이용 가능

FDM 프린팅의 특허권이 만료된 이후 렙랩 프로젝트를 비롯한 다양한 대중화 노력으로 FDM 방식의 3D프린터를 매우 쉽고 저렴하게 이용할 수 있게 됐다. 수십만 원 대의 저가형 프린터부터 수백만 원대의 고가형 개인용 프린터, 수천만 원 이상의 산업용 프린터에 이르기까지 속도, 정밀도, 사용 가능 재료의 차이에 따라 다양한 프린터를 이용할 수 있다.

그런데 3D프린팅을 위해서는 모델링과 슬라이서라는 소프트웨어를 사용해야 하는데, 모델링 과정에는 오랜 시간의 전문 교육이 필요하다. 다만, 단순하게 3D프린팅을 경험하고 싶다면 공유 모델링 소스를 이용해 쉽게 시작할 수도 있다. 슬라이서는 모델링 툴 대비 사용법이 매우 간단하므로 짧은 시간의 교육으로 충분히 사용할 수 있다.

FDM 프린터는 스탭 모터, 기어, LM 가이드 등과 같은 범용 부품들이 비교적 간단한 구조로 구성돼 있어서 개인이 유지 보수하기 쉽고 시중에 저렴하고 품질이 우수한 프린터가 다수 출시돼 있어서 기계 자체에 대한 접근성이 뛰어난 편이다.

복잡한 형상과 구조 제작 용이

FDM 3D프린터는 3차원 모델링을 기반으로 적층하며 형상을 구현하므로 복잡한 구조의 부품을 쉽게 제작할 수 있다. 기존의 전통적 제조 방식인 금속 성형과 플라스틱 성형 방법은 비용과 시간의 문제로 복잡한 구조물을 만드는 것에 제약이 있다. 3D프린팅이 등장함으로써 매우 복잡한 형상의 부품을 쉽게 제작할 수 있게 됐다. 따라서 과거 CNC 가공에 의존하던 플라스틱 제품의 목업 또는 프로토타입의 제작에 3D프린터가 적극적으로 활용되고 있다.

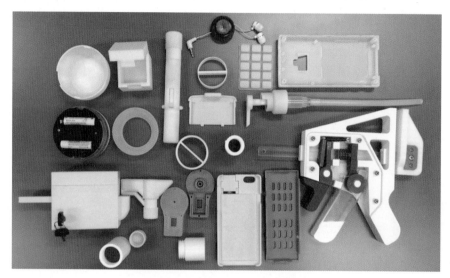

[그림 1-76] 3D프린팅으로 출력된 다양한 출력물

3D프린터의 다른 장점으로는 조립된 부품을 한 번에 제작할 수 있다는 것이다. 여러 개의 부품을 제작해 조립하는 것이 일반적인 제품 제조 방법인데, 3D프린팅에서는 결합 상태로 출력할 수 있다. 이렇게 하면 조립 시간을 단축하고 조립 공차를 통합적으로 관리할 수 있다. 이는 궁극적으로 제품을 구성하는 부품의 개수를 줄일 수 있고 제품의 제조 비용을 단축하는 긍정적인 결과를 가져온다.

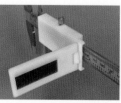

[그림 1-77] 복잡한 플라스틱 케이스 구조물의 프로토타이핑을 위한 프린팅 출력물

[그림 1-78] 새로운 제품을 개발하기 위해 시제품을 출력하고 시험하는 과정

[그림 1-79] 약 절단 도구의 시제품 출력

[그림 1-80] 유량 출력 조절 샴푸 캡 개발의 시제품

다양한 필라멘트 사용

FDM 방식의 3D프린터에 사용하는 필라멘트의 재료에는 PLA, ABS, ASA, PETG, TPU, PVA, 나일론 등이 있다. 스트라타시스와 같은 고가의 산업용 FDM 장비를 개발하는 회사에서는 ABS에 탄소섬유를 10% 함유시켜 공작 기계의 부품으로도 사용될 수 있는 강도를 가진 ABS-CF10를 개발했으며 ABS와 탄소를 결합해 정전기 분산 특성을 갖게 하는 ABS-ESD7과 같은 특수 소재를 계속 개발하고 있다. 최근 PPprint 사에서는 우수한 내마모성, 낮은 밀도, 높은 내화학성을 가진 PP 소재를 개발했다. 이 재료로 출력하면 레이어 접착력이 우수하고 출력물의 뒤틀림과 수축이 적다고 알려져 있다. 이와 같이 FDM 프린터의 단점을 보완할 새로운 재료들이 계속 개발되고 있다.

[그림 1-81] PPprint에서 PP 소재로 출력한 출력물친환경성

FDM 프린터 중 개인용 출력을 위해 가장 많이 사용하는 재료는 옥수수 전분에서 추출된 생분해성 바이오 재료인 PLA이다. 또한 FDM 3D프린터는 출력 과정에서 발생하는 부산물이 적고 잔여물 처리가 간단하다.

필라멘트의 주재료인 열가소성 수지의 재료는 재사용할 수도 있다. 네덜란드 스타트업 기업인 Refil 사는 ABS와 PET를 재활용한 필라멘트를 소개하기도 했다. 버려지는 수많은 플라스틱 병과 자동차 대시보드 등을 재활용해 일반 필라멘트와 동일한 기능을 하는 필라멘트를 개발했다. 프루사(PRUSA)에서도 재활용 PLA를 판매하고 있다.

Refil 사의 재활용 PET 필라멘트

[그림 1-83] Prusament 재활용 PLA

05 FDM 프린터의 단점

상대적으로 낮은 출력물의 품질

FDM 방식의 가장 큰 단점은 출력 품질이다. 금속 가공과 사출 부품과는 비교할 수 없을 정도로 표면 정밀도가 떨어진다. 노즐을 통해 압출돼 나오는 필라멘트 적층 레이어가 눈으로 관찰되기 때문에 매끄러운 표면을 기대하기 어렵다. 기계적 강도도 비교하기 힘들 정도로 약하다. 사출 성형품 대비, 기계적 속성인 강도와 연성이 부족해 상대적으로 잘 부러진다. 또한 출력 후 부품의 휨과 같은 변형이 종종 발생하며 치수 정밀도가 상대적으로 떨어진다.

PLA 재료인 경우, 열 변형 온도가 60℃ 정도로 매우 낮아서 온도가 높은 곳에 사용하는 부품으로는 적당하지 않다.

[그림 1-84] 레이어의 무늬가 보이며 재료의 강도가 약함

후가공의 필요성

형상을 출력하기 위해 형상이 아닌 서포트가 함께 출력되는데, 출력 후 이를 제거하는 과정에서 부품이 손상되거나 서포트가 제거된 자리의 표면 상태가 거칠어서 후가공이 필요한 경우가 종종 발생한다. 이는 부품 제작의 시간과 비용의 증가로 연결돼 여러 개의 부품을 생산하는 용도로는 권장되지 않는다. 표면을 매끄럽게 다듬어야 하는 경우, 샌딩, 아세톤 훈증, 에폭시 코팅 등의 후처리를 하기도 한다. 그러나 가능한 한 후가공을 하지 않는 방향으로 모델링하는 것이 유리하다.

[그림 1-85] 서포트가 있는 부품(왼쪽), 서포트를 제거한 안쪽 표면(가운데), 사포로 표면을 샌딩한 후의 상태(오른쪽)

▌노즐 관리의 어려움

노즐 막힘은 2가지 종류로 나눌 수 있다. 수분을 머금은 필라멘트는 출력 도중 잘 끊어지는데, 노즐 목에서 필라멘트의 끊어짐으로 인해 출력이 중단되고 프린터를 분해해야 하는 상황이 일어날 수 있다. 다른 경우로는 필라멘트의 열팽창과 재냉각으로 인한 노즐 말단부에서의 막힘 현상을 들 수 있다. 필라멘트 재료가 고온의 노즐 속에서 용융되고 굳는 과정에서 아주 작은 노즐 구멍이 막히는 경우가 빈번하게 나타나므로 지속적으로 관리해야 한다.

한편 필라멘트는 항상 건조한 상태로 보관해야 하며 장시간 출력하지 않을 때는 필라멘트를 프린터로부터 제거(Unload)하고 노즐 내부의 재료를 모두 압출시켜야 한다.

[그림 1-86] 노즐 목에서의 필라멘트 끊김   [그림 1-87] 열팽창으로 인해 막힌 노즐

▌레이어의 박리

FDM 방식은 수직 방향으로 한 층씩 레이어를 쌓아 나가기 때문에 레이어의 박리가 종종 관찰된다. 이 현상은 출력 속도가 너무 빠르거나 압출량이 부족할 경우에 자주 발생한다.

[그림 1-88] 레이어 박리가 일어난 출력물

▌수직 방향의 힘에 대한 약한 강도

제품의 수직 방향의 강도는 수직 방향의 레이어와 레이어의 접착력에 의해 결정되는데, 수직 방향으로 출력된 부분에 수평 방향의 힘을 가할 경우, 쉽게 부러지는 경향을 보인다. 모델링 시 이를 감안해 설계하거나 출력 시 이를 고려해 출력 방향을 설정하는 것이 필요하다. 출력물의 강도는 슬라이서의 설정에서 내부채움(Infill) 밀도를 조밀하게 함으로써 보완할 수도 있다.

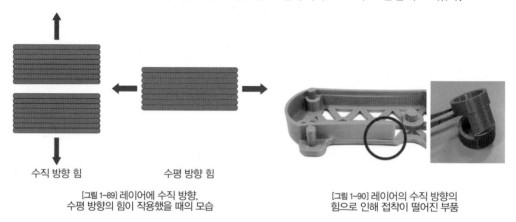

수직 방향 힘　　　　　수평 방향 힘

[그림 1-89] 레이어에 수직 방향,
수평 방향의 힘이 작용했을 때의 모습

[그림 1-90] 레이어의 수직 방향의
힘으로 인해 접착이 떨어진 부품

▌출력물의 휨 현상

출력물이 베드 위에 생성됐을 때나 출력물 바닥 면의 모서리 부분에서 재료가 냉각될 때 수축이 발생하는 경우가 종종 있다. 출력 중 부품의 여러 부분은 각각 다른 속도로 냉각되는데, 냉각 속도의 차이로 인해 부품 내부에 축적되는 응력의 차이가 발생하고 바닥에 가까운 레이어들이 위쪽으로 당겨져 휘게 된다. 이러한 현상은 바닥의 면적이 넓거나 긴 형상일 경우에 더 커진다. 이를 보완하기 위해 슬라이서에서 바닥 보조물(래프트, 브림 등)을 추가하게 되는데, 이는 슬라이서의 설정 부분에서 자세히 다룬다.

[그림 1-91] 출력물의 바닥 휨 현상

베드와 붙어 있는 출력물의 바닥뿐만 아니라 베드에서 제거된 후 시간이 지나면서 부품 전체가 휘는 경우도 종종 발생한다. 이는 FDM 방식보다 SLA 방식의 출력물에서 더욱 심하게 나타난다.

03 SLA 프린터

01 SLA 프린터의 기본 원리

FDM 방식이 고체의 필라멘트를 녹여 적층시키는 방식이라면 SLA는 액체 상태의 수지를 선택 적으로 자외선 또는 레이저에 노출해 한 층씩 경화시켜 형상을 만드는 '광경화' 방식이다. 광경 화 방식에는 크게 SLA(Stereo Lithography Apparatus)와 DLP(Digital Light Processing)가 있는데, 여 기서는 SLA 방식에 대해 알아본다.

[그림 1-92] 슬라이싱한 모습

[그림 1-93] SLA 프린터에서 출력된 모습

SLA는 405nm의 파장의 자외선(UV) 레이저를 빛에 반응하면 굳는 액체 수지에 투사시켜 선택 적으로 경화시키는 방식이다.

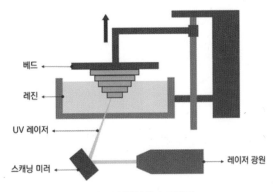

[그림 1-94] 상향식 SLA 프린터

02 SLA 프린터의 재료

SLA 프린터의 주요 구성 요소는 수지가 담겨 있는 레진 탱크, 출력물이 형성되는 베드, 레이저 빔, X-Y 스캐닝 미러이다.

SLA 방식은 베드의 이동 방향에 따라 상향식, 하향식으로 나뉠 수 있다. 상향식은 주로 데스크 톱 프린터에서 사용하며 레이저 빔을 레진 탱크 아래에 배치해 부품을 거꾸로 출력한다. 중력에 의해 출력물이 베드에서 떨어져 출력이 실패할 우려가 있기 때문에 상대적으로 작은 크기의 출력물에 용이하다. 하향식은 레진 탱크 위에 레이저 빔을 배치해 출력물이 위쪽을 향하면서 출력된다. 출력물이 제조됨에 따라 베드가 아래로 움직이면서 출력되며 큰 크기의 부품을 출력할 수 있어서 주로 산업용 프린터에서 많이 사용한다.

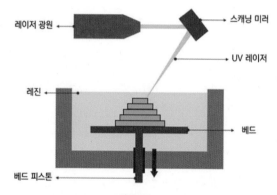

[그림 1-95] 하향식 SLA 프린터

SLA 프린터의 재료인 액체 수지는 자외선과 같은 특정한 파장의 빛에 부딪히면 물성 변화, 즉 경화가 일어나는 재료이다. 빛에 노출되기 전에는 액체 상태로 유지되기 때문에 이 상태를 액상 수지, 레진 등으로 부른다. FDM에서 사용하는 열가소성 수지와 달리, 비가역적이기 때문에 한 번 경화된 수지는 다시 액체로 변화시킬 수 없다.

액상 수지의 종류에는 투명한 수지, 출력 속도가 일반 수지 대비 4배 정도 빠른 드래프트 수지, 고강도 수지, 고탄성 수지, 내열성이 강화된 수지, 내화학성 성질을 갖는 엔지니어링 수지 등이 있다. 이 밖에 금속의 주조 틀을 만들기 위한 캐스터블(Castable) 수지도 있다. 출력물이 비교적 150~200℃ 내외의 저온에서 잔여물 없이 깨끗하게 용융되는 특징이 있어서 장신구와 같은 복잡한 형상의 제품을 소량 생산하기 위한 용도의 틀(Mold)을 제작하는 데 사용하고 있다.

03 SLA 프린터의 장점

SLA의 출력물 해상도는 UV 레이저의 초점 또는 픽셀에 의해 결정되는데, 픽셀의 크기는 50㎛ (0.05mm) 정도이다. 0.4mm 노즐을 사용하는 FDM 프린터의 최소 레이어 두께인 0.1~0.15mm 보다 해상도가 높기 때문에 표면 정밀도가 높아야 하는 부품에 적합한 방식이다. 또한 높은 해상도는 레이어의 접착을 세밀하게 만들어 액체의 침투, 흡수, 투과를 막는 데 유리하므로 방수 용도의 부품의 제작에 적합하다.

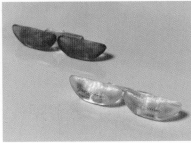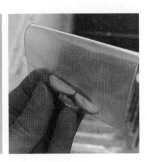

[그림 1-96] 주조용 레진으로 출력한 부품(왼쪽), 왼쪽 부품으로 석고틀 만든 후 은으로 만들어 낸 최종 부품(오른쪽)

04 SLA 프린터의 단점

SLA 프린팅의 재료인 액상 수지는 화학 구조를 변형시켜 특수한 재료를 만들기 쉽다는 장점도 있다. 그리고 FDM 프린터와 같이 3축의 기계적 이동 없이 스캐닝 미러에 의해 UV 레이저가 움직이고 베드만 Z축으로 이동하기 때문에 프린터의 구조가 간단해 고장이 적다는 것도 장점이다.

[그림 1-97] FDM 프린터(왼쪽), SLA 프린터에서 동일한 모델을 ABS로 출력한 결과(오른쪽)

상향식 SLA 3D프린터인 경우, 부품이 공중에 매달려 있기 때문에 떨어지는 것을 방지하기 위해 베드와의 접촉 표면적을 늘리기 위한 서포트가 항상 필요한데, 이는 한 번의 출력에 상대적으로 많은 재료가 필요하다는 것을 의미한다. 그런데 액상 수지의 가격은 일반적으로 FDM 프린터에서 사용하는 필라멘트보다 비싸다. 또한 액상 수지는 취급 시 주의해야 한다. 레진 판매 회사에서는 소재 안전 문서 MSDS(Material Safety Data Sheet)를 제공하는데, 이에 따라 관리하고 폐기해야 한다.

SLA 방식은 조형물이 액상 수지 안에서 만들어지므로 출력물이 끈적한 잔여 수지로 덮여 있는데, 출력 후 별도의 세척 과정이 필요하다. 대부분 유독성 화학 약품으로 세척하는 경우가 많으므로 취급 시 주의해야 한다. 또한 세척 후 출력물의 강도를 유지하기 위한 UV 경화 과정이 필요한 경우도 많다.

04 SLS 프린터

01 SLS 프린터의 기본 원리

SLS 방식(Selective Laser Sintering)은 분말 형태의 재료를 베드 위에 얇게 배포하고 원하는 부분만 레이저를 이용해 선택적으로 소결시킨다. 한 층을 소결시킨 후에는 그 위에 다시 롤러를 이용해 재료 분말을 얇게 배포하고 소결시키는 것을 반복하는 방식이다. 여기서 소결은 분말 형태의 재료에 용융점보다 낮은 온도를 가할 때 분말 간에 결합이 생겨 굳는 현상을 말한다.

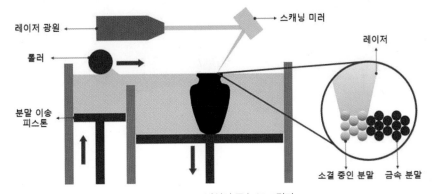

[그림 1-98] SLS 방식의 금속 3D프린터

02 SLS 프린터의 재료

[그림 1-99] Formlabs 사의 나일론 12 분말

현재 SLS 방식에 가장 널리 사용하는 재료는 '나일론 12'라고 불리는 '폴리아미드 12(PA 12)'이다. 나일론 12는 기계적 특성과 내화학성이 우수하지만, 광택이 없고 표면이 다소 거친 특징이 있다. PA12 이외의 재료로는 탄성이 높은 나일론 11, 알루미늄이 충전돼 강성이 뛰어난 나일론, 유리 섬유가 충전돼 높은 강성과 내마모성, 내열성을 지닌 특수 나일론 등이 있다. 탄소섬유가 충전된 나일론은 가볍고 우수한 강도가 필요한 부품을 만들 때 사용한다.

03 SLS 프린터의 장점

SLS 프린터는 다른 3D프린팅 방식과 달리, 적층 무늬가 생기지 않아 표면 정밀도가 우수하므로 최종 외형 확인용 프로토타입의 제작에 적합하다. 또한 출력물 자체 형상 주변에 소결되지 않은 분말이 서포트 역할을 하므로 매우 복잡한 형상을 만들 수 있다. 복잡한 형상일수록 서포트의 제약을 받는데, SLS 출력물은 서포트가 분말 형태로 쉽게 분리되므로 서포트가 없다고 생각할 만큼 서포트에서 자유롭다. 소결 또는 용융되지 않은 금속 분말의 경우에는 재활용이 가능하기 때문에 경제적이기도 하다.

[그림 1-100] 신트라텍 사의 S2 SLS 프린터와 출력물

04 SLS 프린터의 단점

[그림 1-101] 나일론 12를 이용한
SLS 출력 부품의 후가공 과정

SLS 프린팅의 재료는 미세 분말이므로 호흡기에 들어가지 않도록 유의해야 한다. 미세 분말이 소결된 출력물은 기본적으로 다공성을 지닌다. 이는 소결 방식의 특성상 분말들이 결합한 사이사이에 미세한 구멍이 발생하기 때문이다. 따라서 원하는 결과물의 특성에 따라 후처리가 필요한 경우가 많다. 표면 정밀도는 우수하지만, 취성이 강해 쉽게 부러지는 성질이 있으므로 구부러지거나 충격이 가해지는 상황에 있는 두께가 얇은 부품에는 적합하지 않다.

한편 SLS 방식은 출력물을 분말 속에서 찾아서 꺼내는 데 생각보다 오랜 시간이 걸리며 붓, 분말 흡입기 등의 추가 장비가 필요하다.

05 금속 프린터

금속 프린팅 방식은 분말 소결 방식인 PBF(Powder Bed Fusion) 방식과 직접 에너지 적층 방식인 DED(Directed Energy Deposition) 방식으로 나뉜다. 금속 프린터 회사마다 자체 기술과 전력원에 따라 다른 명칭을 사용하고 있다.

01 금속 프린터의 기본 원리

PBF 방식은 SLS 방식과 유사하며 분말 베드에서 부품이 제작된다. PBF 방식에는 DMLS(Direct Metal Laser Sintering)와 SLM(Selective Laser Melting)이 있다.

DMLS는 분말 형태의 금속 재료를 레이저로 선택적으로 소결시켜 결합하는 방식이고 SLM은 금속 분말을 고에너지의 레이저로 완전히 녹인 후 부품을 냉각시켜 적층하는 방식이다. 소결시키는 방식이 용융시키는 방식보다 필요한 에너지가 적기 때문에 DMLS 방식의 금속 프린터를 많이 사용하고 있다.

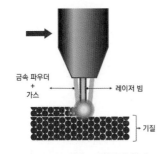

[그림 1-102] 금속 프린팅의 원리

[그림 1-103] SLM 방식의 출력 과정

[그림 1-104] DMLS 방식의 출력물

[그림 1-105] DMLS 방식으로 출력한 자동차 금속 부품

이 밖의 금속 3D프린팅으로는 DED(Directed Energy Deposition) 방식이 있다. 이는 레이저가 와이어 또는 분말 형태의 금속 재료를 직접 녹여 적층하는 방식으로, 용접 방식과 유사해 기존의 금속 제품을 보수할 때 유용하다.

[표 1-3] 금속 3D프린팅의 분류

구분	소재	전력원	공정	대표 기기
PBF	분말	레이저	SLS(Selective Laser Sintering)	(Sindoh) S100
			DMLS(Direct Metal Laser Sintering)	(3DSystems) DMP Flex200
			SLM(Selective Laser Melting)	(SLM Solutions) SLM 125
		전자 빔	EBM(Electron Beam Melting)	(Arcam EBM) Spectra H
DED	금속 와이어 또는 분말	레이저	DMD(Direct Metal Deposition)	(DM3D) DMD 505D
			DMT(Direct Metal Tooling)	(InssTek) MX–Fab Series
			CLAD (Construction Laser Additive Direct)	(BeAm) Modulo 250
		전자 빔	EBAM(Electron Beam Additive Manufacturing)	(Sciaky) EBAM Series

02 금속 프린터의 재료

금속 프린팅의 재료는 알루미늄, 구리, 티타늄, 코발트, 스테인레스 등과 같이 분말 형태의 금속이다. DMLS 방식의 경우, 금속 분말을 완전히 녹이는 것이 아니기 때문에 용융점이 낮아 다른 금속이나 플라스틱 재료를 결합할 수도 있다. 나일론과 알루미늄 분말의 혼합물인 Alumide 등이 대표적인 예이다.

[그림 1–106] 금속 3D프린터에 사용하는 금속 분말

03 PBF 금속 프린터의 장단점

PBF 방식은 SLS 방식과 매우 유사하므로 SLS의 장단점과 특징이 거의 같다. 다만, 재료가 금속이므로 강도와 강성 면에서는 차이가 크다.

▌장점

DMLS 방식의 경우, 선택적 소결 방식을 통해 재료를 용융시키지 않고 결합하기 때문에 다양한 재료를 혼합해 사용하더라도 각 재료의 특성을 해치지 않고 유지할 수 있다. 또한 분말로 만들 수만 있다면 재료에 관계없이 다양한 재료를 사용할 수 있다. 완성된 부품의 경우, 등방성이 높아 동일한 재료로 주조한 부품과 유사한 강성을 가진다. 특히, SLM 방식의 경우, 밀도를 더 높여 주조한 것보다 높은 강성을 가진 부품을 만들 수도 있다.

남아 있는 금속 분말은 다시 출력할 수 있는 재료로 재활용된다. 이는 서포트로 손실되는 재료가 거의 없다는 것을 의미한다. 가장 큰 장점은 소결되지 않은 분말들이 서포터 역할을 하기 때문에 매우 복잡한 형상의 부품을 만들 수 있다는 것이다.

▌단점

금속 프린팅은 재료를 소결하거나 용융하기 위한 에너지를 생성해야 하므로 프린터의 가격이 매우 비싸다. 일반적으로 프린터 1대에 수억 원에 이르기도 하므로 개인용으로는 적합하지 않다. 또한 $20 \sim 40 \mu m$의 미세한 분말을 사용하기 때문에 이용과 관리에 유의해야 한다.

DMLS 방식 경우, SLS 방식과 같이 출력물이 다공성을 지닌다. 이는 프린팅 프로세스 도중에 조절할 수 있지만, 완벽하게 제거할 수는 없다. 따라서 출력물의 요구 조건에 따라 후처리가 필요하다. DMLS 방식 경우, 아직까지는 제작 비용이 매우 높고 분말 소재를 넓고 균일하게 분포시키는 데 기술적인 한계가 있으므로 크기가 큰 부품은 제작하기 힘들다. 여러 개의 작은 출력물을 한 번에 출력한 경우, 출력 후 분말 속에서 출력물을 찾아 내기 번거롭고 분말을 세척하는 데 브러시, 흡입기, 샌드 블라스터 등과 같은 별도의 장비가 필요하다.

04 DED 금속 프린팅의 장단점

장점

소결이 아닌 용융 방식이므로 여러 가지의 재료를 동시에 용융시켜 합금을 제작할 수 있으며 인장 강도, 굽힘 강도, 충격 강도, 경도 등이 우수한 부품을 제작할 수 있다. 또한 PBF 방식 대비 출력 비용이 적게 들고 출력 시간이 빠르며 필요한 양의 재료만 사용하므로 폐기물이 생기지 않는다. 프린터의 구조도 상대적으로 간단해 프린터의 내구성이 높다.

단점

용접 방식이기 때문에 출력물의 표면 정밀도가 낮고 금속의 서포트가 생성될 경우, 이를 쉽게 제거하기 어렵다.

[그림 1-107] DED 방식 중 하나인 DMT 방식

[그림 1-108] INSSTEK 사의 DED 방식으로 제작한 로켓 노즐

04

FDM프린터의 재료

01 필라멘트

[그림 1-109] 다양한 필라멘트

FDM 방식의 3D프린터 재료는 필라멘트라고 불리는 열가소성 플라스틱 와이어이다. 필라멘트는 지름 1.75mm 정도의 철사 모양의 와이어가 스풀에 감겨 있는 형태로 만들어져 있으며 약 450g~1kg 용량으로 판매되고 있다. 필라멘트의 지름은 1.75mm가 가장 많이 사용하고 있지만, 2.85(3.00)mm도 있다. 이는 1.75mm의 동일한 재료의 필라멘트보다 굽힘에 강하며 산업용 프린터에서 주로 사용한다. 개인용 프린터는 대부분 지름 1.75mm 필라멘트를 사용한다.

필라멘트의 재료는 PLA, ABS, 나일론, PC, PETG, TPU 등 다양한 소재가 있다. 따라서 출력물에서 요구되는 물리적 속성에 따라 재료를 선택해야 한다.

02 필라멘트의 종류

01 PLA

[그림 1-110] PLA로 출력한 부품들

[그림 1-111] PLA 필라멘트의 속성

PLA(Poly Lactic Acid)는 FDM 3D프린팅의 대표적인 재료로, 옥수수, 사탕수수와 같은 식물에서 전분을 추출해 만든 친환경 재료이다. PLA는 비용이 저렴하고 ABS 재질보다 경도가 강하며 균열이나 휘는 현상이 적어 많은 사람이 선호하는 재료이다. 색상이 다양하며 모든 필라멘트 제조사들은 PLA 필라멘트를 출시하고 있다.

[표 1-4] PLA의 장단점과 하드웨어 요구사항

장점	단점	적정 베드 온도	적정 노즐 온도
• 저렴한 비용 • 친환경 • 출력의 용이성 • 뒤틀림이 적음	• 온도와 습도에 민감함 • ABS보다 낮은 내구성 • 자외선에 약함 • 경도가 강해 후처리가 어려움	45~80℃	190~230℃

02 ABS

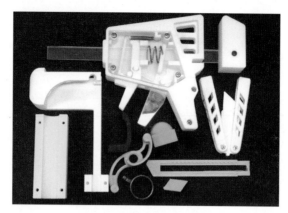

[그림 1-112] ABS로 출력한 부품들

ABS(Acrylonitrile Butadiene Styrene)는 플라스틱 부품의 가장 일반적인 재료인 ABS와 동일한 재료이며 프로토타이핑 제작 용도로 가장 많이 사용하고 있다. FDM 3D프린터 재료 중에서도 PLA와 함께 가장 대중적으로 사용하고 있다. 그 이유는 ABS가 가공성이 우수하고 내충격성, 내열성이 우수하기 때문이다.

그러나 ABS 사용 시 주의해야 할 점도 있다. 출력 시 인체에 해로운 가스가 발생해 문제가 되고 있으므로 환기에 유의해야 하는데, 일단 출력돼 굳고 나면 무독성의 냄새 없는 제품이 되므로 출력물의 사용에는 문제가 없다. 그리고 출력물이 높은 온도에서 용융되기 때문에 냉각 시 수축이나 휨이 발생할 가능성이 PLA 대비 높다.

[그림 1-113] ABS 필라멘트의 속성

출력 후 표면 경도가 PLA보다 낮아 후가공하기 쉽고, 특히 아세톤에 녹는 특징이 있어 표면 처리를 할 수 있는 장점이 있다. 표면 정밀도가 중요해 후가공이 필요한 제품은 PLA보다 ABS가 적합하다.

ABS는 PLA의 열 변형 온도가 60~70℃에 비해 80~100℃ 정도이므로 내열성이 필요한 곳에도 PLA 대신 사용한다. 끓는 물이 닿는 곳에서 PLA 출력물은 휘게 된다.

[표 1-5] ABS의 장단점과 하드웨어 요구사항

장점	단점	적정 베드 온도	적정 노즐 온도
• 저렴한 비용 • 열 변형 온도가 높음 • 고강도 • 후가공이 쉬움	• 베드 가열 온도가 높음 • 인쇄 시 출력물이 수축함 • 인쇄 시 환기 필요 • 출력물의 변형 가능성	80~110℃	220~250℃

03 플렉서블 필라멘트

플렉서블(Flexible) 필라멘트는 탄성과 유연성이 있는 소재로, 대표적인 예로는 TPU와 TPE를 들수 있다. 플렉서블 재료가 얼마나 유연한지는 쇼어 경도를 사용해 표시한다.

쇼어 경도

쇼어 경도(Shore Hardness)는 재료의 유연성의 정도를 표시하기 위한 것으로, 주로 쇼어 A와 쇼어 D를 사용한다. 쇼어 A는 부드러운 재료, 쇼어 D는 단단한 재료에 대해 사용하며 0에서 100 사이의 값으로 표시되는데, 값이 클수록 더 단단하다. 재료별 쇼어 경도 값은 다음 표와 같다.

[표 1-6] 재료별 쇼어 A 경도

Shore A	50	55	65	70	80	90
유사한 재료	고무 스탬프	연필 지우개	자동차 타이어	신발 밑창	마우스 패드	전화 코드

[표 1-7] 재료별 쇼어 D 경도

Shore D	30	50	55	60	75
유사한 재료	신발 밑창	트럭 타이어	쇼핑카트 타이어	골프공	공사장 헬멧

여러 제조사에서 플렉서블 필라멘트를 출시할 때 쇼어 경도(쇼어 A)를 표시한다. 쇼어 경도가 표시되지 않은 재료의 탄성도는 실제로 사용해 보기 전에는 확인하기 힘들기 때문에 쇼어 경도가 표시된 재료를 구입하는 것이 유리하다. NinjaTex 사의 NinjaFlek 필라멘트는 쇼어 경도가 85A로, 매우 유연하다. PolyFlex 사의 PolyFlexTPU90 소재는 쇼어 경도가 90A로, 역시 부드러운 재료이다.

TPU

[그림 1-114] TPU로 출력한 부품들

대표적인 플렉서블 재료인 TPU(ThermoPlastic Polyurethane)는 3D프린팅에서 사용하는 가장 일반적인 TPE(ThermoPlastic Elastomer, 열가소성 탄성중합체)이다. 3D프린터로 인쇄할 수 있는 TPE 종류로는 TPU, TPA(Thermoplastic Polyamide), TPC(ThermoPlastic Copolyester)가 있으며 일반적으로 TPU를 많이 사용한다.

TPU는 낮은 온도에서도 성질의 변화가 크게 없으므로 저온에서 사용하는 제품을 출력할 때 유리하다. TPU의 열 변형 온도는 약 85~110℃이며 내화학성도 우수하다. 재료가 유연하고 부드럽기 때문에 레이어 간 접착력이 우수해 레이어 박리 현상이 거의 발생하지 않는다. 그러나 재료의 유연함으로 인해 노즐의 빠른 이동은 스트링(String)을 쉽게 만들기 때문에 출력 속도를 줄여야 한다. 이와 같은 이유로 일반적으로 보우덴 방식에서는 사용하기 힘들다. 압출 기어에서 압출 노즐까지가 길면 정확한 이송 거리를 조절하기가 어렵기 때문이다. 후가공으로 아세톤을 사용할 수 있다.

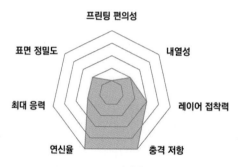

[그림 1-115] TPU 필라멘트의 속성

[표 1-8] TPU의 장단점과 하드웨어 요구사항

장점	단점	적정 베드 온도	적정 노즐 온도
• 유연하고 부드러움 • 높은 충격 저항 • 강한 내구성 • 내마모성	• 보우덴 방식에서는 잘 작동하지 않을 수 있음 • 인쇄 난이도가 높음 • 별도의 익스트루더가 필요한 경우도 있음 • 서포터를 제거하기 어려움	45~60℃	220~245℃

플렉서블 PLA

[그림 1-116] 플렉서블 PLA로 출력한 제품

잘 사용하지는 않지만, 최근에는 플렉서블 PLA도 개발돼 있다. PLA는 친환경 재료이기 때문에 식품과 관련된 용도의 제품에 사용할 수 있다. 일반 PLA는 단단하며 표면 경도가 높은 반면, 플렉서블 PLA는 고무와 같이 유연하다.

04 PETG

PETG는 글리콜 변형 PET 수지(PolyEthylene Terephthalate)를 이르는 것으로, 일반적으로 물병을 제조하는 데 사용하고 있다. 원래 PET는 고온에서 결정화돼 불투명해지고 구조가 약해지기 때문에 3D프린팅에는 적합하지 않다. PETG는 이러한 단점을 보완해 3D프린터에서 사용할 수 있는 재료로 만들어진 것으로, 비교적 내구성이 우수하며 충격에 강하다. 반면, 표면이 비교적 연약해 내마모성이 다소 약하다.

또한 나일론만큼은 아니지만, 노즐의 권장 온도가 약 240℃로 상당한 고온을 요구하며 ABS와 달리 베드의 가열에는 큰 영향을 받지 않는다. 베드와 출력물의 레이어 간의 접착력이 우수하기 때문에 ABS처럼 휨 현상이 자주 일어나지 않으므로 팬 냉각 기능을 사용해도 무방하다. 그런데 출력물이 베드에서 분리될 때 하단 면이 손상되기 쉬우므로 주의해야 한다. 따라서 충분히 냉각된 후에 제거하는 것이 좋다.

PETG는 투명한 색상의 부품 출력이 가능하며 출력 후 인체에 무해한 것으로 알려져 있어 식품이나 음료의 용기로 사용하고 있다.

[그림 1-117] PETG로 만든 상자의 뚜껑

[그림 1-118] PETG 필라멘트의 속성

[표 1-9] PETG의 장단점과 하드웨어 요구사항

장점	단점	적정 베드 온도	적정 노즐 온도
• 인체에 무해함 • 단단하고 충격에 강함 • 뛰어난 표면 광택 • 우수한 레이어 접착	• 스크래치가 발생하기 쉬움 • 인쇄 시 스트링이 발생할 수 있음	75~90℃	230~250℃

05 나일론

나일론(Nylon) 필라멘트는 강한 강성과 아주 약간의 탄성이 있는 재료로, 내마모성이 우수해 기어와 나사 종류의 부품과 같이 마찰이 발생하는 곳에 종종 사용한다. 그러나 출력 시 휨 현상이 비교적 자주 일어나다는 단점이 있다.

나일론 필라멘트는 주변의 수분을 흡수하는 특징이 있으므로 프린트 시 건조한 환경을 유지해야 한다. 또한 나일론 필라멘트는 출력 시 인체에 유해한 화학 물질을 방출하므로 환기에 유의해야 한다. 노즐의 가열 온도는 약 250℃ 정도로 매우 높다. 레이어 간 접착력을 향상시키기 위해 팬 사용은 추천하지 않는다.

[그림 1-119] 나일론 필라멘트로 출력한 제품

[그림 1-120] NYLON 필라멘트의 속성

[표 1-10] 나일론의 장단점과 하드웨어 요구사항

장점	단점	적정 베드 온도	적정 노즐 온도
• 염료를 이용한 도색이 쉬움 • PLA 필라멘트보다 유연함 • 탄력성과 광택이 뛰어남	• 출력 시 히팅 베드가 필요함 • 수분 흡수 방지를 위한 밀폐 보관 필요	70~90℃	225~265℃

06 PVA

FDM 프린터의 출력물의 품질에 가장 큰 영향을 미치는 것은 '서포트'이다. 서포트를 제거하면서 출력물이 파손되기도 하고 제거한 자리의 표면이 거칠어지기도 한다. 이러한 단점을 보완하기 위해 제거하기 쉬운 재료를 서포트로 사용한다. PVA(PolyVinyl Alcohol)는 물에 녹는 재료로, 서포트에 사용할 수 있다. 3D프린터 중 필라멘트를 2개 이상 사용할 수 있는 프린터(예 신도리코 사의 3DWOX 2X)에서는 부품의 형상과 서포트를 분리해 서포트 전용으로 PVA를 사용한다.

단, PVA는 수분에 매우 취약하므로 수분이 흡수되지 않도록 밀폐된 용기에 별도로 보관해야 하고 개봉 직후부터 관리에 주의해야 한다. 가격이 일반 PLA 대비 2~3배 이상 비싸다는 단점도 있다.

[그림 1-121] 신도리코 사의 3DWOX 2X에서 출력한 부품. 부품은 PLA, 서포트는 PVA를 사용

07 나무 필라멘트

필라멘트 제조사마다 차이가 있지만, 일반적으로 나무 필라멘트는 70%의 PLA와 30%의 목재 섬유(Wood Fiber)로 이뤄져 있다. 이 재료는 나무 질감과 색상의 출력물이 필요할 때 사용할 수 있는데, 출력 과정에서 나무 타는 냄새가 약간 나기도 한다. 그러나 유독 가스 등의 유해 물질이 나오지 않는 인체에 안전한 재료다.

이 재료의 출력물은 휘거나 수축하는 경향이 낮기 때문에 상대적으로 출력하기 쉽다. 단, 노즐의 크기에 민감하며 0.4mm보다 작은 노즐을 사용할 경우, 목재 섬유가 노즐에 달라붙어 막힐 수 있다.

소재의 특성상 온도 차에 따라 출력물 색상이 달라진다. 낮은 온도에서는 살구색, 높은 온도에서는 짙은 갈색으로 출력된다.

[그림 1-122]나무 필라멘트

[그림 1-123] 나무 필라멘트로 출력한 제품

08 특수한 필라멘트

[그림 1-124] 구리가 섞인 금속 필라멘트 출력물

개인용 FDM 방식의 프린터에서 사용하는 재료는 기존의 일반적인 재료 외에도 최근 새로운 재료들이 개발되고 있다. 원래 금속은 고가의 금속 프린터에서만 출력이 가능했다. 그러나 PLA나 ABS에 금속 분말을 혼합해 일반적인 FDM 프린터에서도 금속을 프린팅할 수 있게 한 필라멘트가 등장했다. 금속 3D프린팅보다 강도는 떨어지지만, 질감은 금속과 유사한 출력물을 만들 수 있다.

이 밖에 인화 물질을 추가해 어둠 속에서 빛을 내는 야광 필라멘트, 온도에 따라 색이 변하는 필라멘트, 전도성 탄소 미립자를 섞어 낮은 전압에서 전기가 통하게 해 전자 회로를 만들 수 있는 필라멘트 등도 소개되고 있다.

03 필라멘트 비교

개인용 FDM 프린터에 많이 사용하는 재료를 서로 비교하면 재료의 속성을 이해할 수 있다. [표 1-11]은 FDM 프린터의 재료를 비교하기 위한 기준 속성이며 [그림 1-125]는 표의 속성을 기준으로 각 재료를 비교한 결과이다.

[표 1-11] FDM 프린터의 재료 비교에 사용한 기준 속성

프린팅 편의성	내열성	레이어 접착력	충격 저항	최대 응력
• 출력의 용이성 • 베드 부착력 • 최대 인쇄 속도 • 인쇄 실패 빈도 • 정확도 • 필라멘트 삽입 용이성	형상이 변형되기 전의 최대 온도	• 레이어 간 밀착력 • 모든 방향에서의 접착력(등방성)	충격에 견디는 성질	물체에 힘이 가해질 때 파손되지 않고 견디는 힘

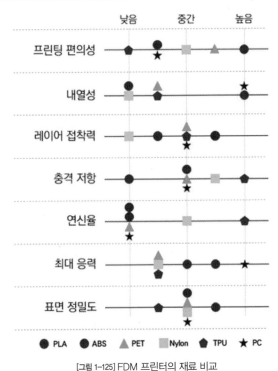

[그림 1-125] FDM 프린터의 재료 비교

01 PLA와 ABS 비교

FDM 프린터에서 가장 많이 사용하는 재료는 PLA와 ABS이다. 가장 구하기 쉽고 가격도 저렴하며 출력하기도 쉽다. PLA와 ABS의 가장 큰 차이는 '후가공 가능 여부'이다. PLA는 표면 경도가 높아 사포로 샌딩하는 것이 어려운 반면, ABS는 샌딩 및 아세톤 훈증과 같은 후가공이 가능하다.

PLA는 식물에서 전분을 추출해 만들어졌기 때문에 출력 시 무독성이며 냄새가 나지 않지만, ABS는 출력 시 해로운 가스가 나오기 때문에 환기에 유의해야 한다.

PLA의 열 변형 온도는 약 60℃ 정도, ABS는 약 90℃ 정도이다. 따라서 내열성이 필요한 곳은 ABS로 출력해야 한다.

PLA는 약 210~215℃ 정도의 노즐 온도가 필요한 반면, ABS는 약 220~250℃ 정도의 높은 노즐 온도가 필요하다. ABS는 온도 변화에 민감해 출력 시 뒤틀림이 발생할 가능성이 크다. PLA는 ABS보다 충격에 약하다. 충격이 가해지는 곳에는 PLA보다 ABS가 적합하다.

02 PLA와 PETG 비교

두 재료의 가장 큰 차이는 PETG는 투명한 출력물이 필요할 때 사용할 수 있다는 것이다. 그러나 PETG는 일반적으로 PLA보다 가격이 높다.

PETG의 노즐 온도는 약 230~250℃이며 PLA보다 높고 상대적으로 PLA보다 스트링이 발생하기 쉬워 인쇄 시 어려움이 있을 수 있다. 또한 PETG 필라멘트는 베드에 잘 달라붙는 경향이 있어 베드에서 인쇄물을 제거하기 어려울 수 있다.

PLA와 PETG 모두 냉각 중에 낮은 수축률을 보인다. PETG는 일반적으로 내구성이 강해 더 강한 충격을 견딜 수 있다. 따라서 내충격성의 관점에서 볼 때 PETG는 PLA를 대신할 재료가 될 수 있다.

03 ABS와 PETG 비교

두 재료 모두 내구성이 뛰어나고 내충격성이 우수하다. PETG가 ABS보다 자외선에 강해 실외용 제품에서는 PETG를 더 선호한다. 그러나 ABS는 PETG보다 보관하기 쉬우며 후처리하기 쉽고 페인팅하기 쉬운 장점이 있으며 가격도 상대적으로 낮다. ABS는 PETG보다 비교적 쉽게 도색할 수 있다. 따라서 일반적인 경우라면 ABS가 출력하기 쉽다.

04 개인용 FDM 프린터용 필라멘트의 물성

[표 1-12]에는 FDM 프린터에서 가장 일반적으로 사용하는 재료의 물성치가 표시돼 있다. 이
표를 참고하면 재료에서 요구하는 노즐과 베드의 온도, 내열성, 프린팅 난이도, 아세톤 후가공,
필라멘트의 가격 등을 종합적으로 고려해 재료를 선택할 수 있다.

[표 1-12] FDM 프린터의 일반적인 재료 비교

분류	PLA	ABS	PETG	TPU	NYLON
노즐 온도(℃)	190~230	220~250	200~260	220~245	220~270
베드 온도(℃)	45~80	80~110	75~90	45~60	70~90
배출 가스 유무	×	○	○	×	×
베드 접착력	중간	중간	나쁨	나쁨	나쁨
가격	비교적 저렴	비교적 저렴	비교적 저렴	비교적 비쌈	비교적 비쌈
강도	중간	좋음	아주 좋음	아주 좋음	좋음
유연성	낮음	중간	좋음	매우 좋음	높음
내열성	나쁨	좋음	좋음	매우 좋음	높음
자외선 저항	중간	중간	좋음	중간	좋음
방수	중간	중간	좋음	좋음	중간
프린팅 난이도	낮음	보통	낮음	낮음	보통
아세톤 후가공	불가능	가능	불가능	가능	불가능

[표 1-13] 큐비콘 사 필라멘트 제품 물성치

필라멘트 종류	출력 온도	베드 온도	열 변형 온도	인장, 항복 강도
PLA	200~225℃	60~80℃	52~℃	65MPa
ABS	220~260℃	100~115℃	78℃	46MPa
TPU	210~235℃	50~75℃	85~115℃	21~36MPa
PC	240~260℃	110~120℃	70~100℃	59.7MPa
PETG	230~250℃	75~85℃	70℃	50MPa

04 산업용 프린터의 재료

산업 현장에서 사용하는 실제 제품과 특수한 용도의 부품을 위한 산업용 프린터의 재료는 강도, 경도, 탄성, 내마모성, 내열성 등 여러 특수한 성질이 필요한 경우가 많은데, 개인용 FDM 프린터의 재료는 아직 한계가 있다.

산업용 프린터를 주로 개발하고 있는 스트라타시스 사와 같은 회사에서는 여러 재료를 혼합한 다양한 특수 재료를 소개하고 있다. 특히, ABS의 경우 탄소섬유와 조합해 강도를 훨씬 더 높이기도 하고 전자 부품에 사용할 수 있도록 카본을 결합시켜 정전기 방지 특성을 추가하기도 하며 의료 부품에 사용될 수 있도록 멸균 장비에서도 변형이 일어나지 않는 재료를 개발하기도 했다. 이 밖에도 코베스트로(Covestro) 사에서는 주조용으로 사용할 수 있도록 높은 온도에서 견디고 잔여물이 아주 적게 남아 깨끗하고 정밀한 금형을 제작할 수 있는 Somos Element와 같은 SLA 소재를 개발했다.

이와 같이 구조적 강도와 치수 정밀도가 월등한 산업용 프린터를 위한 재료는 계속 개발되고 있다. 다만, 아직까지 개인이 쉽게 활용할 수 있는 정도로, 접근성이 좋지는 않다.

[그림 1-126] 정전기 방지 소재로 제작된
전자 부품 커버

[그림 1-127] 자외선 차단 성질을 가진 ASA 필라멘트로
야외 전기 설비를 제작한 모습

05

3D프린팅의 작업 흐름

01 3D프린팅의 용도

[그림 1-128] 3D프린팅 출력물

01 3D프린팅이 필요한 경우

3D프린터를 이용해 새로운 부품을 개발할 때 가장 중요하게 고려하는 요소는 만들고자 하는 부품의 사용 용도와 그 부품에 요구되는 기능적 · 외형적 속성이다. 일반적으로 3D프린팅으로 제품을 만드는 경우는 다음과 같이 구분할 수 있다.

1) 이미 만들어져 있는 3D 모델링 데이터로 단순 시험 출력을 하는 경우
2) 존재하는 부품의 형상을 3차원 스캔 후 3D프린터로 복제하거나 수정하는 경우
3) 시제품(프로토타입, 목업)의 용도로 개발하는 경우
4) 3D프린팅을 이용해 최종 제품을 생산하는 경우

위 4가지 용도 중 현재 시장에서의 상업적 요구의 90% 이상은 3)의 경우에 해당한다. 아직까지는 4)의 경우와 같이 3D프린팅으로 제품을 직접 생산하는 것은 일부 특수한 분야를 제외하고는 경제적 · 기능적으로 한계가 있기 때문이다. 이 장에서는 3D프린터가 가장 많이 활용되고 있는 프로토타이핑 분야를 중심으로 3D프린팅으로 새로운 부품을 개발할 때 어떤 과정을 거치게 되는지 살펴본다.

01 3D프린팅의 작업 흐름

어떤 부품을 개발할 때는 그것의 제조 공정을 고려하면서 설계(모델링)한다. 같은 부품이라도 제조 공정에 따라 부품의 설계 내용과 형상과 치수가 달라지기 때문이다. 이는 3D프린팅에도 그대로 적용된다. 3D프린팅으로 출력되는 출력물의 특성을 이해하고 DfAM(Design for Additive Manufacturing)을 고려하면서 부품을 설계해야만 3D프린팅 부품의 품질이 높아질 수 있다. 일반적으로 3D프린팅 부품의 개발 과정은 [그림 1-129]와 같은 순서로 이뤄진다.

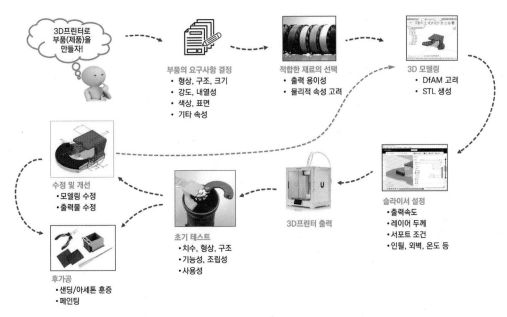

[그림 1-129] 3D프린팅 작업의 흐름

여기서는 이해를 돕기 위해 '새로운 드론을 개발하는 프로젝트'의 예를 들어 [그림 1-129]의 상세 과정을 살펴본다. 새로운 드론을 개발하기 위해 필요한 전장 부품을 개발한 후 이들을 조립할 드론 하우징을 설계하고 제작하는 과정에서 하우징의 프로토타입을 3D프린터로 제작한다고 가정한다.

[그림 1-130] 드론의 전장 부품(왼쪽), 예상 완성도(오른쪽)

부품의 요구사항 결정

부품의 요구 조건을 파악할 때 중요한 점은 충격 강도, 인장 강도, 내열성, 내후성 등의 부품의 물리적 · 기능적 성질과 표면 정밀도 등과 같은 외형 품질을 균형 있게 고려해야 한다는 것이다. 그런데 부품에 따라 기능적 속성이 외형적 속성보다 중요할 수 있고 이와 반대일 수도 있다. 이 드론 개발 프로젝트에서 하우징의 제작이 전체 제품의 조립성 테스트와 드론 성능 테스트에 중점을 둔다면 표면 정밀도와 같은 외형보다 충격 강도, 구조와 같은 기능적 속성이 더 중요할 것이다.

[그림 1-131] 완성된 드론(프로토타입)

따라서 3D프린팅용 부품을 개발하기 앞서 이들에게 요구되는 중요한 속성이 무엇인지 결정하는 것이 중요하다. 이에 따라 이후의 과정에서 고려하는 요소가 달라진다. 드론 하우징에서 요구하는 기능적 속성들은 하우징의 무게, 충격 강도, 전체 조립성 테스트를 위한 치수 정밀도 등이다. 이 사례에서는 개발 완료된 전장품들이 제대로 조립되는지와 비행 중 낙하하거나 충돌했을 때 하우징이 어느 정도 안정성이 있는지를 테스트하는 데 중점을 뒀으므로 외형적 요인보다는 기능적 요인을 우선 고려했다.

적합한 재료의 선택

FDM 프린터의 주요 재료인 ABS, PLA, TPU, PETG, NYLON 등과 같은 재료의 특징에 대한 사전 지식을 바탕으로 가장 먼저 어떤 재료로 제작할 것인지를 결정한다. 재료의 선택은 출력물의 강도, 후가공 방법, 내열성, 탄성 등에 큰 영향을 미친다. FDM 프린팅의 재료는 사용하는 프린터의 종류에 따라서도 달라진다. 산업용 프린터와 개인용 프린터에서 사용하는 재료의 물리적 속성은 일반적으로 매우 다르므로 재료를 선택하기에 앞서 사용할 프린터를 먼저 선택하는 것이 필요하다.

한편 3D프린팅을 위한 재료의 선택은 실제 제품의 재료와 다를 수 있다. 예를 들어, 이 드론이 실제 제품으로 개발되는 경우, 사출 금형을 통해 만들어지게 되는데, 이때의 부품 재료는 충격 강도와 치수 정밀도, 가격 등을 고려해 ABS 또는 ABS-PC 정도가 될 것이다. 그러나 프로토타입을 위한 3D프린팅 재료는 충격에 강하고 출력하기 쉬운 PLA 정도가 무난하다. 여기서는 표면 정밀도보다 조립 구조의 확인과 형상의 확인이 주목적이기 때문이다.

재료 선택의 자세한 내용은 이 책의 'FDM 프린터의 재료'에서 자세히 다룬다.

3D 모델링 및 STL 파일 생성

부품의 요구사항과 재료가 결정됐으면, 모델링 툴을 이용해 하우징을 설계한다. 이때는 하우징의 결합 구조, 기본 두께(Wall Thickness), 선택한 재료의 특징, 서포트의 생성 위치, 출력 방향 등을 고려하면서 모델링해야 한다.

모델링이 완성되면 슬라이서에서 읽을 수 있는 형태의 STL 파일로 변환(Export)한다. 사용하는 캐드 툴에 따라 STL 파일로 변환하는 옵션이 조금씩 다르다. 해상도는 설정하는 옵션이 있을 경우, 부품이 요구하는 정밀도에 맞는 메시의 해상도를 설정한다.

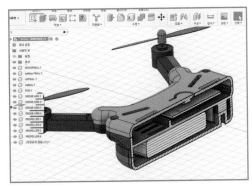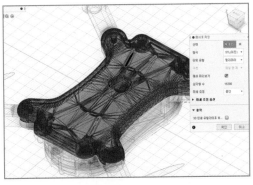

[그림 1-132] 모델링 툴에서 설계 중인 드론 조립 구성품(왼쪽), STL 파일 변환 과정(오른쪽)

슬라이서 설정

모델링 소프트웨어에서 만들어진 STL 파일을 슬라이서 소프트웨어에서 불러온 후 프린터 노즐의 이동 속도, 레이어 두께, 내부채움의 형태와 채움 밀도, 외벽 두께, 서포트 위치와 오버행 앵글 등의 주요 속성을 설정한다.

속성이 모두 입력되면 출력 전 슬라이싱 소프트웨어 안에서 출력 상황을 가상으로 확인할 수 있다. 노즐의 이동 경로와 출력 시간, 서포트의 위치 등을 확인한 후 수정사항이 생기면 이전 단계로 돌아간다. 이상이 없으면 3D프린터로 데이터를 전송하기 위한 최종 파일 형태인 지코드로 저장한다.

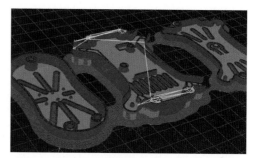

[그림 1-133] 큐라에서의 슬라이싱(왼쪽), 큐비콘 슬라이서에서의 가상 출력 확인(오른쪽)

3D프린터 출력

대부분의 3D프린터는 최종적으로 지코드를 읽어 들인다. 앞에서 만들어진 지코드 파일을 USB 등과 같은 메모리 카드 또는 다른 형태로 저장한 후 프린터로 로딩한다. 데이터가 로딩되면 특별한 설정 없이 바로 프린팅이 시작된다. 대부분 이미 슬라이서에서 설정돼 있기 때문이다. 일부 저가의 프린터에서는 베드의 수평 레벨링을 수동으로 설정하기도 한다.

출력이 시작되면 일반적인 FDM 프린터의 출력 시간이 매우 길어지므로 중간중간 이상 없이 출력되는지 확인해야 한다. 출력 도중 필라멘트가 끊어지거나, 베드에 안착되지 않거나, 적층이 되지 않거나, 중간에 과도하게 휘는 현상이 발생하기도 하기 때문이다.

[그림 1-134] 출력 중인 드론 하우징 부품들   [그림 1-135] PLA로 출력된 드론 하우징 부품들

출력 후 가장 먼저 해야 하는 일은 베드에서 출력물을 떼어내고 서포트를 제거하는 것이다. 부품의 형상에 따라 서포트의 생성 위치와 양이 달라지는데, 어떤 부품은 서포트가 많이 생겨 제거하는 데 많은 시간이 걸리기도 하며 서포트가 제거된 자리가 깨끗하지 않을 수도 있다.

드론 하우징에서는 하우징 형상의 특징상 서포트가 많이 생기는 구조였는데, 이를 제거할 때 다른 부품이 파손되지 않도록 주의해야만 했다. 서포트를 제거한 자리의 거친 표면은 개인용 FDM 프린터 정밀도의 한계이다. 다음 그림의 왼쪽에서 서포트를 제거한 후의 하우징 부품 1개를 보면 서포트를 제거한 자리의 표면이 정교하지 않고 거친 것을 볼 수 있다. 경우에 따라 이러한 거친 표면은 다른 부품과의 조립에 영향을 미칠 정도로 문제가 되기도 한다.

[그림 1-136] 서포트 제거 중(왼쪽), 서포트 제거한 면(가운데), 서포트가 없던 표면(오른쪽)

▌초기 테스트

출력 후 서포트를 제거하고 부품의 형태가 완성된 후에는 초기 조립 테스트를 실시한다. 출력된 각각의 부품의 형상, 구조, 치수 등에 이상이 없는지를 확인한 후 다른 부품과 조립하는 과정을 통해 여러 개의 부품이 제대로 조립되는지 확인한다. 프로토타입 용도의 출력물은 조립에서 문제가 발생하는 경우가 많다. 설계 단계에서 확인되지 않았던 간섭이 발생해 모델링의 치수를 수정하고 재출력해야 하는 경우도 종종 발생한다.

초기 조립 테스트의 목적은 부품 자체의 형상, 치수, 구조의 확인 및 다른 부품과의 조립 테스트를 통해 수정 사항을 발견하는 것이다. 위 드론 프로젝트의 경우, 샌딩과 같은 다른 후가공을 하기 전 드론의 전장 부품을 이용해 조립하고 드론 하우징의 형상과 치수가 향후 문제가 없을 것인지를 먼저 확인한다. 만약, 출력물의 치수와 구조의 이상이 발견되면 모델링을 수정하고 재출력해야 한다.

후가공으로 수정할 수 있는 경미한 내용은 후가공에서 수정한다. 재료를 깎아 내거나 갈아 내는 등의 마이너스 가공은 후가공에서도 가능하지만, 재료를 덧붙이는 가공은 거의 불가능하므로 가능한 한 모델링 단계에서 고려하는 것이 좋다.

[그림 1-137] 전장품과 1차 조립 중인 드론 하우징

즉, 모델링 단계에서 치수를 결정하기 힘들 때는 3D프린팅 출력 후 약간은 깎아 낼 것을 염두에 두고 모델링하는 요령이 필요하다.

▌수정 및 개선

초기 조립 테스트를 통해 부품의 형태와 구조 등과 같은 수정사항이 도출된다. 간단한 후가공으로 해결되는 경우 외에는 대부분 모델링을 수정하고 재출력해야 하는 경우가 많다. 만약, 부품을 1개만 제작한다면 모델링부터 다시 하는 것이 아니라 수작업으로 수정할 수 있는지를 우선적으로 검토한다. 그러나 같은 부품을 여러 개 제작한다면, 모델링 단계에서 수정하는 것이 유리하다.

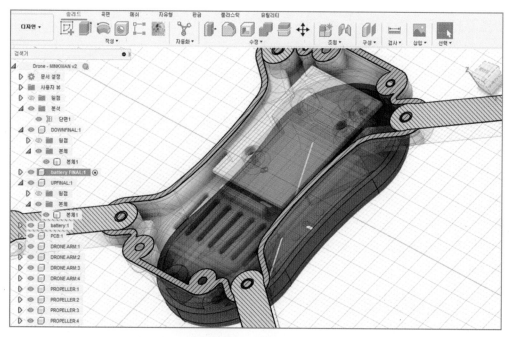
[그림 1-138] 드론 하우징 부품의 조립 테스트 후 모델링 수정

후가공

초기 테스트와 수정 사항이 반영됐으면, 필요한 경우 후가공을 한다. 대표적인 후가공은 표면 정밀도를 높이는 '샌딩'이다. 샌딩은 사포를 이용해 표면을 매끄럽게 갈아 내는 과정이다. FDM 프린터로 출력된 출력물의 표면에 레이어 층이 보이고 서포트를 제거한 자국이 남게 되므로 이를 제거하기 위해서는 샌딩을 해야 한다. 그러나 샌딩은 꼭 필요한 경우에만 하는 것이 좋다. 3D프린팅 출력물의 용도가 고객에게 제시되는 품평을 위한 디자인 목업 용도가 아니라면 샌딩 없이 간단한 표면 정리만으로도 충분하다. 샌딩은 시간이 많이 걸리는 고비용 과정이다. 특히, 동일 출력물의 개수가 많아지면 샌딩하지 않는 것을 염두에 두고 설계해야 한다.

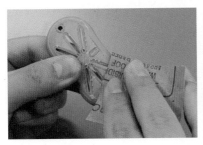 

[그림 1-139] 샌딩 중인 출력물(왼쪽), 샌딩 전과 샌딩 후(오른쪽)

샌딩 이외의 후가공은 ABS 재료일 경우, 아세톤 훈증으로 표면을 매끄럽게 녹이는 것이 가능하다. 재료의 색상 외에 다른 색상을 적용하고 싶을 때는 페인팅을 하기도 한다. 후가공은 나중에 자세히 다룬다.

지금까지 '새로운 드론을 개발하는 프로젝트'에서 드론 본체의 하우징을 3D프린터로 설계하고 제작했다. 1차 출력 후 조립 테스트를 통해 수정 사항을 발견하고 모델링을 수정한 후 2차 출력 했다. 다시 조립 테스트를 한 후 최종적으로 부품 자체와 조립에 문제가 없는지 확인했다. 이후 출력물에서 거친 표면을 정리하기 위해 약간의 후가공을 하고 완성했다.

[그림 1-140] 초기 조립 시 나타난 치수 오류　　[그림 1-141] 완성된 드론 하우징 프로토타입

03 외부 데이터의 3D프린팅 과정

만약 출력하고자 하는 부품의 모델링 데이터가 이미 만들어져 있거나 다른 곳으로부터 다운로드한 상태로 그대로 출력하는 경우의 작업 흐름은 슬라이서의 설정 부분에 집중한다. 슬라이서에는 STL 파일을 불러올 수 있는데, 싱기버스와 같은 공개 자료실에서 다운로드한 STL 파일은 별도의 모델링 소프트웨어 없이 슬라이서에서 바로 오픈해 크기를 조절할 수 있다. 단, 간단한 크기 조절 이외의 다른 추가적인 세부 작업은 불가능하다. 다운로드한 모델링 데이터의 형상과 치수를 수정하려면 별도의 3차원 캐드 프로그램이 필요하다.

STL 파일이 아닌 파일 이송을 위한 다른 3차원 데이터 형식인 STEP(STP) 파일은 별도의 프로그램에서 STL 파일 형식으로 변환한다.

외부에서 가져온 파일을 출력하는 방법은 다음과 같은 흐름으로 진행된다.

01 3D프린팅의 작업 흐름

[그림 1-142] 외부로부터 입수한 데이터를 단순 출력하는 과정

슬라이서에서 STL 파일을 오픈한 후 출력물의 용도에 따라 출력 재료를 선정하고 레이어의 높이, 출력 속도, 서포트의 위치, 출력 방향 등을 설정한 후 출력을 시작한다. 출력이 완료되면 간단한 테스트 후 필요하면 후가공을 하고 완료한다.

3D 모델링 툴에서 사용하는 파일의 종류

STEP 파일

STEP(Standard for the Exchange of Product Data) 파일은 주로 3D 모델링 데이터의 이동에 사용하는 포맷으로, ISO의 '자동화 시스템 및 통합 기술 위원회'에서 1980년에 개발한 포맷이다. 여러 설계자가 다양한 3D 모델링 플랫폼에서 각자 다른 포맷을 사용해 모델링하고 있기 때문에 다른 플랫폼에서 제작된 3D 모델의 열람과 이동, 편집이 어려운 현실을 반영해 모든 3차원 캐드 소프트웨어에서 열고 편집할 수 있는 데이터 포맷을 개발한 것이다.

STEP 파일이 등장하기 이전에는 서피스 모델 데이터 기반의 IGES 파일을 많이 사용했는데 이 파일에는 기하학적 형태의 치수 측정과 두께의 구성 등에 약점이 있었고 데이터가 이동할 때마다 보정과 편집에 많은 시간이 소요됐다. 반면, STEP 파일은 솔리드 데이터로 구성돼 있어 편집과 관리가 한층 편리해졌다. 현재 대부분의 모델링 툴에서는 STEP(STP) 파일이 가장 많이 사용하고 있다.

STEP 파일의 종류에는 AP203과 AP214가 있다. AP203은 기계 부품, 모델 형상, 위상과 구성 관리 데이터만이 포함돼 있지만, AP214는 AP203의 확장 버전으로 AP203에 포함된 데이터에 색상, 레이어, 기하학적 치수와 공차, 설계 의도 등이 포함돼 있다.

3D프린터에서 사용하는 파일의 종류

3D프린터를 위한 슬라이서에서 사용하는 파일의 포맷은 STL, 3MF, OBJ 등이 있는데, 이 중 STL을 가장 많이 사용한다.

STL 파일

STL은 'Stereo Lithography'의 약자로, 3D시스템즈 사가 개발한 캐드 소프트웨어의 파일 포맷으로, 대부분의 3D프린터에서 사용할 수 있는 국제 표준 형식의 데이터 포맷이다. STL 파일은 3차원 형상을 무수히 많은 삼각형 면으로 구성해 표현해 주는 폴리곤 형식의 포맷이다. 색상에 대한 정보는 저장하지 못하지만, STEP 파일보다 크기가 작고 파일 생성 속도가 빠르다.

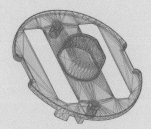

[그림 1-143] STL 파일

개인용 3D프린터에서 가장 일반적으로 사용하는 파일 형식이다. 대부분의 모델링 툴에서 STL 파일로 저장하는 기능을 제공하고 있다.

3MF 파일

3MF(3D Manufacturing File)는 3MF 컨소시엄 사에서 개발한 오픈 소스 파일 형식의 포맷이다. 현재 마이크로소프트 사, 3D시스템즈 사, HP 사를 비롯한 다양한 기업이 이 컨소시엄에 참여하고 있다. 적층 제조만을 위한 새로운 포맷으로, 기존 STL 파일에는 포함할 수 없던 모델의 재료와 색상 등 다양한 속성 정보에 대한 데이터를 포함할 수 있기 때문에 향후 고성능 3D프린터의 STL 파일에 대한 대안으로 주목받고 있다.

OBJ 파일

웨이브프론트(Wavefront Technologies) 사에서 어드밴스드 비주얼라이저(Advanced Visualizer)라는 애니메이션 패키지 프로그램을 위해 처음 개발된 포맷이다. STL 파일과 같이 삼각형 면으로 모델을 구성하지만, STL 파일은 면 법선 벡터, OBJ 파일은 정점 법선 벡터를 참조해 구성한다. 그 결과, 각각의 파일을 열어 표면 조도를 바꿔 보면 SLT 파일은 삼각형 면의 경계가 명확히 보이지만, OBJ 파일은 연속된 곡면처럼 보인다.

STL 파일과 3MF 파일의 차이

두 파일의 가장 큰 차이는 색상 정보의 포함 여부이다. 3MF 파일은 색상과 재료에 대한 정보를 포함하고 있다. [그림 1-144]와 [그림 1-145]는 각각 프루 사의 슬라이서에서 불러들인 STL 파일(왼쪽)과 3MF 파일(오른쪽)의 모습으로, 여러 가지 색상을 동시에 출력할 수 있는 프린터에 사용할 수 있는 파일 형식이다.

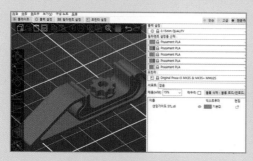

[그림 1-144] STL 파일을 불러온 상태

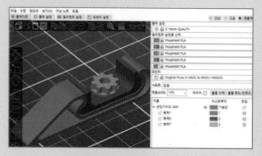

[그림 1-145] 3MF 파일을 불러온 상태

06

슬라이싱 소프트웨어 설정

01 슬라이싱 소프트웨어의 기능

FDM 프린터는 노즐에서 녹은 필라멘트가 베드에 한 층씩 적층되면서 형상이 만들어진다. 따라서 3D프린터에서 출력하기 전에 3D 모델을 여러 개의 얇은 층(레이어)으로 잘라 주는 과정이 필요하다. 슬라이싱 소프트웨어는 모델링 소프트웨어에서 만들어진 3차원 모델(STL, 3MF, OBJ 등)을 얇게 잘라 주고 출력 속도, 노즐과 베드의 온도, 모델의 내부채움 형태와 밀도, 필라멘트의 압출량 등의 요소를 설정하고 노즐의 이동 방향에 대한 정보가 있는 지코드를 생성하는 역할을 한다.

[그림 1-146] 왼쪽부터 3차원 모델, STL 파일, 슬라이싱 소프트웨어의 화면, 출력물

슬라이싱 소프트웨어(이하 슬라이서)는 각 프린터 제조사에서 제공하는 전용 프로그램을 사용하거나 오픈소스로 만들어진 공개 소프트웨어를 사용한다. 우리나라의 대학에 많이 보급된 대표적인 프린터 제조사인 큐비콘 사는 큐비크리에이터(Cubi Creator), 신도리코 사는 3DWOX 데스크톱이라는 전용 슬라이서를 제공한다. 다른 보급형 프린터 제조사들은 얼티메이커 사에서 무료로 배포한 공개 슬라이서인 큐라(Cura)를 많이 사용한다. 이 밖에 심플리파이3D(Simplify3D)와 같은 유료 슬라이서도 있다.

02 슬라이서의 주요 설정

[그림 1-147] 큐비콘 사의 슬라이서 화면

[그림 1-148] 신도리코 사의 슬라이서 화면

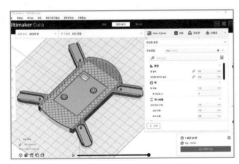

[그림 1-149] 큐라 사의 슬라이서 화면

[그림 1-150] 큐라 사의 슬라이서 설정

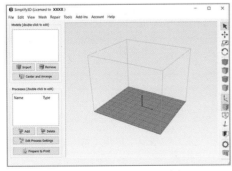

[그림 1-151] 심플리파이3D의 설정 화면

슬라이서는 프로그램마다 설정 항목이 다소 다른데, 이 책에서는 출력을 위한 기본적이고 필수적인 옵션을 설정하는 항목을 큐라를 기준으로 살펴본다. 여기서는 출력에 필수적으로 필요한 설정인 레이어의 높이, 서포트와 바닥 보조물, 오버행(Overhang), 출력물의 벽 두께, 솔리드 형태의 내부를 채우는 패턴의 종류와 밀도, 노즐의 온도와 이동 속도, 리트렉션(Retraction) 항목에 대해 자세히 살펴본다.

01 레이어 높이

슬라이서에서 가장 먼저 설정하는 것은 출력 속도와 출력물의 정밀도와 관련된 레이어의 높이(Layer Height)이다. 레이어 높이는 노즐이 한 번 지나갈 때 적층하는 필라멘트의 높이이다. 일반적인 레이어 높이는 0.2mm가 기본값으로 설정돼 있다. 정밀하게 출력할 때는 0.1mm로 설정할 수 있지만, 출력 시간이 오래 걸린다.

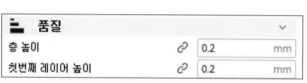

[그림 1-152] 큐라에서의 레이어 높이 설정 화면. 기본값은 0.2mm이다.
일반적인 경우 0.2mm 정도가 적당하다

[그림 1-153] 레이어 높이

레이어 높이가 낮으면 같은 높이를 여러 번 출력해야 하므로 출력 시간이 늘어나고 출력물의 강도도 증가한다. 레이어 높이는 일반적으로 노즐 지름의 25~75% 사이가 적절하다. 노즐 지름 이상의 레이어 높이는 출력이 불가능하며 대부분의 노즐 지름은 0.4mm이므로 최대 레이어 높이는 0.4mm이다. 외관이 중요한 부품은 레이어 높이를 낮게 하는 것이 좋다. 특히, 곡면 또는 지면과 수직이지 않은 면이 있다면 레이어 높이에 따라 표면 품질이 더 큰 영향을 받는다.

[그림 1-154] 레이어 높이가 낮을수록 곡면의 품질이 우수해진다

실제로 출력해 보면 0.4mm와 0.2mm의 표면 정밀도 차이는 약간 발생하며 출력 시간의 차이가 크다. 이는 프린터마다 달라지기도 한다. 따라서 레이어 높이와 출력 시간의 적절한 균형점을 찾는 것이 필요하다.

[표 1-14] 레이어 높이와 표면 정밀도, 출력 시간의 관계

레이어 높이(mm)	0.1	0.2	0.4
출력 시간(분)	52	38	23
출력물	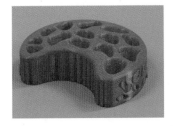		

02 서포트

슬라이서 설정에서 레이어 높이 다음으로 중요한 것은 서포트(Support)의 생성 위치이다. FDM 프린터에서는 허공에 모델을 생성하지 못하므로 다리 형태(Bridge)와 같이 베드에서 수평 방향으로 돌출된 형상의 구조물에는 서포트가 필요하다. 이때 허공에 떠 있는 부분을 '오버행'이라고 하는데, 이 오버행의 각도에 따라 서포트의 생성 여부가 정해진다. 일반적으로 50° 정도의 오버행일 경우, 서포트가 필요하며 그 이하의 각도에서는 서포트 없이 바닥에서부터 적층할 수 있다.

[그림 1-155] 서포트가 생긴 출력물과 서포트를 제거한 후의 출력물

오버행 각도

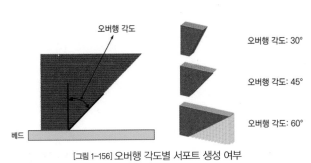

[그림 1-156] 오버행 각도별 서포트 생성 여부

베드의 수직 방향(Z축 방향)으로부터 0°부터 90°까지 각도를 설정해 해당 값 이상의 각도를 가지면 서포트를 생성한다. 오버행 각도 설정은 이 각도까지는 서포트 없이 출력하겠다는 의미이다. 0~50° 정도의 오버행은 일반적으로 서포트 없이 출력된다. 50°를 넘어가면 서포트가 필요한데, 큐라의 기본 설정값은 50°이다.

오버행의 각도를 무조건 키우는 것은 바람직하지 않다. 사용하는 프린터와 필라멘트의 종류에 따라 오버행의 각도가 달라진다. TPU와 같이 접착력이 강한 재료는 ABS나 PLA보다 오버행의 각도를 다소 증가시킬 수 있다.

[그림 1-157] 서포트 없이 출력됐을 경우

🏠 서포트				
서포트 생성	🔗	↺	✔	
서포트 구조	🔗		표준	⌄
서포트 배치	🔗	↺	어디에나	⌄
오버행 각도	🔗		50.0	°
서포트 Z 거리	🔗		0.1	mm
서포트 상단 거리	🔗		0.1	mm
서포트 바닥 거리	🔗		0.1	mm
X/Y 서포트 거리	🔗		0.7	mm

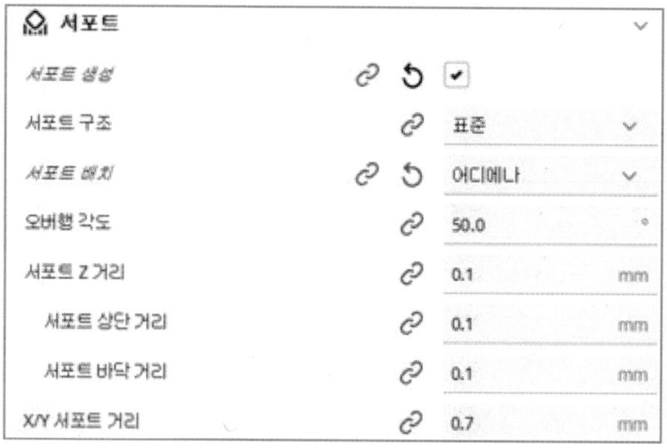

[그림 1-158] 큐라의 서포트 설정 화면

서포트 배치(생성 위치)

어디에나(Everywhere)

형상이 복잡한 출력물을 출력할 때 오버행 각도를 만족하는 모든 곳에 서포트를 생성하는 옵션이다. 서포트가 모두 생성되므로 서포트를 제거할 때 표면 품질이 나빠지지만, 출력물의 형상과 구조가 안정적으로 유지된다. 큐라의 기본 설정값이며 대부분 이 옵션으로 설정하고 출력한다.

빌드 플레이트 위(On Buildplate)

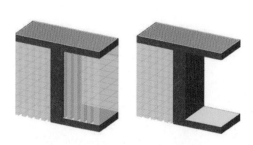

[그림 1-159] 어디에나(왼쪽), 빌드 플레이트 위(오른쪽)

출력물 위에는 서포트가 생성되지 않도록 하는 옵션이다. 베드 위에서부터만 서포트가 생긴다. 그러나 [그림 1-159]와 같은 형상일 때 출력물 위에 서포트가 생기지 않도록 이 옵션을 설정하면 제대로 출력되지 않을 가능성이 높다. 즉, 서포트 없이 출력됐을 경우, [그림 1-157]과 같이 될 가능성이 높아진다. 이 옵션은 출력물에서 오버행의 크기가 작은 부분에 적합하다.

▎서포트의 구조(형태)

표준(Normal)

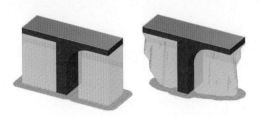

[그림 1-160] 서포트의 형태 표준(왼쪽), 트리(오른쪽)

가장 보편적인 형태인 선형의 서포트 형태이다. 출력물의 형태와 상관없이 잘 지지하는 형태로, 서포트의 양이 많아지기는 하지만, 대부분 이 옵션을 사용한다. 서포트의 양을 줄이기보다 모델링을 할 때 출력 방향을 고려해 서포트가 적게 생길 수 있는 구조를 고민해야 한다.

트리(Tree)

서포트 자체에 오버행 각도를 적용해 트리 형상으로 만드는 옵션이다. 서포트의 양이 적기 때문에 출력 시간이 단축되고 표면 품질 확보에 유리하지만, 수평 오버행을 지지하기에는 적합하지 않다.

▎서포트 Z 거리, X/Y 서포트 거리

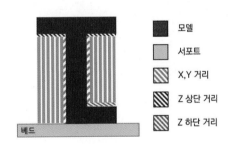

- 모델
- 서포트
- X,Y 거리
- Z 상단 거리
- Z 하단 거리

[그림 1-161] 서포트 거리 설정(X, Y 거리, Z 거리)

서포트와 출력물 사이의 거리를 조절할 수 있는 옵션이다. 서로의 거리를 띄워 서포트 제거를 용이하게 하며 표면 품질 저하를 최소화한다. 그러나 기본값 적용을 권장하며 과도한 거리 띄우기는 서포트의 기능을 저해하므로 주의해야 한다. X/Y의 서포트 거리(수직 벽 부분)가 Z 방향 서포트 거리(오버행이 큰 부분)보다 크게 설정돼 있다.

03 바닥 보조물

FDM 프린터에서는 출력물이 베드에 잘 접착되는 베드 안착이 중요하다. 그러나 일부 형상이나 ABS와 같은 필라멘트 소재들은 베드에 잘 부착되지 않아 뒤틀림과 같은 문제가 발생하기도 한다. 바닥 보조물(Build Plate Adhesion)은 이런 단점을 보완하기 위해 모델이 출력되기 이전에 바닥에 출력시키는 출력 보조물이다. 바닥 보조물은 초기 출력을 통해 노즐을 청소하는 역할을 하기도 한다. 바닥 보조물의 종류에는 래프트, 브림, 스커트 등이 있다.

[그림 1-162] 큐라의 바닥 보조물 설정 화면

[그림 1-163] 큐라에서 설정한 바닥 보조물   [그림 1-164] 큐비 크레이에이터에서 설정한 바닥 보조물

▌래프트

래프트(Raft)는 출력물과 베드 사이에 위치한 필라멘트의 수평 격자 구조로, 3~5개의 레이어에 걸쳐 넓은 판으로 만들어진다. 다시 말하면, 출력물의 바닥 아래에 별도의 판형 구조물을 두께 약 1~2mm 정도로 만든다는 의미이다. 바닥 보조물 중 가장 확실한 출력물 안착 방법이지만, 출력 시간이 오래 걸리고 출력물을 베드에서 떼어 내기 힘들어지기도 한다.

래프트의 레이어 사이에는 약간의 완충 영역이 존재하므로 베드 레벨링이 약간 잘못되더라도 보상해 주는 기능도 있다. 래프트는 주로 뒤틀림과 베드 접착을 돕기 위해 사용하지만, 베드와 맞닿는 면적이 작은 모델을 안정시키거나 부품의 상단 레이어를 만들기 위한 탄탄한 기초를 만드는 용도로 사용한다. 출력물의 휨 현상을 줄이는 데는 래프트를 추천한다. 그러나 래프트와 출력물이 만나는 면의 품질이 나빠진다는 것은 고려해야 한다.

[그림 1-165] 왼쪽부터 스커트, 브림, 래프트의 바닥 보조물로 출력된 출력물

브림

브림(Brim)은 출력물의 가장자리에 실제로 접촉되는 스커트의 확장된 형태로, 모델의 첫 레이어 테두리를 여러 번 따라 그려 넓은 면적을 형성하는 방식으로 생성된다. 브림은 출력물의 가장자리를 고정시켜 뒤틀림을 방지하고 베드 안착에 도움을 준다. 브림은 래프트에 비해 더 빨리, 훨씬 적은 필라멘트로 출력되며 이후 제거하기도 래프트보다 쉽다. 만약, 출력물의 첫 레이어가 구불구불하거나 뾰족한 형상이 많다면 브림을 생성하는 도중 베드에서 떨어져 나가기 쉬우므로 첫 레이어 형상이 복잡한 출력물에는 사용하지 않는 것을 권장한다.

스커트

스커트(Skirt)는 제품을 출력하기 전에 출력물이 생성될 위치 주변으로 일정한 간격을 두고 테두리를 만드는 작업을 말한다. 출력물과의 직접적인 접촉은 없으므로 출력물의 베드 안착에 도움을 주지는 못한다. 스커트는 출력 전에 노즐에 남아 있을 수 있는 불순물을 미리 청소해 압출기를 최적화하거나 필라멘트의 흐름을 원활하게 하는 데 도움이 된다. 스커트의 형태를 관찰하면 미리 베드의 균형 문제 또는 접착 문제를 예측해 볼 수 있다.

04 셸

3D프린팅 출력물이 얇은 벽 두께의 형태가 아니라 두께가 두꺼운 덩어리 형태일 때 프린터는 출력 시간을 단축하고 재료 소모량을 줄이기 위해 속을 꽉 채워 출력하지 않고 일정한 패턴 형태와 지정된 밀도로 출력한다. 이에 대한 설정을 일반적으로 '셸(Shell) 설정'이라고 한다.

▦ 벽		⌄
벽 두께	1.2	mm
벽 라인의 수	3	
▦ 위 / 아래		⌄
상단/하단 두께	1.0	mm
상단 두께	1.0	mm
바닥 두께	0.6	mm

[그림 1-166] 셸의 두께 설정 화면

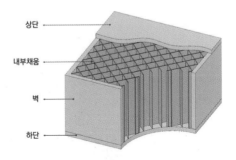

[그림 1-167] 셸의 구성 요소와 큐라에서의 명칭

█ 벽 두께

벽 두께(Wall Thickness)는 플라스틱 부품의 설계에서 매우 중요한 설계 요소이다. 대부분의 실제 플라스틱 부품의 벽 두께는 1~4mm 이내이다. 그러나 3D프린터의 출력물은 벽 두께에 제한이 없다. 따라서 두께가 두꺼운 형상도 자유롭게 출력할 수 있다.

출력물에서 벽은 베드에 수직 방향인 옆면의 벽의 두께를 의미하고 큐라의 기본값은 1.2mm이다. 이 말은 1.2mm를 초과하는 벽은 1.2mm만 꽉 채워 만들고 나머지는 정해진 패턴으로 채우겠다는 의미이다.

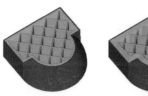

벽 두께: 1.2mm　　　벽 두께: 2.4mm

[그림 1-168] 동일한 모델링으로 슬라이서에서
벽 두께를 1.2mm와 2.4mm로 설정한 모습

노즐 지름이 0.4mm이고 설정한 외벽 두께가 1.2mm라면 0.4mm 두께의 벽 라인 3개를 만들어 벽을 완성하는 방식이다. 따라서 노즐 지름의 배수로 입력하는 것이 좋다. 벽 두께가 노즐 지름의 정수배가 아니라면 벽 사이에 틈이 생길 수 있다. 모델링의 벽 두께가 1.2mm가 되지 않는 경우에는 큐라의 벽 두께 설정에서 1.2mm로 설정해도 모델링의 벽 두께만큼만 채워진다.

█ 상·하단 두께

베드의 수평 방향으로의 벽은 상단과 바닥으로 구분한다. 큐라의 설정 화면에서 바닥 두께는 하단 두께와 동일하다(큐라의 언어가 영어 버전인 경우 Bottom으로 동일하게 돼 있다). 큐라의 기본 설정값은 상단, 하단 두께가 1.0mm와 0.6mm이다. 상단을 증가시키면 하단 두께는 상단 두께의 60%가 되도록 설정돼 있지만, 개별 설정도 가능하다. 상단과 하단 두께는 노즐 지름이 아닌, 레이어 높이의 정수배로 이뤄진다. 따라서 상·하단의 두께를 결정할 때는 설정한 레이어 높이를 확인해야 한다.

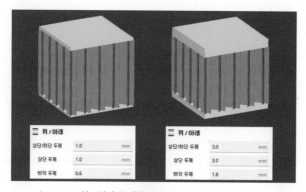

[그림 1-169] 상·하단 두께를 각각 1.0, 3.0으로 설정한 모습

같은 부품이라도 셸의 설정에 따라 강도의 차이가 발생한다. 상·하단, 벽 두께가 증가할수록 부품의 강도가 증가한다.

▌셸 설정 시 고려사항

셸 설정 시 다음 내용을 고려하면 좀 더 좋은 품질의 부품을 출력할 수 있다.

- 샌딩 또는 아세톤을 포함한 물리적·화학적 후가공을 계획하고 있다면 감소할 셸의 두께를 고려하는 것도 필요하다. 이는 매우 얇은 벽 두께를 가진 부품이나 정밀한 치수가 필요한 경우, 후가공을 고려해 모델링할 수 있다는 의미이다.
- 셸의 두께는 노즐 지름 또는 레이어 높이의 정수배로 설정하는 것이 좋다.
- 셸의 두께를 증가시키면 출력 시간이 증가한다.
- 슬라이서마다 셸의 두께를 설정하는 방법이 다르다. mm로 직접 두께를 지정하는 경우도 있고, 라인 값(Line Count)으로 지정하는 경우도 있다. 라인 값은 두께를 구성하는 수평 방향 겹의 횟수를 말한다. 예를 들어, 레이어 높이 0.2mm, 라인 값이 3이라면 상·하단의 두께는 각각 0.6mm가 된다. 또는 노즐의 지름이 0.4mm이고 라인 값이 4라면 벽 두께는 1.6mm가 된다.
- 만약, 특별히 출력물의 강도가 중요하지 않거나 후가공을 고려하지 않는다면 큐라에서 제공하는 기본값으로 설정해도 무난하다.

05 내부채움

셸 설정과 마찬가지로 출력 시간을 단축하고 재료의 소모량을 줄이기 위해 내부채움 속성을 설정할 수 있다. 내부채움 속성은 셸로 둘러싸인 내부를 채우는 형태와 밀도를 말한다. 슬라이서에 따라 내부채움의 패턴이 다르다. 여기서는 큐라를 기준으로 알아본다.

[그림 1-170] 큐라의 내부채움 설정 화면

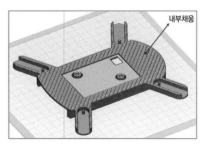

[그림 1-171] 슬라이서 화면에서의 내부채움

내부채움 밀도

내부채움 밀도(Infill Density)는 내부채움의 정도를 백분율로 지정하는 옵션이다. 0%는 내부가 비어 있고 100%는 모두 채워져 있다. 대부분의 슬라이서 기본값은 20%로 설정돼 있다.

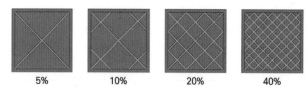

[그림 1-172] 내부채움 밀도별 차이

내부채움 밀도를 높일수록 출력물의 강도가 증가하지만, 그만큼 프린팅 시간과 무게도 늘어나므로 출력물의 용도에 따라 조절해야 한다. 일반적인 장식품의 용도라면 10~20% 정도가 적당하며 부품의 강도가 필요할 경우, 40% 이상 높이는 것이 좋다. 덩어리 형상의 두꺼운 부품이 아니라 일반 플라스틱 부품처럼 셸(Shell) 형태의 부품일 경우에는 벽 두께를 두껍게 하는 것이 강도를 높일 수 있는 방법이다. 만약, 상·하단의 두께를 0으로 설정한다면 벽 두께 없이 내부채움이 보이게 출력할 수도 있지만, 일반적인 경우는 아니다.

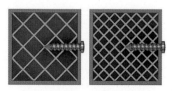

[그림 1-173] 나사로 결합 시 내부채움 밀도가 클수록 결합 강도가 강해진다.

그런데 [그림 1-173]과 같이 나사가 결합되는 부품일 경우, 내부채움 밀도를 증가시켜야 나사가 체결되는 부분의 강도를 유지할 수 있다.

내부채움 패턴

내부채움 패턴(Infill Pattern)은 내부를 채우는 패턴의 형태를 결정하는 옵션이다. 슬라이서마다 내부채움 패턴의 형태가 다르다. 큐라는 그리드, 라인, 삼각형, 삼육각형, 입방체, 동심원, 십자형 등과 같은 다양한 내부채움 패턴을 제공한다.

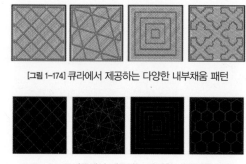

[그림 1-174] 큐라에서 제공하는 다양한 내부채움 패턴

[그림 1-176] 큐비콘에서 제공하는 다양한 내부채움 패턴

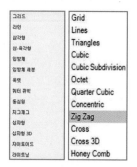

그리드	Grid
라인	Lines
삼각형	Triangles
삼·육각형	Cubic
입방체	Cubic Subdivision
입방체 세분	Octet
옥텟	Quarter Cubic
쿼터 큐빅	Concentric
동심원	Zig Zag
지그재그	Cross
십자형	Cross 3D
십자형 3D	Honey Comb
자이로이드	
라이트닝	

큐라(왼쪽), 큐비콘(오른쪽)에서 제공하는 내부채움 패턴

내부채움 패턴의 형태는 슬라이서에서 슬라이싱한 후 시각적으로 확인해 볼 수 있다. 부품의 강도가 크게 중요하지 않을 경우, 출력 시간이 적게 소모되는 라인 패턴이 적당하다. 일반적인 강도가 요구된다면 그리드, 삼각형, 삼육각형이 적합하고 탄성이 요구되는 부품이라면 동심원, 십자가가 적합하다.

[그림 1-177] 내부채움 패턴이 동심원인 경우

다양한 방향에서 상당한 강도가 요구된다면 입방체, 큐빅을 추천한다.

[그림 1-178] 내부채움 패턴 입방체, 밀도 40%인 경우

[그림 1-179] 내부채움 패턴 큐빅, 밀도 40%인 경우

내부채움 오버랩

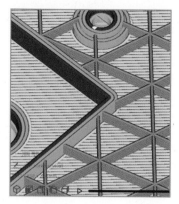

[그림 1-180] 채우기 겹침이 20%로 설정됐을 경우, 벽과 내부채움 패턴의 겹침 형태

내부채움 오버랩(Infill Overlap)은 출력물의 외벽과 내부채움 사이에 간격이 발생하지 않도록 일정 비율을 겹쳐 출력하는 기능으로, 큐라의 기본값은 10%이다. mm로 설정하는 슬라이서도 있지만, %로 설정하는 슬라이서도 있다. 큐라의 경우, %를 설정하면 겹침 정도가 자동으로 입력된다.

만약, 내부채움 오버랩이 너무 낮아 간격이 발생하면 출력물의 외벽을 내부채움 패턴이 제대로 지지해 주지 못하게 돼 강도가 약해지게 되는 반면, 외벽 두께에 비해 채우기 겹침 비율이 너무 높으면 내부채움 형상이 제품의 외관에 드러나게 되는 고스팅 현상을 유발할 수 있다.

06 온도

FDM 프린터에서 설정해야 하는 온도(Temperature)는 노즐과 베드의 온도이다. 노즐의 온도 설정은 필라멘트를 적절하게 용융시키는 데 필요하며 베드의 가열은 적층된 재료가 변형 없이 잘 안착하도록 하는 데 필요하다.

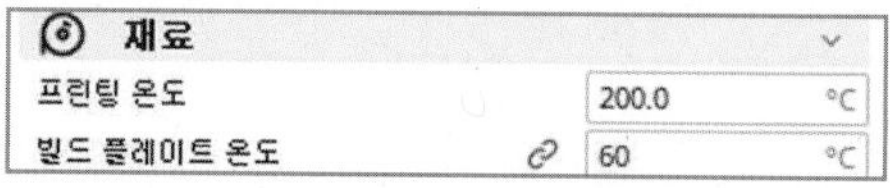

⚙ 재료		∨
프린팅 온도		200.0 ℃
빌드 플레이트 온도	🔗	60 ℃

[그림 1-181] 온도 설정 화면

적절한 온도의 설정은 출력물의 품질, 특히 변형을 방지하는 데 중요한 역할을 한다.

노즐 온도

[그림 1-182] 익스트루더에 장착돼 있는 노즐

필라멘트 재료마다 유리 전이 온도(액체와 유사하게 흐르게 되는 온도)가 다르기 때문에 노즐 온도(Printing Temperature)를 필라멘트에 따라 다르게 설정해야 한다. 노즐 온도가 너무 높으면 필라멘트가 타버리거나 물처럼 흘러내리게 돼 레이어가 제대로 적층되기 어렵고 노즐 온도가 낮으면 필라멘트가 압출되지 않는다.

필라멘트 재료별 적절한 노즐의 온도는 [표 1-15]와 같다. 권장 노즐 온도는 필라멘트 제조사마다 다르다.

[표 1-15] 재료별 적정 노즐 온도

재료	ABS	PLA	ASA	PETG	HIPS	TPU
노즐 온도(℃)	220~250	190~230	240~250	200~260	220~235	220~245

노즐 온도가 높을수록 출력 후 고온의 재료가 상온에 노출되면서 온도가 급격히 떨어지고 수축이 발생할 가능성이 커진다. 과하게 높은 온도에서는 필라멘트가 완전히 액체가 돼 흐르기 때문에 사출되는 필라멘트의 양을 조절하기 어렵다. 이 때문에 스트링(Stringing, 거미줄 현상), 워핑(Warping, 레이어 뒤틀림 현상), 우징(Oozing, 노즐에서 필라멘트가 새는 현상) 등이 발생하는 경우가 있다.

| 베드 온도

[그림 1-183] 신도리코 사 프린터의 가열 베드

노즐에서 압출된 직후의 필라멘트는 고온이며 상온의 베드와 닿으면 급격하게 냉각되고 이때 휨 현상이 발생할 가능성이 있다. 따라서 베드를 적절한 온도로 가열하는 것이 필요하다. 베드의 가열 온도는 재료마다 조금씩 다른데, PLA의 경우 베드가 가열되지 않아도 출력은 가능하다. 그러나 가열할 수 있는 베드가 있으면 대략 60℃ 정도의 가열이 적당하다. ABS의 경우에는 반드시 베드를 가열해야 한다. 재료별 적정 베드의 가열 온도는 [표 1-16]과 같다. ABS와 같이 고온의 베드가 필요한 경우, 베드를 충분히 가열한 후에 출력하는 것이 유리하다. 대부분의 베드는 네 모서리 또는 중앙에서부터 가열하는데, 높은 온도의 경우 베드에서 열이 골고루 퍼지지 않아 온도 차가 존재하기 때문이다.

[표 1-16] 재료별 적정 베드 온도

재료	PLA	ABS	TPU	PETG	NYLON
적정 베드 온도(℃)	45~80	80~110	45~60	75~90	70~90

큐라의 설정에서는 필라멘트의 종류별로 프린터의 베드 온도를 다르게 설정하는데, 만약 큐라에 내장돼 있지 않은 필라멘트를 사용할 때는 베드의 온도를 강제로 조절해 주기도 한다.

07 공급량(Flow, 압출량)

공급량(Flow)은 노즐을 통과하는 필라멘트의 양을 100% 기준으로 할 때 몇 퍼센트로 보정해서 압출할 것인지를 결정하는 옵션이다. 특별한 이유가 없을 경우, 기준값인 100% 상태를 유지한다.

[그림 1-184] 압출량 설정 화면

공급량(압출량)이 적거나 많을 경우, 출력물의 품질에 문제가 발생할 가능성이 커진다. 압출량이 많을 경우 레이어가 처지거나 스트링 현상이 발생할 수 있다.

[그림 1-185] 압출량 설정을 달리했을 때의 출력물의 표면 정밀도 차이

[그림 1-186] 압출량 과다로 무너진 교량

[그림 1-187] 압출량이 적을 경우, 레이어 간 틈이 발생할 수 있다.

그러나 간혹 이 값을 약간 증가시키거나 감소시켜야 할 경우는 있다. 출력물이 베드와의 접착력이 떨어져 워핑 현상이 발생한다면 105% 정도로 압출량을 증가시킬 수 있다. 5% 단위로 증가시켜가면 워핑이 발생하지 않는 값을 찾을 수 있다.

[그림 1-188] 베드와 접착력 부족으로 인해 발생한 워핑

08 리트렉션

[그림 1-189] 스트링이 발생한 출력물

리트렉션은 필라멘트를 밀어 내고 있던 압출기의 기어를 순간적으로 역회전시켜 필라멘트를 뒤로 잡아당기는 것을 말한다. 노즐이 이동할 때나 출력물이 없는 거리를 이동할 때 노즐 끝에서 녹아내린 필라멘트가 흘러나와 거미줄과 같은 실을 발생시키는 스트링 현상을 방지하기 위한 기능이다.

리트렉션 거리와 리트렉션 속도의 조절을 통해 스트링 현상을 완화할 수 있다. 리트렉션 거리는 이동 중에 수축한 재료의 거리이며 이는 필라멘트를 얼마나 뒤로 잡아당길 것인지를 의미한다. 큐라에서 설정된 프린터의 종류에 따라 다른 값이 지정돼 있다.

리트렉션 거리	1.5	mm	리트렉션 거리	6.5	mm
리트렉션 속도	25.0	mm/s	리트렉션 속도	45.0	mm/s

[그림 1-190] 큐라의 리트렉션 설정 화면(왼쪽: 큐비콘 Single Plus일 경우, 오른쪽: Ultimaker 2+ connect일 경우)

리트렉션 속도는 압출기 기어를 역회전시키는 속도를 의미하는데, 프린터마다 기본값이 다르다. 속도가 빠를수록 스트링 현상은 줄어들지만, 너무 빠르면 압출기 기어에 손상을 줄 수 있다. 일반적으로 보우덴 방식일 때 리트렉션 거리가 멀고 속도도 빠르다.

[표 1-17] 익스트루더 방식마다 적절한 리트렉션 거리와 속도

	직결 방식	보우덴 방식
리트렉션 거리(mm)	0.6~2.6	8~16
리트렉션 속도(mm/s)	25~40	35~45

스트링 현상이 발생할 경우에는 리트렉션 거리와 속도를 0.5mm와 5mm/s 단위로 변화시키면서 조절할 수 있다.

[그림 1-192] 리트렉션 거리 조절 후 스트링 감소

09 속도

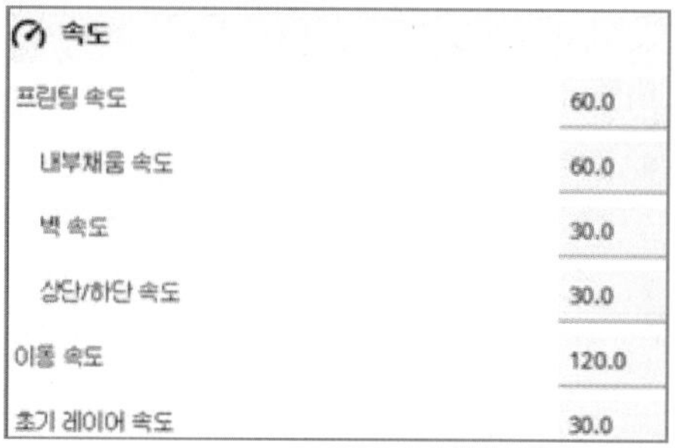

[그림 1-193] 큐라에서의 출력 속도 설정(큐비콘 Single Plus, PLA일 경우)

출력 속도는 노즐이 움직이는 속도를 의미한다. 큐라에서는 항목별로 구분해 속도를 지정할 수 있지만, 일반적으로 전체 속도를 설정한다. 출력 속도가 너무 빠른 경우, 아래층 레이어가 굳기 전에 위층이 쌓아올려지면서 출력이 제대로 안 되거나 설정된 속도를 프린터의 모터가 따라오지 못해 진동이 발생해 출력물의 품질이 저하될 수 있다.

출력 속도는 출력 시간을 결정하지만, 출력 품질에도 영향을 미치므로 가능한 한 기본값으로 두는 것이 적절하다. 시간의 여유가 있으면 출력 품질을 향상시키기 위해 출력 속도를 느리게 할수 있다. 또한 필라멘트 재료별로 노즐에서 압출된 후 냉각되는 속도가 다르기 때문에 출력 속도도 달라져야 한다. 필라멘트별 권장 출력 속도는 [표 1-18]과 같다.

[표 1-18] 재료별 적정 프린팅 속도

필라멘트	ASA	ABS	PETG	PLA	NYLON	HIPS	TPU
프린팅 속도(mm/s)	20~50	40~80	40~90	30~90	40~60	25~55	10~30

▌프린팅 속도

전반적인 프린팅 속도를 말한다. 이 값을 기준으로 내부채움 속도는 100%, 외벽 속도와 초기 레이어 속도는 50%로 설정된다. 큐라의 기본값은 60mm/s이다.

내부채움 속도

내부채움이 프린팅되는 속도로, 출력물이 두꺼울수록 내부채움에 긴 시간이 할애되기 때문에 이 속도가 출력 시간에 영향을 미치게 된다. 기본값은 프린팅 속도와 동일하다.

벽 속도

출력물의 표면 부분인 벽을 프린트하는 속도로, 출력물의 외관 품질에 영향을 미친다. 기본값은 출력물의 품질을 고려해 프린팅 속도의 50%로 설정돼 있다.

┃ 이동 속도

필라멘트를 압출하지 않고 노즐이 이동할 때의 속도를 말한다. 출력물의 품질에 큰 영향을 미치지 않기 때문에 빠를수록 좋지만, 프린터 기기의 내구성을 고려해 적정 속도를 유지하는 것이 좋다. 이 값은 재료보다 프린터의 종류에 따라 달라진다. 큐비콘 싱글과 얼티메이커 S5에 대한 큐라의 설정값은 120mm/s, 150mm/s이다.

┃ 초기 레이어 속도

출력물이 베드에 처음 적층될 때의 출력 속도를 말한다. 속도가 느릴수록 첫 레이어가 베드에 잘 부착되므로 초기 레이어 속도를 높이는 것은 권장하지 않는다. 기본값은 출력물의 품질을 고려해 프린팅 속도의 50%로 설정돼 있다.

02장

3D프린팅 출력물의 특징

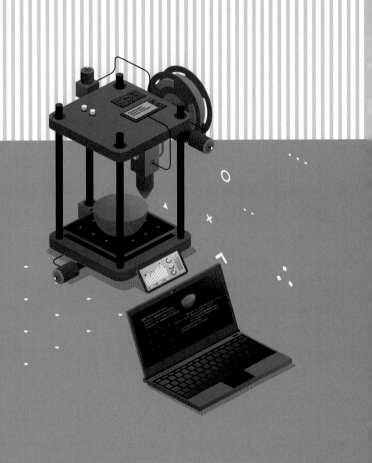

01

3D프린팅 출력물의
물리적 속성과 고려사항

01 출력물의 물리적 속성

[그림 2-1] 다양한 출력물

3D프린팅으로 출력한 부품은 플라스틱이긴 하지만, 우리 주변에서 흔히 볼 수 있는 일반적인 플라스틱 부품의 성질과는 차이가 있다. 보통의 플라스틱 부품은 고온의 폴리머 수지가 금형이라는 틀에서 사출되는 형태로 만들어지는데, 내부가 조밀하고 기계적 강도가 매우 우수하다.

FDM 3D프린팅 출력물은 플라스틱을 녹여 레이어로 층층이 쌓게 되는데, 레이어 간의 결합력이 일반 플라스틱 부품 내부의 결합보다 매우 약해 물리적 강도가 약하다. 이번 장에서는 3D프린팅 출력물의 물리적 속성인 굽힘 강도, 인장 강도, 충격 강도, 내열성 등에 대해 이해하고 이러한 속성을 3D프린팅 부품을 설계하는 데 응용할 수 있도록 한다.

02 굽힘 강도

제품은 다양한 환경에서 사용하는데, 사용 중 압력을 받거나, 충격을 받거나, 열을 받게 된다. 이때 특정 값 이상의 힘이 가해지면 부품은 어떤 형태로든 원형의 상태에서 벗어나 손상된다. 따라서 제품의 사용 환경을 먼저 고려하고 프린팅 재료를 선택하면서 구조를 모델링해야 한다.

부품에 가해지는 대표적인 힘(에너지)에는 굽힘, 인장, 충격, 열 등이 있다. 여기서는 3D프린팅 출력물에 가해질 수 있는 다양한 외부의 힘을 가정해 실제로 출력물이 어느 정도의 물리적 속성을 지니고 있는지 살펴본다.

01 굽힘 강도의 의미

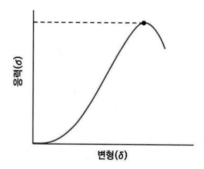

[그림 2-2] 일반적인 굽힘 강도 그래프

굽힘 강도(Bending Strength)의 사전적인 의미는 '굽힘 시험에서 항복하기 직전의 재료에 가해지는 최대 응력'이다. 좀 더 쉽게 설명하면, 재료가 원래의 상태로 돌아갈 수 없을 정도의 굽힘을 받아 파손이 일어나기 바로 직전까지 가해지는 최대의 힘을 말한다. [그림 2-2]에서 알 수 있는 바와 같이 물체가 힘을 받으면 더 이상 견디지 못하고 파손되는데, 이때 가해지는 힘은 급격히 줄어든다. 이때의 힘이 굽힘 강도가 된다. 예를 들어, 플라스틱 자의 양끝을 손으로 잡고 굽히면 자는 점점 휘어지다가 더 많은 힘이 가해지면 어느 순간 부러진다. 부러지는 순간 더 이상 굽히는 힘을 줄 수 없게 된다. 굽힘 강도는 굽힘 시험을 통해 측정할 수 있다.

02 굽힘 시험 방법

굽힘 강도는 정해진 크기의 시편을 [그림 2-3]과 같이 시험기를 설치하고 압력을 가해 파손될 때까지의 힘을 기록하는 방법으로 결정한다. 이 책에서 3D프린팅 출력물의 굽힘 강도를 측정할 때 사용한 시편은 미국재료협회 ASTM D790에서 제시하는 규격(127×12.7×3.2mm)을 적용해 출력했다.

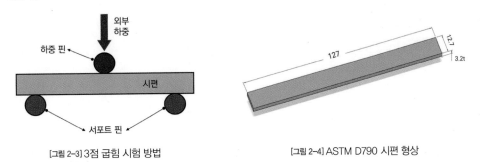

[그림 2-3] 3점 굽힘 시험 방법

[그림 2-4] ASTM D790 시편 형상

이 실험에 사용한 시험기는 '만능재료시험기 UT100F'인데, 만능 시험기(Universal Testing Machine)는 고무, 플라스틱, 금속과 같은 재료의 잡아당기는 인장, 누르는 압축, 비틀림 등과 같은 여러 특성을 측정할 수 있는 시험기이다.

[그림 2-5] 만능 재료 시험기 UT100F

[그림 2-6] 만능 재료 시험기로 굽힘 시험을 하는 모습

03 굽힘 강도 측정 결과

[그림 2-7] 굽힘 시험 후 시편의 모습

사용된 시편의 종류

총 12개의 시편으로 16번의 비교 시험을 실시했다. [표 2-1]에서 하늘색 음영으로 표시된 기준 시편을 중심으로 다른 조건을 변경시키면서 실험했다. 기준 시편의 조건은 재료는 PLA, 레이어 높이 0.2mm, 내부채움 밀도 20%, 내부채움 패턴 그리드, 출력 속도는 60mm/s로 일반적인 프린팅의 기본값이다.

기준 시편의 조건을 고정하고 재료만 ABS, PETG, PC로 변형시킨 시편, 레이어 높이만 0.1, 0.4로 변형시킨 시편, 내부채움 밀도, 내부채움 패턴, 출력 속도를 변형시킨 시편을 각각 12개 출력했다.

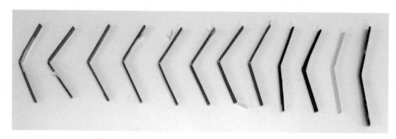

[그림 2-8] 굽힘 시험에 사용된 시편들

[표 2-1] 굽힘 강도 측정에 사용된 시편의 종류(하늘색 음영으로 표기된 조건은 기준 시편의 조건)

항목	시편의 출력 조건			
재료	PLA	ABS	PETG	PC
레이어 높이	0.1mm	0.2mm		0.4mm
내부채움 밀도	20%	60%		100%
내부채움 패턴	라인	그리드	삼각형	삼육각형
출력 속도	60mm/s		120mm/s	

내부채움 패턴과 내부채움 밀도의 차이는 [그림 2-9] 및 [그림 2-10]과 같다.

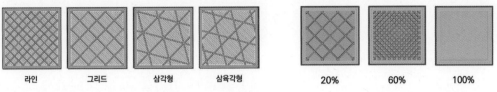

<table>
<tr><td>라인</td><td>그리드</td><td>삼각형</td><td>삼육각형</td></tr>
</table>

[그림 2-9] 굽힘 강도 비교 시험에 사용된 내부채움 패턴의 종류

<table>
<tr><td>20%</td><td>60%</td><td>100%</td></tr>
</table>

[그림 2-10] 내부채움 밀도의 종류

재료별 굽힘 강도 측정 결과

가장 먼저 비교한 대상은 재료별 굽힘 강도 차이이다. [표 2-2]와 같이 다른 조건은 고정하고 재료만 변경해 출력한 시편으로 측정했다.

[표 2-2] 재료별 굽힘 강도 비교를 위한 시편 출력 조건

출력 조건	레이어 높이	내부채움 밀도	내부채움 패턴	출력 속도
설정값	0.2mm	20%	그리드	60mm/s

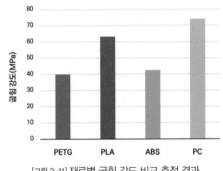

[그림 2-11] 재료별 굽힘 강도 비교 측정 결과

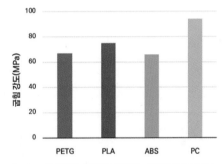

[그림 2-12] 큐비콘 사에서 제시하는 재료의 굽힘 강도

측정 결과, PLA와 PC의 굽힘 강도가 다른 재료들보다 높다. 주요 필라멘트 제조사에서는 자사의 필라멘트에 대한 굽힘 강도 정보를 제공하는데, [그림 2-12]와 같이 큐비콘 사에서 제공하는 굽힘 강도와 직접 실험한 결과는 대체로 유사했다. 그런데 PC 필라멘트는 고가이고 노즐의 온도가 높으며 출력 용이성이 떨어지므로 굽힘 강도만으로 재료를 선택할 때는 PLA가 좋은 대안이 될 수 있다. TPU는 탄성력과 유연성 때문에 굽힘 강도 측정의 의미가 없어서 여기서는 제외했다.

레이어 높이별 굽힘 강도 측정 결과

출력물의 정밀도와 출력 속도에 영향을 미치는 레이어 높이별 굽힘 강도를 측정하기 위한 시편의 조건은 [표 2-3]과 같다. 이 조건에서 레이어 높이만 변경했다.

[표 2-3] 출력 조건

출력 조건	재료	내부채움 밀도	내부채움 패턴	출력 속도
설정값	PLA	20%	그리드	60mm/s

레이어 높이가 0.4mm인 경우, 0.1mm, 0.2mm의 시편에 비해 급격하게 굽힘 강도가 낮아졌다. 힘을 많이 받는 부품의 경우, 레이어 높이는 0.4mm보다 0.2mm가 적당하다. 단, 출력 시간이 늘어나는 것은 감안해야 한다.

0.1mm와 0.2mm의 굽힘 강도는 유의미한 차이를 보이지 않으므로 출력 시간을 절약하거나 외관이 상대적으로 덜 중요한 제품인 경우 0.2mm의 레이어 높이를 선택하는 것이 유리하다.

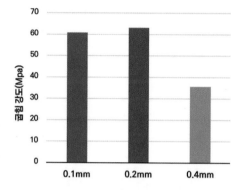

[그림 2-13] 레이어 높이별 굽힘 강도 비교

이 실험은 PLA 재료에 대해 내부채움 밀도를 20%, 내부채움 패턴은 그리드 형태로 고정한 상태이므로 모든 경우에 적용된다고 하기에는 한계가 있으며 다른 조건이 정밀하게 제어된 상태에서 측정된 것이 아니므로 이런 결과가 있다는 정도로 가볍게 이해하는 것이 좋다. 이하 다른 실험 결과의 해석도 마찬가지이다.

내부채움 패턴별 굽힘 강도 비교

내부채움 패턴은 3D프린팅 출력물의 닫힌 공간을 어떤 식으로 채울 것인지를 결정하는 항목이다. 프린팅 출력물이 아닌 일반 플라스틱은 닫힌 공간은 100% 재료로 채워져 있지만, 3D프린팅 출력물은 출력 속도와 재료의 소비량을 고려해 내부를 특정 패턴과 밀도로 채울 수 있게 돼 있다.

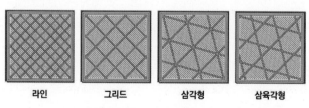

라인   그리드   삼각형   삼육각형

[그림 2-14] 굽힘 강도 비교 시험에 사용된 내부채움 패턴

내부채움 패턴 외의 다른 출력 조건은 [표 2-4]와 같다.

[표 2-4] 출력 조건

출력 조건	재료	레이어 두께	내부채움 밀도	출력 속도
설정값	PLA	0.2mm	20%	60mm/s

굽힘 강도 비교 결과, [그림 2-15]와 같은 차이를 보였다. 내부채움 패턴의 형태에서 예상되는 차이와 실제 결과는 차이가 났다. 슬라이서 화면에서 보이는 내부채움 패턴은 그리드가 가장 밀도가 낮은 것으로 보여 굽힘 강도가 더 작을 것으로 예상됐지만, 그리드가 라인보다 더 높게 나왔다.

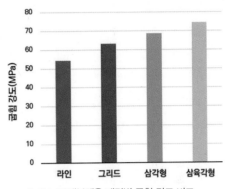

[그림 2-15] 내부채움 패턴별 굽힘 강도 비교

내부채움 패턴이 라인인 경우, 노즐이 이동할 때 서로 겹치게 이동하지 않고 한 방향으로 적층한 후 그 위에 다른 방향으로 적층하게 되는([그림 2-16]의 B) 반면, 그리드인 경우에는 노즐이 교차로 이동해 레이어가 서로 겹치게 형성([그림 2-16]의 A)되므로 이러한 결과가 나온 것으로 추정된다.

[그림 2-16] 그리드일 때 레이어 이동 방식(A), 라인일 때 레이어 이동 방식(B)

[그림 2-17] 내부채움 패턴이 그리드일 때의 레이어 교차

내부채움 패턴이 그리드인 경우, n번째 레이어와 n+1번째 레이어는 직각으로 교차해 겹치게 출력된다. 반면, 패턴이 라인인 경우에는 [그림 2-18]과 같이 n번째 레이어와 n+1번째 레이어는 직각으로 교차하지만, 서로 다른 높이에서 적층된다는 것을 알 수 있다.

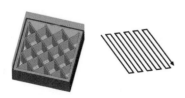

[그림 2-18] 내부채움 패턴이 라인일 때 30번째 레이어

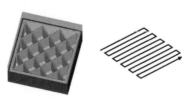

[그림 2-19] 내부채움 패턴이 라인일 때 31번째 레이어

아마도 이러한 이유로 그리드가 라인보다 더 굽힘 강도가 강한 것으로 추측된다. 내부채움의 단순 형상이 아니라 내부채움 구조 간의 레이어 이동 방식(접촉 및 겹침)이 굽힘 강도에 더 큰 영향을 미친 것으로 보인다. 굽힘 강도가 필요한 부품인 경우, 내부채움의 패턴에 따라 굽힘 강도가 서로 다르므로 적절한 선택이 필요하다.

내부채움 밀도별 굽힘 강도 비교

3D프린팅 부품의 내부채움 밀도는 출력 속도를 증가시키고 재료의 소모량을 줄이기 위해 설정한다. 일반적으로 기본값은 20% 정도이다. 그러나 출력물의 강도를 높이기 위해 슬라이서 설정에서 밀도를 증가시킬 수 있다. 여기서는 20%, 60%, 100%일 때 굽힘 강도를 비교 측정했다. 다른 출력 조건은 [표 2-5]와 같다.

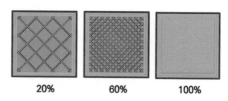
[그림 2-20] 내부채움 밀도

[표 2-5] 출력 조건

출력 조건	재료	레이어 높이	내부채움 패턴	출력 속도
설정값	PLA	0.2mm	그리드	60mm/s

측정 결과, 내부채움 밀도의 차이는 밀도가 높아질수록 굽힘 강도가 증가하는 경향을 보였지만, 그 차이는 크지 않다. 시편의 두께가 3.2mm이므로 시편의 두께가 증가한다면 내부채움 밀도에 따라 굽힘 강도가 차이가 날 것이라고 예상할 수 있었고, 강도를 요구하는 3D프린팅 출력물의 부품은 실제로 3~4mm의 두께일 것이므로 두께를 늘려 비교하는 것은 큰 의미가 없을 것으로 보였다.

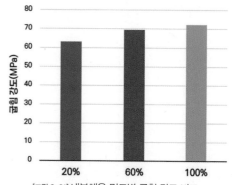
[그림 2-21] 내부채움 밀도별 굽힘 강도 비교

출력하는 부품의 요구 사항 중 굽힘 강도가 중요하지 않다면 내부채움 밀도는 출력 시간을 고려해 20%로 설정하는 것이 적절하다.

출력 속도별 굽힘 강도 비교

FDM 프린터 중 개인용 프린터의 일반적인 출력 속도(노즐 이동 속도)는 60mm/s이다. 이 속도는 슬라이서에서 조절할 수 있는데, 여기서는 2가지 속도에 따른 굽힘 강도 차이를 비교 실험했다. 시편의 다른 출력 조건은 [표 2-6]과 같다.

[표 2-6] 출력 조건

출력 조건	재료	레이어 높이	내부채움 밀도	내부채움 패턴
실정값	PLA	0.2mm	20%	그리드

출력 속도가 120mm/s의 경우 속도가 2배 증가했는데도 굽힘 강도의 차이가 매우 작다. 단, 출력 속도가 120mm/s일 경우 시간은 단축되지만, 표면 정밀도가 낮아지는 단점이 있으므로 이를 감안해야 한다.

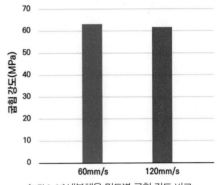

[그림 2-21] 내부채움 밀도별 굽힘 강도 비교

실제 사출품과의 굽힘 강도 비교

우리 주변에서 볼 수 있는 대부분의 플라스틱 부품은 사출 공정을 통해 만들어진 부품이며, 3D 프린팅 출력으로 얻어진 부품보다 기계적 강도가 우수하다. 따라서 실제 사출 부품과 3D프린팅 부품의 굽힘 강도를 비교해 보는 것은 의미가 있다.

[그림 2-23] 사출된 PP 시편

실제 사출 금형으로 만들어진 시편은 PP와 ABS이다(사출 시편은 서울과학기술대학교 기계시스템디자인공학과 고분자연구실에서 제공받음). 3D프린팅 출력물의 출력 조건은 [표 2-7]과 같다.

[표 2-7] 출력 조건

출력 조건	재료	레이어 높이	내부채움 밀도	내부채움 패턴
설정값	PLA, ABS, PETG, ABS	0.2mm	20%	그리드

ABS로 출력된 시편은 ABS 사출 시편 대비 약 64% 정도의 굽힘 강도를 보였다. PLA 출력물의 경우, 사출 ABS와 비슷한 정도의 굽힘 강도를 보인다.

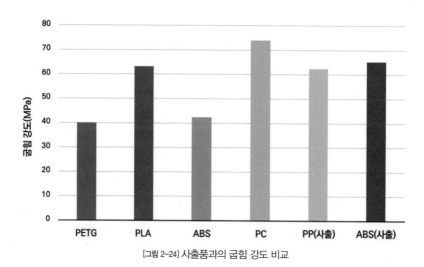

[그림 2-24] 사출품과의 굽힘 강도 비교

일반적으로 3D 프린팅된 출력물의 강도는 사출 부품보다 약하고 잘 부러지는 속성을 보인다는 것이 이 테스트를 통해서도 어느 정도 확인됐다. 다만, 프린팅 부품은 굽힘 강도만 중요한 것이 아니며 인장 강도, 연신율, 내열성, 기타 물리적 속성이 모두 복합적으로 작용해 기능하기 때문에 다양한 상황을 복합적으로 고려해 재료를 선택하고 부품의 구조를 모델링하는 것이 좋다.

04 부품 디자인에서 굽힘 강도를 고려하는 방법

부품 디자인에서 굽힘 강도를 고려하는 방법은 다음과 같다.

- 굽힘 강도만 고려한다면 여러 필라멘트 중 PC가 가장 좋은 선택이 될 수 있지만, 노즐의 온도, 필라멘트의 가격 등을 종합적으로 고려하면 PLA가 적합하다.
- 일반 사출 플라스틱 부품에서도 PC는 ABS보다 굽힘 강도, 충격 강도, 내열성이 우수하며 재료의 가격도 더 비싸다.
- 굽힘 강도를 고려해야 할 때, 노즐 지름이 0.4mm일 경우, 레이어 높이는 0.2mm가 가장 좋은 선택이다.
- 내부채움 구조는 큐라 슬라이서를 사용하는 경우, 삼육각형을 가장 먼저 고려해야 할 수 있다. 이는 출력 시간 측면에서도 효율이 높다.
- 이 실험 결과에서 내부채움 밀도는 굽힘 강도에 큰 영향을 미치지 못했다. 내부채움 밀도의 상승은 무게의 증가, 출력 시간의 증가로 이어지기 때문에 적절하게 타협하는 것이 좋다. 다만, 캐릭터 인형 등과 같이 솔리드 형태의 출력물이 아니라 일반 플라스틱 부품의 경우, 대부분 판 형태의 두께가 3~4mm 내외이므로 내부채움 밀도를 높여도 출력 속도에 큰 영향을 미치지 않는다.

[그림 2-25] 캐릭터 형상의 슬라이싱(왼쪽), 일반 부품 형상의 슬라이싱(오른쪽)

- 출력 속도가 120mm/s일 때와 60mm/s일 때의 부품의 굽힘 강도는 큰 차이를 보이지 않았지만, 표면 정밀도를 고려하면 60mm/s의 출력 속도가 적절하다. 다만, 여기서 제시하는 테스트 결과와 모델링 권장사항은 절대적인 것이 아니므로 자신의 출력 상황에 맞게 해석하고 활용하기 바란다.

03 인장 강도

01 인장 강도의 의미

물체를 양쪽에서 잡아당기면 늘어난다. 이때 물체에 가해지던 힘이 제거되면 물체는 다시 원래대로 돌아가지만, 계속 더 큰 힘을 가하면 결국 끊어진다. 이때 원래대로 돌아갈 수 있는 최대 힘을 '항복 강도', 끊어지기 직전까지 가해지는 최대 힘을 '인장 강도(Tensile Strength)'라고 한다. 일반적인 부품에서 부품의 양쪽 끝을 잡아당기는 힘이 직접적으로 가해지는 경우는 드물지만, 인장 강도는 항복점, 연신율, 단면 수축률, 탄성계수, 푸아송비 등과 같은 다른 물리적 속성과 연관돼 부품의 속성을 결정하는 중요한 요소이므로 여기서는 프린팅된 출력물의 인장 강도를 직접 측정하고 비교해 봤다.

02 인장 시험 방법

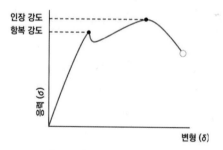

[그림 2-26] 일반적인 인장 강도 그래프

인장 시험은 굽힘 시험과 마찬가지로 만능 재료 시험기(UT100F)를 이용해 측정했다. 인장 시편의 규격은 미국재료협회 ASTM D638에 따라 [그림 2-27]과 같은 규격으로 출력했다.

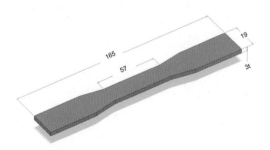

[그림 2-27] ASTM D638 시편 형상

[그림 2-28] 만능 재료 시험기로 인장 시험을 하는 모습

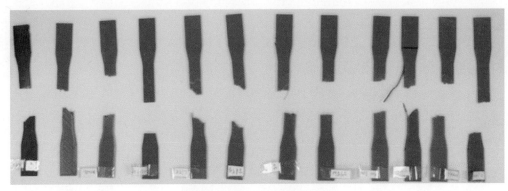

[그림 2-29] 인장 시험 후 시편의 모습

인장 강도 비교를 위한 3D프린팅 시편은 [표 2-8]의 기준 시편(노란색)을 중심으로 총 12개가 출력됐으며, 각 출력 조건별로 비교했다.

[표 2-8] 인장 강도 측정에 사용된 시편의 종류(노란색 음영으로 표기된 것은 기준 시편의 조건)

항목	출력 조건		
재료	PLA	ABS	PETG
레이어 높이	0.1	0.2	0.4
출력 방향	가로 적층 방향 ↑		세로 적층 방향 →
출력 속도	60mm/s		120mm/s
내부채움 패턴	라인	그리드	삼각형	삼육각형
내부채움 밀도	20%	60%		100%

03 인장 강도 측정 결과

재료별 인장 강도 측정 결과

기준 시편에서 재료만 변경해 출력한 후 인장 강도를 측정하고 비교한 결과 PC, PLA, ABS, PETG 순으로 인장 강도가 높은 것으로 나타났다.

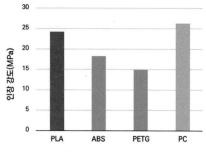

[그림 2-30] 재료별 인장 강도 비교 측정 결과

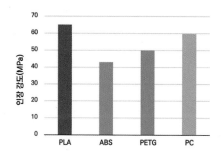

[그림 2-31] 큐비콘 사에서 제시하는 재료의 인장 강도

단, 인장 강도의 절댓값은 실험으로 직접 측정한 값과 큐비콘 사에서 제공하는 값이 차이가 있는데, 이는 출력한 시편의 내부채움 밀도와 내부채움 패턴의 영향으로 추정된다. PC가 가장 좋지만, 출력 난이도가 높기 때문에 일반적으로 PLA를 권장한다. 단, 후가공이 필요한 경우에는 ABS를 사용한다.

레이어 높이별 인장 강도 측정 결과

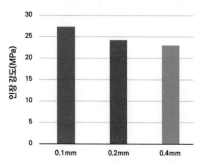

[그림 2-32] 레이어 높이별 인장 강도 비교

기준 시편의 조건에서 레이어 높이만 변경해 출력한 후 인장 강도를 비교 측정했다. 레이어 높이가 낮을수록 인장 강도가 높은 것으로 나타났다. 다만, 실험 오차를 고려한다면, 레이어 높이 차이에 따른 인장 강도의 차이는 크지 않다고 할 수 있다.

▮ 출력 방향별 인장 강도 측정 결과

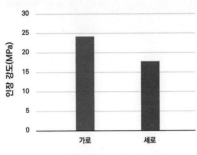

[그림 2-33] 출력 방향별 인장 강도 비교

기준 시편의 조건에서 출력 방향만 변경해 출력한 후 측정한 결과, 레이어 적층 방향에 따른 인장 강도는 실험 전 예상한 바와 같이 가로 방향으로 적층됐을 경우, 세로보다 크게 나타났다.

레이어의 적층 방향은 부품의 강도에 큰 영향을 미치므로 부품에 가해지는 힘의 방향에 따라 출력 방향을 결정해야 한다는 것을 잘 보여 준다.

▮ 출력 속도별 인장 강도 측정 결과

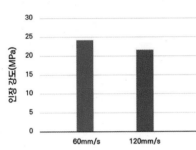

[그림 2-34] 출력 속도별 인장 강도 비교

기준 시편의 조건에서 출력 속도를 변경해 출력한 후 인장 강도를 비교했다. 출력 속도가 2배가 증가했는데도 인장 강도의 차이가 매우 작았다. 출력 시간을 절약하기 위해 출력 속도를 달리해 제품을 출력할 때 비슷한 인장 강도를 가진 제품을 얻을 수 있지만, 표면 정밀도가 낮아지는 등의 다른 문제가 발생할 수 있다.

▮ 내부채움 패턴별 인장 강도 비교

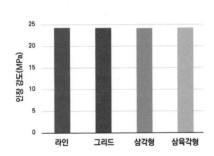

[그림 2-35] 내부채움 패턴별 인장 강도 비교

기준 시편의 조건에서 내부채움 패턴의 형태를 변경해 출력한 후 인장 강도를 비교 측정했다. 내부채움 패턴은 굽힘 강도 때와 동일하다. 실험 결과, 내부채움 패턴은 인장 강도에 별다른 영향을 미치지 못했다. 아마도 시편의 두께가 얇은 것이 영향을 미친 것으로 추정된다.

두께가 두꺼운 형태의 출력물(예) 캐릭터 인형)은 인장 강도가 가해질 환경이 별로 없을 것이므로 내부채움 패턴은 신경 쓰지 않아도 될 것으로 보인다.

▍내부채움 밀도별 인장 강도 비교

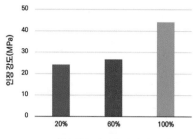

[그림 2-36] 내부채움 밀도별 인장 강도 비교

기준 시편의 조건에서 내부채움 밀도만 변경해 출력한 후 비교 측정했다. 내부채움 밀도는 굽힘 강도일 때와 동일하다. 그 결과, 내부채움 밀도가 높을수록 인장 강도가 높아진다는 것을 알 수 있었다. 굽힘 강도일 때는 내부채움 밀도가 별다른 영향을 미치지 못했지만, 인장 강도가 비례하는 결과를 보인 것은 시편에 가해지는 힘의 방향이 긴 쪽으로 잡아당기기 때문으로 보인다.

▍실제 사출품과의 인장 강도 비교

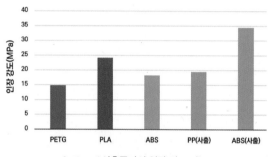

[그림 2-37] 사출품과의 인장 강도 비교

굽힘 강도 측정과 마찬가지로, 실제 사출 부품과 3D프린팅 부품의 인장 강도를 비교해 보는 것은 의미가 있다. 3D프린터로 출력한 ABS는 사출된 ABS 시편의 약 1/2의 인장 강도를 보이고 있다. 3D프린팅 출력물의 인장 강도는 PLA가 가장 높다.

04 부품 디자인에서 인장 강도를 고려하는 방법

부품 디자인에서 인장 강도를 고려하는 방법은 다음과 같다.

- 필라멘트의 재료별 인장 강도 비교에서 PC가 가장 높은 인장 강도를 보여 주지만, 출력의 용이성을 생각하면 인장 강도 측면에서는 PC 대신 PLA를 사용하는 것이 더 합리적이다.
- 출력 방향은 출력물에 힘이 가해지는 방향과 밀접한 관련이 있다. 가로 방향으로 출력된 부품이 세로 방향으로 출력된 부품보다 인장 강도가 높다. 즉, 레이어가 적층되는 수직 방향으로 힘이 가해질 수 있도록 출력 방향이 결정된다.
- 슬라이서 설정에서 내부채움 밀도를 100%로 높이면 높은 인장 강도를 기대할 수 있다. 단 20%와 60%의 차이는 크지 않았다.
- 내부채움 패턴의 변화는 3mm 정도의 벽 두께를 가진 부품의 인장 강도에 큰 영향을 미치지 못한다. 두께가 매우 두꺼운 경우에는 인장 강도가 영향을 미치는 부품이 아니므로 내부채움 패턴의 종류보다 다른 요소를 고려하는 것이 유리하다.

04 충격 강도

01 충격 강도의 의미

충격 강도는 물체에 순간적으로 급격한 힘이 가해졌을 때 물체가 저항하는 정도를 말한다. 즉, 어느 정도 크기의 충격에 파손되지 않고 버티느냐를 보여 주는 강도이다. 정식 측정 방법에는 샤르피(Charpy)와 아이조드(IZOD)가 있는데, 플라스틱 재질에는 아이조드 방법을 사용한다. 시편의 형태는 미국 재료협회의 ASTM(American Society for Testing and Materials) D256에 따른다.

[그림 2-38] ASTM D256 시편 형상

02 충격 시험 방법

충격 시험 장치([그림 2-40])의 중앙에 홈이 파인 시편을 고정한 후 일정한 무게를 가진 해머를 동일한 높이에서 낙하시킨다. 이때의 초기 해머의 높이는 약 610mm에서 시작해 해머의 퍼텐셜 에너지가 2.7J이 되도록 해머의 무게를 설정한다. 해머의 높이와 무게를 조절해 더 강한 충격을 가하면서 시편이 파손될 때의 힘을 계산한다. 충격 강도를 계산하는 방법은 시편이 부러질 때의 충격 에너지의 값을 시편 두께 또는 노치 아래 잔류 면적으로 나눠 계산한다. 이때 시편 두께로 나눴다면 단위는 J/m이 되고 노치 아래의 잔류 면적으로 나눴다면 KJ/m^2이 된다.

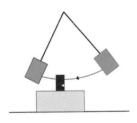

[그림 2-39] 충격 강도 시험 방법

[그림 2-40] 충격 시험 장치

03 충격 강도 비교 결과

재료별 충격 강도 비교

시편의 출력 조건은 [표 2-9]와 같으며 여기서 재료만 변화시켜 측정한 충격 강도 값은 [그림 2-41]과 같다. PC의 충격 강도가 가장 높은 것으로 나타났다. 이는 사출 재료에서도 내충격성이 강한 PC의 속성과 동일한 결과이다.

출력 조건	내용
레이어 높이	0.2mm
내부채움 밀도	100%
내부채움 패턴	라인
출력 속도	60mm/s
출력 방향	가로 방향

[표 2-9] 출력 조건

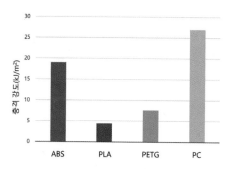

[그림 2-41] 재료별 충격 강도 비교 측정 결과

다음은 ABS이며 PLA나 PETG는 상대적으로 매우 낮게 나온다. 일반적인 상황에서 프린팅의 용이성을 고려해야 할 때 충격 강도를 고려한다면 ABS가 좋은 선택일 수 있다.

레이어 높이별 충격 강도 비교

3D프린팅 출력물에서 표면 정밀도를 위해 레이어의 높이를 낮게 설정할 수 있다. 레이어의 높이가 낮을수록 레이어의 접착력이 증가하고 충격 강도를 증가시킨다. 레이어 높이별 충격 강도 비교를 위한 시편의 출력 조건은 [표 2-10]과 같으며, 여기서 레이어의 높이를 변화시켜 비교했다.

출력 조건	내용
재료	PLA
내부채움 밀도	100%
내부채움 패턴	라인
출력 속도	60mm/s
출력 방향	가로 방향

[표 2-10] 출력 조건

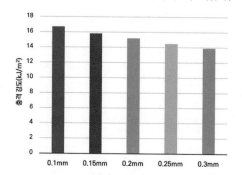

[그림 2-42] 레이어 높이별 충격 강도 비교 측정 결과

레이어 높이가 낮아질수록 충격 강도는 높다. 이는 실험 전 예상된 결과와 동일하다. 그러나 가장 많이 사용하는 레이어 높이인 0.2mm와 0.1mm의 충격 강도 차이는 10% 정도이므로 0.2mm를 선택해도 큰 차이가 없을 것으로 예상된다.

▌출력 방향별 충격 강도 비교

출력 방향은 레이어가 쌓이는 방향을 의미하는데, 이는 출력물이 부러지는 것에 큰 영향을 미친다는 것을 경험을 통해 알고 있다. 그림의 시편에서 높이 방향으로 적층된 출력물은 중간에 부러지기 쉽다. 실험으로 확인한 충격 강도 비교에서도 같은 결과를 보여 준다. 즉, 출력 방향이 가로 방향일 때 가장 높은 충격 강도를 보여 준다.

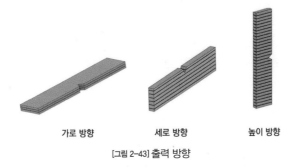

가로 방향   세로 방향   높이 방향

[그림 2-43] 출력 방향

따라서 출력물의 한 부분이 쉽게 부러지지 않게 하기 위해서는 출력 방향에 가해지는 충격의 수평 방향으로 적층하는 것이 좋다. 출력 방향은 서포트의 생성 형태에 큰 영향을 미치는 것이지만, 서포트에 따른 표면 품질이 중요한지, 충격 강도가 중요한지에 따라 출력 방향을 결정해야 한다.

출력 조건	내용
재료	PLA
레이어 높이	0.2mm
내부채움 밀도	100%
내부채움 패턴	라인
출력 속도	60mm/s

[표 2-11] 출력 조건

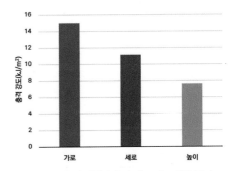

[그림 2-44] 출력 방향별 충격 강도 비교 측정 결과

내부채움 밀도별 충격 강도 비교

출력물의 내부를 채우는 밀도가 커질수록 외벽을 지지해 주고 외부의 힘에 더 잘 버틸 수 있을 것으로 예상되는데, 내부채움 밀도별도 충격 강도의 차이를 비교했다. 출력 조건은 앞과 동일하다.

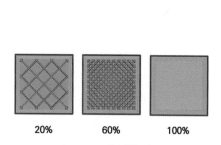

[그림 2-45] 내부채움 밀도

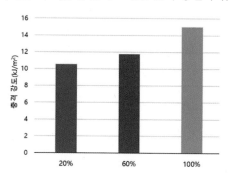

[그림 2-46] 내부채움 밀도별 충격 강도 비교 측정 결과

비교 결과, 내부채움 밀도가 높아질수록 높은 충격 강도를 보여 줬다. 특히 20%와 60%의 차이보다 60%와 100%의 차이가 커진 것으로 보아 내부채움 밀도가 높아질수록 충격 강도의 증가폭은 커지는 것으로 보인다. 내부채움 밀도가 높을수록 출력 시간은 길어지지만, 충격 강도가 중요한 부품일 경우에는 내부채움 밀도를 높이는 것이 좋다.

실제 사출품과의 충격 강도 비교

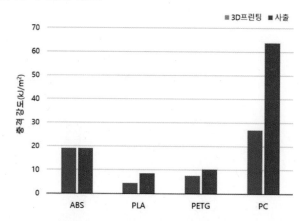

[그림 2-47] 3D프린팅된 재료와 사출된 재료의 비교
(3D프린팅된 재료의 충격 강도, 사출된 재료의 강도)

실제 플라스틱 부품과 3D프린팅된 부품의 충격 강도 차이를 알아봤다. FDM 3D프린터의 특성상 레이어가 생기기 때문에 완전히 결합한 분자 구조의 사출품보다 충격 강도가 낮을 것으로 예상됐지만, ABS는 실제 사출품에 비해 충격 강도가 크게 감소하지는 않았다. 다른 재료에 대한 충격 강도 비교는 [그림 2-47]과 같다.

그러나 필라멘트를 판매하는 회사별로 같은 재료이더라도 첨가물 등의 차이로 인해 강도의 차이가 존재하므로 자신이 사용하는 필라멘트 제조사의 물성표를 참고해 비교하는 것이 좋다.

04 부품 디자인에서 충격 강도를 고려하는 방법

부품 디자인에서 충격 강도를 고려하는 방법은 다음과 같다.

- 가장 높은 충격 강도를 갖는 재료는 PC이지만, PC 필라멘트는 노즐의 온도가 최대 260℃, 베드 온도 120℃로 매우 높기 때문에 일반적인 보급형 프린터에서는 쉽게 프린트하지 못한다. 따라서 PC를 프린트하는 것이 쉽지 않을 경우, ABS를 사용하는 것을 추천한다.
- 내부채움 밀도가 높을수록, 레이어 높이가 낮을수록 출력물이 조밀해져 충격에 잘 버티게 된다. 그러나 출력 시간이 길어지므로 적절한 선택이 필요하다.
- 출력 방향은 충격 강도에 가장 큰 영향을 미치는 슬라이서의 설정이다. 충격이 가해지는 방향이 레이어와 수직 방향이라면 쉽게 레이어가 분리된다. 충격이 쉽게 가해질 수 있는 부품이라면 충격의 방향을 고려해 프린팅하는 것이 좋다.
- 출력 방향이 달라짐에 따라 서포트의 생성에 따른 표면 정밀도의 차이와 충격 강도의 차이를 동시에 고려하는 것이 좋다.

05 내열성

01 내열성의 의미

내열성은 열이 가해졌을 때 변형 없이 견디는 성질을 말하는 것으로, 물체가 몇 ℃의 온도까지 형태나 구조가 변형되지 않고 원래의 기능을 유지할 수 있는지를 의미한다. 플라스틱 제품은 금속과 비교해 열에 취약한 재료이므로 내열성에 대한 정보는 플라스틱 제품을 설계할 때 중요한 정보이다.

02 내열성 시험 방법

내열성 측정은 [그림 2-49]와 같이 균일한 온도 가열을 위해서 기름이 담긴 가열기 속에 ISO 75(International Organization for Standardization, 플라스틱 제품에 대한 열 변형 온도 규격)에서 규정한 플라스틱 시편을 설치한 후 내부 온도를 분당 2℃씩 증가하면서 0.46Mpa(4.6 kf/cm²)의 하중을 가해 시편이 0.32mm 휘어질 때의 온도를 측정한다.

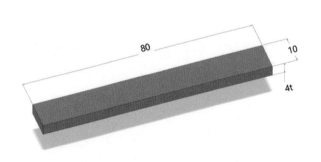

[그림 2-48] ISO 75 시편 형상

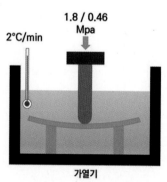

[그림 2-49] 내열성 측정 방법

03 내열성 비교 측정

제조사가 제공하는 필라멘트의 종류별 내열성 특징 외에 출력 조건의 차이에 따른 내열성의 차이가 있는지 직접 실험했다.

내열성 실험 방법

ISO75에서 제시하는 정식 시험은 현실적인 여건으로 직접 하기 힘들며 그 대신 출력 조건별 시편을 이용해 가열되는 오븐에 넣어 휘어지기 시작할 때의 내부 온도를 측정하는 방법으로 비교했다. 정식 실험 방법과는 차이가 크며 절대적인 온도 값보다 각 조건별 내열성의 비교에 의미를 두기 바란다.

[그림 2-50] 가열 전 오븐에 설치된 시편   [그림 2-51] 오븐에 넣어 가열 중인 시편

필라멘트 제조사의 내열성 데이터

필라멘트를 제조하는 회사에서는 각 필라멘트의 내열성 데이터를 제공하고 있다. 구입한 필라멘트의 내열성 데이터는 이 자료를 참조하는 것이 가장 정확하다. [표 2-12]는 필라멘트 제조사중 큐비콘 사와 프루사리서치 사에서 제공하는 열 변형 온도와 일반적인 사출 재료의 열 변형온도를 나타낸다.

[표 2-12] 사출 및 필라멘트 열 변형 온도

재료	사출품(℃)	큐비콘 필라멘트(℃)	프루사 필라멘트(℃)
PLA	60	52	55
ABS	85	78	97
NYLON	160	–	90
PETG	63	70	68
TPU	60	85~110	–
PP	90	–	82~120
PC	145	70~100	114

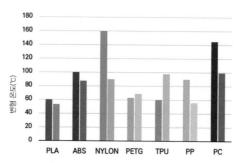

[그림 2-52] 사출품과 필라멘트 변형 온도 비교. 사출품(진한 색), 큐비콘 사와 프루 사 데이터의 평균값(연한 색)

PLA의 열 변형 온도는 60℃ 내외로 비교적 낮다. 따라서 열이 가해지는 환경에서 사용하는 부품의 재료로는 적합하지 않다. 예를 들어, PLA 출력물은 끓는 물이 닿으면 휘어진다.

접근성이 우수한 재료 중 ABS의 열 변형 온도가 비교적 높다. 일반적으로 뜨거운 물이 닿는 곳에서도 사용할 수 있다.

사출 재료와 필라멘트의 열 변형 온도는 PLA, ABS와 같이 비슷한 것도 있고 나일론, TPU, PC처럼 차이가 심한 것도 있다. 이는 재료에 혼합된 다양한 첨가제에 따른 것으로 추측된다.

▌ 필라멘트 재료별 내열성 측정

시편의 출력 조건은 [표 2-13]과 같으며 재료를 다르게 출력해 내열성을 비교했다.

[표 2-13] 시편의 출력 조건

레이어 높이	출력 속도	내부채움 밀도	내부채움 패턴
0.2mm	60mm/s	20%	그리드

측정한 결과는 [그림 2-55], [그림 2-56]과 같다. 이 데이터는 필라멘트 제조사에서 제공하는 재료별 내열성 데이터와 비교할 수 있다.

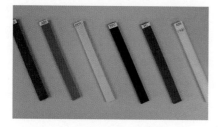

[그림 2-53] 재료별 내열성 비교 시험 시편

[그림 2-54] 오븐에 놓여진 시편(가열 전)

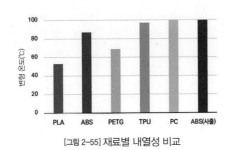

[그림 2-55] 재료별 내열성 비교

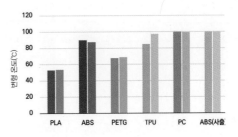

[그림 2-56] 측정된 열 변형 온도(진한 색)와 필라멘트 제조사
에서 제공된 열 변형 온도(연한 색) 비교

직접 측정한 열 변형 온도는 정식 시험 방법에 따른 것이 아니었는데도 필라멘트 제조사에서 제
공한 열 변형 온도와 유사하다는 것을 알 수 있다. 사출 재료와 마찬가지로 ABS, TPU, PC가 내
열성이 우수하며, PLA는 열에 취약하다.

내부채움 밀도 및 시편 두께별 내열성 비교 측정

재료별 내열성 비교 실험과 동일한 방법이며, 레이어 높이 0.2mm, 출력 속도 60mm/s, 내부채
움 패턴은 그리드로 고정한 후 2가지 범용 재료, 시편 두께, 내부채움 밀도를 변화시켜 열 변형
온도를 측정했다. 내열성 시편의 두께가 4t로 얇기 때문에 내부채움 밀도가 주는 영향이 적을 수
있다는 것을 고려해 시편의 두께를 8t로 늘린 것을 추가로 비교했다. [표 2-14]와 같이 총 12개
의 시편을 출력해 내열성을 비교했다.

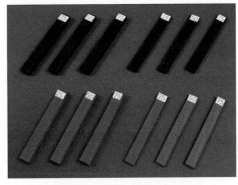

ABS(위)와 PLA(아래)의 내부채움 밀도와
시편의 두께를 다르게 출력한 시편 12가지

[표 2-14] 시편의 출력 조건

항목	출력 조건		
재료	PLA		ABS
시편 두께	4mm		8mm
내부채움 밀도	25%	50%	75%

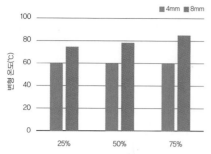
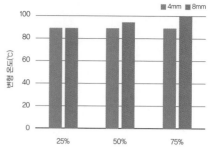

[그림 2-58] PLA 재료의 내부채움 밀도별 열 변형 온도 측정 결과   [그림 2-59] ABS 재료의 내부채움 밀도별 열 변형 온도 측정 결과

4t일 때는 내부채움의 영향이 매우 작아 PLA, ABS 둘 다 내부채움 밀도에 상관없이 동일한 온도에서 변형이 시작되지만, 8t의 시편은 내부채움 밀도가 25% 증가할 때마다 재료에 상관없이 열 변형 온도가 5℃씩 증가했다. PLA는 두께가 4t에서 8t로 증가하면 열 변형 온도가 약 20℃ 정도 높아지지만, ABS는 두께별로 열 변형 온도가 5℃ 정도 차이가 난다. PLA는 열 변형 온도가 낮아 두께에 따른 차이가 확연히 드러나지만, ABS는 열 변형 온도가 높으므로 4t와 8t의 두께 차이에 따른 내열성의 차이가 작게 나타나는 것으로 추정된다.

04 부품 디자인에서 내열성을 고려하는 방법

부품 디자인에서 내열성을 고려하는 방법은 다음과 같다.

- 내열성만 고려한다면 PC가 제일 좋은 선택이 될 수 있지만, 노즐의 온도, 필라멘트의 가격 등을 종합적으로 고려하면 ABS가 적절하다.
- 일반 사출 플라스틱 부품에서도 PC는 ABS보다 굽힘 강도, 충격 강도, 내열성이 우수하며 재료의 가격도 더 비싸다.
- PLA를 사용하는 경우, 안전을 고려해 60℃ 이상의 환경에서 사용하는 것을 추천하지 않으며, 출력물의 내열성을 증가시키고 싶다면 내부채움 밀도를 증가시키는 것보다 부품을 더 두껍게 만드는 것을 권장한다.
- ABS를 사용하는 경우, 안전을 고려해 90℃ 이상의 환경에서 사용하는 것을 추천하지 않는다. ABS의 경우 내부채움 밀도를 올리거나 부품을 두껍게 만드는 것은 내열성을 증가시키는 데 큰 영향을 미치지 않는다.
- 짧은 시간 끓는 물이 닿는 정도의 환경에서는 ABS로 출력된 부품을 사용할 수 있다. PLA 출력물은 고온의 물에 닿으면 바로 변형이 발생한다.

02

출력물의 치수 정밀도

01 치수 정밀도가 중요한 이유

부품을 디자인하고 제작할 때는 고려해야 할 요소가 많은데, 그중 가장 중요한 것은 '치수'이다. 치수는 각 부품의 형상과 구조, 크기의 정확성을 유지시키며 부품들이 조립될 때 원활하게 조립되게 하는 기본적인 속성이다. 출력물의 치수가 모델링한 치수와 차이가 나면 여러 개의 부품을 조립해 하나의 완성된 조립품을 정확하게 만들기 어렵게 된다. 여기서는 출력물의 치수 정밀도에 영향을 미치는 두께, 길이, 변형, 구멍 등의 속성에 대해 살펴본다.

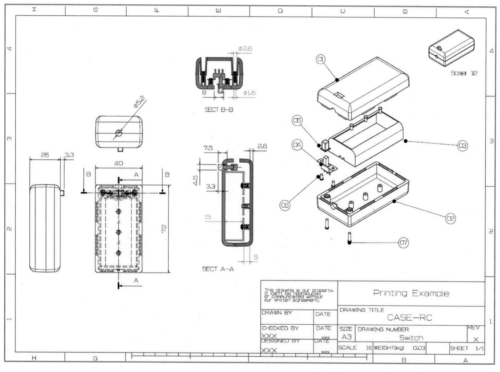

[그림 2-60] 중요 치수가 기입된 도면 예시

02 두께

3D프린팅 부품을 설계할 때, 벽 두께는 부품의 크기와 구조, 굽힘 강도, 충격 강도와 같은 물리적 속성을 결정하는 가장 큰 요소이다. 벽 두께를 결정하는 것은 모델링의 첫 번째 순서라고 할만큼 플라스틱 부품의 디자인에서 매우 중요하다.

금형을 통해 사출된 플라스틱 부품의 기본 두께는 통계적으로 1~4mm의 범위 내에 있다.

[그림 2-61] 일반적인 플라스틱의 벽 두께

우리 주변에서 볼 수 있는 플라스틱 제품의 두께를 실제로 측정해 보면 대부분 이 범위 내에 있다는 것을 알 수 있다. 휴대폰 등과 같은 매우 정밀한 플라스틱 부품에는 1mm 이하 두께의 부품이 사용되기도 한다. 아주 큰 플라스틱 부품이 사용하는 곳, 예를 들어 실제로 탈 수 있는 장난감 자전거 정도의 큰 부품이 있는 경우, 기본 두께가 4mm 정도인 부품도 있다.

그런데 3D프린팅 부품에서는 두께의 제약이 없다. 사출에서는 수축에 따른 싱크 마크(Sink Mark) 때문에 일정 두께 이상으로 키울 수 없지만, 3D프린팅에서는 이러한 제약이 없다.

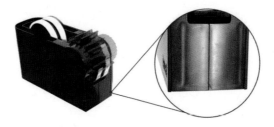

[그림 2-62] 사출된 플라스틱 부품의 싱크마크

따라서 3D프린팅 부품은 속이 꽉 차고 두꺼운 솔리드 형태의 부품도 만들 수 있다. 오히려 FDM 프린터에서는 프린터의 해상도 차이에 따라 아주 얇은 두께의 벽을 출력할 때 종종 실패하는 경우가 있다. 기본 노즐의 크기, 레이어의 두께에 의해 최소한으로 얇고 정밀하게 출력할 수 있는 벽 두께가 제한되기 때문이다. 일반적으로 1mm 이내의 벽은 잘 만들지 않는다.

3D프린터 제조사 중 하나인 폼랩스(Formlabs) 사에서는 출력물의 최소 두께에 대한 가이드라인을 [표 2-15]와 같이 제시하고 있다. 다만, 3D프린터의 사양, 노즐의 지름, 슬라이서의 설정에 따라 적용하는 값이 달라질 수 있다.

[표 2-15] 폼랩스 사에서 제시하는 프린터 방식별 최소 벽 두께 권장 값

구분	FDM	SLA	SLS	비고
지지되는 벽	1mm	0.2mm	0.7mm	최소 두께
지지되지 않은 벽			1mm	
원기둥 지름	3mm		0.8mm	최소 지름

01 지지되는 벽과 지지되지 않는 벽

벽은 지지되는 벽과 지지되지 않는 벽으로 구분할 수 있다. 지지되는 벽은 1개 이상의 면과 벽이 서로 연결된 형태이고 지지되지 않는 벽은 바닥에서 독립적으로 돌출된 형태이다. 벽의 형태를 구분하는 이유는 벽 두께가 얇을 경우, 지지되거나 지지되지 않아 출력이 성공할 수 있는 최소 벽 두께에 차이가 있기 때문이다.

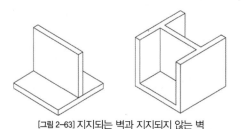

[그림 2-63] 지지되는 벽과 지지되지 않는 벽

02 PLA와 ABS의 벽

PLA는 ABS에 비해 더 많은 수분을 흡수하는 경향이 있기 때문에 스트링이 잘 생긴다. 필라멘트에 습기가 많으면 노즐에서 필라멘트가 가열될 때 습기가 증기로 변환돼 플라스틱과 섞여 노즐 밖으로 빠져나옴으로써 노즐이 출력하지 않으면서 이동하는 동안 스트링이 발생하기 쉽다. 스트링은 벽과 벽 사이에 장력을 만들어 노즐이 이동하는 것을 방해해 벽의 원활한 출력을 어렵게 한다.

한편, 출력 환경의 온도가 낮거나 냉각이 강할 때 ABS 재료의 얇은 벽은 PLA에 비해 수축이 심하고 휨이 발생할 가능성이 높다.

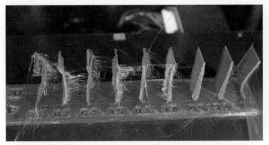
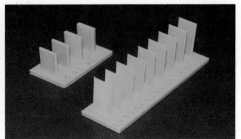

[그림 2-64] PLA 출력물의 얇은 벽 사이에 생긴 스트링   [그림 2-65] ABS 출력물에서 얇은 벽의 출력 상대

03 출력할 수 있는 최소 두께

노즐의 크기와 레이어 높이, 3D프린터의 기계적 정밀도 등 여러 가지 요소에 따라 3D프린터가 출력할 수 있는 최소 두께는 차이가 있다. 여기서는 일반적인 FDM 프린터에서 출력할 수 있는 최소 벽 두께를 확인하기 위해 다음과 같이 간단한 측정을 실행했다.

지름 0.4mm의 노즐, 0.2mm의 레이어 높이로 PLA와 ABS로 [그림 2-66]과 같은 부품을 출력해 치수를 측정했다. 지지되는 벽과 지지되지 않는 벽을 두께 0.2mm부터 1.0mm까지 0.1mm 간격으로 세우고 벽 두께 1.0mm부터 3.0mm까지는 0.2mm 간격으로 세워 출력한 후 각 벽의 두께를 측정했다.

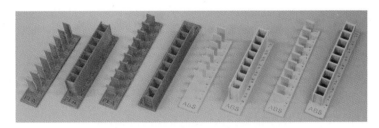

[그림 2-66] 실험에 사용된 PLA와 ABS로 출력한 부품

[그림 2-67] 버니어캘리퍼스로 출력물의 벽 두께 측정

재료별 벽 두께 차이

[표 2-16] 출력물의 벽 두께를 실측한 값[오차율＝(측정 치수 − 설계 치수)／(설계 치수)×100]

모델링 두께 (mm)	측정 두께								오차율 평균 (%)
	지지되는 벽				지지되지 않는 벽				
	PLA (mm)	오차율 (%)	ABS (mm)	오차율 (%)	PLA (mm)	오차율 (%)	ABS (mm)	오차율 (%)	
0.2	0.55	175	0.32	60	0.41	105	0.39	95	108.8
0.3	0.47	56.7	0.28	6.7	0.4	33.3	0.38	26.7	30.85
0.4	0.64	60	0.4	0	0.4	0	0.42	5	16.25
0.5	0.84	68	0.52	4	0.45	10	0.49	2	21
0.6	0.5	16.7	0.52	13.3	0.5	16.7	0.72	20	16.68
0.7	0.72	2.9	0.72	2.9	0.7	0	0.83	18.6	6.1
0.8	0.81	1.25	0.79	1.25	0.8	0	0.82	2.5	1.25
0.9	0.97	7.8	0.87	3.3	0.93	3.3	0.92	2.2	4.15
1.0	1.01	1	0.93	7	0.99	1	1.02	2	2.75
1.2	1.22	1.7	1.2	0	1.18	1.7	1.18	1.7	1.28
1.4	1.42	1.4	1.39	0.7	1.42	1.42	1.39	0.7	1.06
1.6	1.57	1.9	1.55	3.1	1.66	3.75	1.60	0	2.19
1.8	1.79	0.6	1.76	2.2	1.75	2.8	1.79	0.6	1.55
2.0	2.01	0.5	1.97	1.5	1.99	0.5	2.01	0.5	0.75
2.2	2.2	0	2.16	1.8	2.16	1.8	2.19	0.5	1.03
2.4	2.4	0	2.39	0.4	2.4	0	2.40	0	0.1
2.6	2.45	5.8	2.46	5.4	2.58	0.8	2.56	1.5	3.38
2.8	2.8	0	2.78	0.7	2.82	0.7	2.78	0.7	0.53
3.0	2.99	0.3	3.01	0.3	2.94	2	2.95	1.7	1.08

지지되는 벽과 지지되지 않는 벽에서는 의외로 유의미한 차이가 나타나지 않았다. 벽 두께가 0.8mm 이하인 경우, 오차율이 매우 컸으며 모델링된 치수대로 출력되지 않는다는 것을 알 수 있다. PLA와 ABS를 비교했을 때, 0.8mm 두께 이하의 얇은 벽에서는 PLA의 오차율이 컸다. 스트링으로 인해 얇은 벽의 생성에 어려움이 있었기 때문으로 추정된다.

결과를 종합적으로 분석하면, 최소한의 벽 두께는 0.8mm 정도는 돼야 어느 정도 치수 정밀도를 확보할 수 있다는 것을 알 수 있다. 두께가 0.4mm의 정수배일 때, 즉 0.8mm, 1.2mm, 1.6mm, 2.0mm 등에서 치수 정밀도가 높았다. 이는 노즐 지름이 0.4mm이며 이것의 배수이기 때문이다. 따라서 벽 두께는 가능한 한 노즐 지름의 배수로 설정하되, 0.8mm 이상으로 설정하는 것이 유리하다는 것을 알 수 있다. 0.2mm와 0.3mm의 두께로 설정된 출력물의 실제 벽 두께는 0.4mm에 가까웠다.

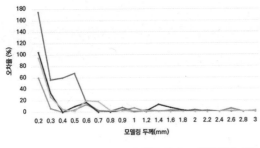

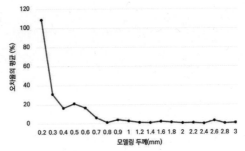

—지지되는 벽 - PLA　—지지되는 벽 - ABS　—지지되지 않는 벽 - PLA　—지지되지 않는 벽 - ABS

[그림 2-68] 각 조건에 따른 오차율을 나타낸 꺾은선그래프 　　　[그림 2-69] 오차율의 평균을 나타낸 꺾은선그래프

위 그래프는 모든 조건에서의 측정 두께를 평균 낸 값을 보여 주는데, 최소 1mm 이상에서 제대로 된 치수 정밀도를 보여 준다는 것을 알 수 있다. 벽 두께는 강도에도 큰 영향을 미치므로 FDM 프린터에서는 가능한 한 최소 1.2mm 이상, 권장 2mm 이상으로 설정하는 것을 권장한다.

▌슬라이서 종류에 따른 벽 두께의 차이

슬라이서의 종류에 따라 벽 생성 여부가 달라질 수 있다. [그림 2-70]은 3개의 슬라이서(큐비크리에이터, 3DWOX, 큐라)에서 같은 모델을 슬라이싱했을 때의 모습과 실제 출력물 사진이다. 큐비크리에이터와 3DWOX는 슬라이서 화면에서 0.2mm, 0.3mm, 0.4mm 두께의 벽이 보이지 않았다. 그 결과 슬라이서에서 표시되지 않은 형상은 실제로도 출력되지 않았다는 것을 알 수 있었다. 반면, 큐라는 슬라이서에서 얇은 벽이 슬라이싱돼 형상이 보였고 출력 결과, 벽이 형성됐지만, 완전한 형상이 아니었으며 실제 치수 또한 0.4mm 이상으로 출력됐다.

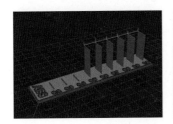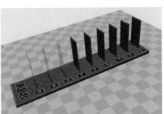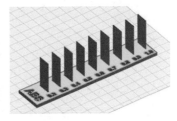

[그림 2-70] 큐비크리에이터, 3DWOX, 큐라 순으로 얇은 벽을 슬라이싱한 결과

[그림 2-71] 큐라와 큐비크리에이터에서 출력(왼쪽), 큐라와 3DWOX에서 출력(오른쪽)

04 부품 디자인 시 벽 두께의 고려사항

부품 디자인 시 벽 두께의 고려사항은 다음과 같다.

- 벽 두께는 부품의 디자인(모델링)에서 가장 먼저 결정하는 변수이다.
- 벽 두께는 부품의 구조, 강도, 형상에 큰 영향을 미치는 중요한 요인으로, 3D프린팅에서는 일반 사출품과 달리 3D프린터의 기계적 정밀도를 고려해 설정해야 한다.
- 3D프린터에서는 두꺼운 벽을 출력할 수 있지만, 얇은 벽은 출력하는 데 제약이 있다.
- 특히 0.8mm 이하의 벽 두께는 FDM 프린터에서는 치수 오차가 크게 발생한다. 가능한 한 1.2mm 이상의 벽 두께를 권장한다.
- 0.8mm 이하의 얇은 벽을 출력할 때 벽 간 거리가 좁을 때는 PLA보다 ABS가 좋은 선택이 될 수 있다. PLA는 습기에 취약하고 스트링과 같은 압출 불량이 발생할 가능성이 있기 때문이다.
- 벽을 생성할 때는 벽의 두께를 노즐의 정수배로 설정하는 것이 좋다.
- 슬라이서의 종류에 따라 얇은 벽을 자체적으로 출력할 수 없게 설정하기도 한다. 큐라 슬라이서는 큐비크리에이터와 달리, 얇은 벽을 비교적 잘 출력했다.

TPU 같이 유연한 재료일 경우에는 다른 재료보다 두꺼운 벽 두께가 요구된다. [표 2-17]은 재료별 권장 벽 두께를 나타낸 것이다.

[표 2-17] 재료별 권장 벽 두께

재료	PLA	ABS	NYLON	PETG	TPU
추천 벽 두께	1.5	1.5	1.5	1.0	2.0
최소 벽 두께	0.8	0.8	0.8	0.6	0.8

03 길이

일반적으로 길이가 길어질수록 치수 오차가 증가한다. 따라서 부품의 크기가 커질수록 오차 발생 가능성을 염두에 두고 설계하는 것이 좋다.

01 사용하는 3D프린터의 오차

출력물의 치수 오차는 3D프린터마다 다르게 나타나므로 자신이 사용하는 3D프린터의 오차를 파악하고 있는 것이 좋다. 따라서 평소 출력물의 모델링 치수와 실제 측정 치수를 확인해야 한다.

치수 오차에 큰 영향을 미치는 3D프린터의 요소는 '베드의 수평 상태'와 '노즐의 위치'이다. 프린터마다 출력 전 이 단계를 매번 수행하기도 한다. 베드의 수평과 노즐의 위치를 맞추는 과정을 '레벨링 과정'이라고 한다.

[그림 2-72] 길이 오차로 닫히지 않는 상자

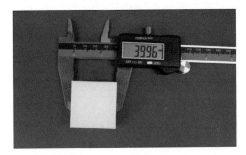

[그림 2-73] 직육면체 큐브를 통한 프린터의 오차 파악

02 출력 조건에 따른 길이 오차

재료별 길이 오차

PLA와 ABS의 길이 오차를 비교하기 위해 출력 조건을 레이어 높이 0.2, 내부채움 밀도 20%, 출력 속도 60mm/s로 두 재료를 이용해 출력했다. 가로 방향과 세로 방향의 출력물을 각각 비교했고 사용된 시편의 길이는 50mm 한 종류였으며 5회 측정한 후 평균을 구했다.

[그림 2-74] PLA 시편의 길이 측정

[그림 2-75] ABS 시편의 길이 측정

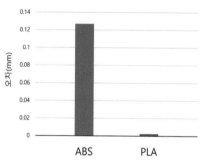

[그림 2-76] 재료별 길이 오차(가로 방향 출력)

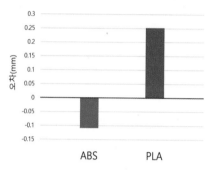

[그림 2-77] 재료별 길이 오차(높이 방향 출력)

측정 결과, 출력 편차와 측정 오차 등을 고려해야 할 때 특정한 경향을 발견하기는 힘들었다. 일반적으로 ABS가 냉각 시의 수축이 큰 재료이기 때문에 PLA보다 치수 오차가 좀 더 나타나는 정도로 이해하는 것이 좋을 것 같다.

▌출력 방향별 길이 오차

아래에서부터 쌓아올리는 FDM 프린터의 특성상 출력 방향은 길이 오차에 영향을 미친다. 높이 방향으로 출력하면 출력물이 냉각되면서 발생하는 수축이나 중력 등이 영향을 미치게 된다. 두께가 5t이고 길이가 각각 25mm, 50mm, 100mm인 시편 3가지를 가로 방향과 높이 방향으로 각각 출력한 후 길이를 측정했다.

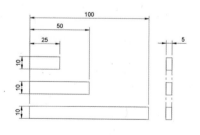

[그림 2-78] 시편의 규격

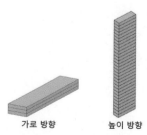

[그림 2-79] 2가지 출력 방향

출력 조건은 PLA, 레이어 높이 0.2, 내부채움 밀도 20%, 출력 속도 60mm/s이며 측정에 따른 오차를 줄이기 위해 전자 버니어캘리퍼스로 5회 측정한 후 평균값을 구했다.

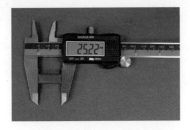

[그림 2-80] 길이 25mm 시편 측정

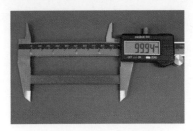

[그림 2-81] 길이 100mm 시편 측정

비교 결과는 [그림 2-82]~[그림 2-84]와 같다.

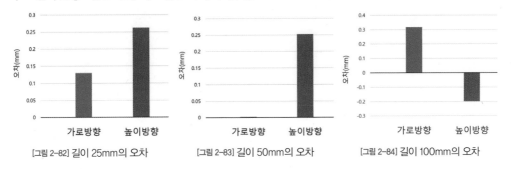

[그림 2-82] 길이 25mm의 오차   [그림 2-83] 길이 50mm의 오차   [그림 2-84] 길이 100mm의 오차

길이 25mm, 50mm일 때는 높이 방향으로 출력했을 때 오차가 상당히 높아지는 것을 볼 수 있다. 가능한 한 출력물의 넓은 면이 베드에 접착되는 안정적인 방향으로 출력하는 것이 좋다는 것을 알 수 있다. 길이가 100mm일 경우, 독특하게 높이 방향으로 출력한 출력물의 길이가 기준보다 줄어들었다. 이는 높이 방향으로 긴 출력물을 출력할 때는 재료의 수축과 하중에 따른 영향이 크게 나타났기 때문으로 추정된다. 즉, 길이가 긴 부품을 높이 방향으로 출력하는 것은 치수 정밀도 면에서는 불리하다는 것을 알 수 있다.

04 변형

01 변형이 발생하는 이유

필라멘트는 노즐에서 처음 나오면 약간 팽창한 후 식으면서 수축한다. 이때 위에 새로 적층되는 레이어의 필라멘트는 노즐에서 갓 나온 상태이므로 온도 차이에 따라 휨 현상이 발생할 수 있다. 가열된 베드는 베드 바로 위의 필라멘트를 수축시키지 않지만, 베드에서 떨어진 레이어는 냉각되면서 수축하기 때문이다.

[그림 2-85] 온도 차에 따라 팽창과 수축이 동시에 일어나며 휘어진다.

02 변형의 종류

워핑

[그림 2-86] 베드와 접착력 부족에 따라 발생한 워핑

워핑(Warping)은 출력물이 베드에 제대로 안착하지 못하고 한쪽이 들뜨게 돼 휘는 현상을 말한다. 주로 온도 차에 따른 수축 때문에 발생하며, ABS 재료에서 많이 발생한다. 워핑을 방지하기 위해서는 베드와 출력물의 접착력을 높여야 하는데, 베드에 점착 시트를 붙이거나 접착 성분이 있는 재료를 바르기도 한다.

▮ 코끼리 발

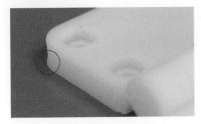

[그림 2-87] 코끼리 발 현상

코끼리발(Elephant Foot)은 출력물의 바닥 레이어가 아직 냉각되지 않았을 때 위쪽에 출력된 부품의 하중에 눌려 아랫부분이 돌출되는 현상을 말한다.

▮ 레이어 간의 박리

그림 2-88 레이어 간의 박리 현상

레이어와 레이어의 접착력이 떨어져 서로 박리되는 현상을 말한다. 레이어 간 불균일한 냉각에 따라 특정 레이어 위에서 수축과 팽창이 동시에 일어나 박리 현상이 발생할 수 있다. TPU인 경우, 다른 재료보다 박리가 잘 발생한다. TPU의 벽 두께는 다른 재료보다 조금 두껍게 하는 것이 레이어 박리를 막을 수 있는 방법이다.

03 변형 방지 방법

▮ 베드 레벨링 확인

출력물의 변형 방지를 위해 가장 먼저 해야 할 일은 3D프린터의 베드 레벨링을 확인하고 보정하는 것이다. 베드가 수평을 잘 유지해야만 출력물의 품질이 보장된다. 베드 레벨링은 자동 방식과 수동 방식이 있는데, 저가 프린터일 경우 베드 레벨링 과정을 사용자가 일일이 체크해야 하므로 번거로운 면이 있다. 베드 레벨링은 베드의 모든 곳과 노즐의 거리를 일정하게 맞추는 과정이므로 반드시 필요한 과정이다. 수동 레벨링의 경우라도 출력할 때마다 매번 베드 레벨링 할 필요는 없고 프린터를 옮긴다거나 많은 출력을 한 후에 다시 하는 것이 좋다.

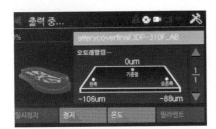

[그림 2-89] 큐비콘 프린터의 오토레벨링 과정과 신도리코 프린터의 수동 레벨링 과정

바닥 보조물 중 래프트 사용

출력물의 변형에 따른 불량은 대부분 베드에서부터 시작한다. 가장 먼저 베드와 출력물의 접착력을 높이는 것이 좋다. 이를 위해서는 우선 슬라이서 설정에서 바닥 보조물 중 베드와의 접착력이 가장 큰 래프트를 사용해야 한다. 래프트는 출력물과 베드의 접촉 면적을 넓히고 출력물의 모서리 쪽에 집중되는 잔류 응력을 출력물 대신 래프트가 받도록 해 변형을 방지하는 역할을 한다.

[그림 2-90] 래프트를 적용한 모습

베드 예열 후 출력

많은 3D프린터가 베드의 면 전체를 한꺼번에 가열하지 않고 모서리부터 가열하거나 중앙부터 가열한다. 따라서 베드의 부위별로 온도 차가 있게 되는데, 베드 전체가 균일한 온도가 될 수 있도록 베드를 예열하고 일정 시간 동안 기다린 후에 출력하는 것이 좋다.

베드 접착력 증가

출력물과 베드의 접착력을 높이기 위해 몇 가지 추가 재료를 이용할 수 있다. 점착성이 있는 테이프를 붙이거나 스프레이를 도포하기도 한다. PLA를 출력하는 경우, 유리판을 이용하거나 블루 테이프, PEI 필름, 헤어스프레이 등을 베드에 도포하기도 한다.

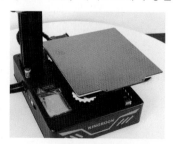
[그림 2-91] PEI 필름

[그림 2-92] 유리 베드

ABS를 출력하는 경우, ABS 주스라는 ABS 필라멘트를 아세톤에 소량 녹여 만든 액체를 도포하면 접착력을 높일 수 있다.

모서리 부분 라운드 처리

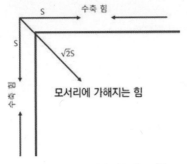

[그림 2-93] 모서리에 힘이 집중되는 이유

열에 따른 잔류 응력은 대체로 모서리 부분에 집중되는데, 이것 때문에 모서리 근처 부위부터 휘는 현상이 종종 발생한다. 이때 모서리 부분을 필렛(Fillet)이나 챔퍼(Chamfer)로 곡면 처리하면 잔류 응력이 해소돼 휨 발생이 줄어들 수 있다.

마우스 이어 적용

만약, 래프트로 인해 출력 시간의 증가와 출력물의 바닥 품질이 우려된다면 [그림 2-94]와 같이 래프트를 직접 모델링하는 '마우스 이어(Mouse Ear)'를 추가할 수도 있다. 래프트의 기능을 대신할 마우스 이어를 추가하고 출력 후에는 후가공으로 마우스 이어 부분을 제거한다.

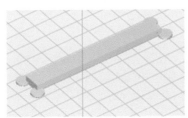
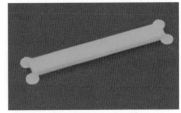

[그림 2-94] 마우스 이어를 추가한 모델과 그 출력물

베드와 노즐의 거리: Z 오프셋 확인

[그림 2-95] Z 오프셋은 베드와 노즐의 거리

Z 오프셋(Z Offset)은 노즐이 원점에 있을 때, 노즐과 베드 간의 거리를 말하는데, 베드를 교체하거나 다른 부착물을 베드에 붙인 경우에는 Z 오프셋을 보정할 필요가 있다. Z 오프셋이 너무 먼 경우, 필라멘트가 베드와 멀리 떨어져 있는 상태로 노즐에서 압출되기 때문에 출력물이 베드에 잘 접착되지 않는다. Z 오프셋은 프린터마다 지정돼 있으므로 가끔 이것이 맞는지 확인한 후 보정하는 것이 좋다. Z 오프셋을 보정하는 방법은 각 프린터의 매뉴얼을 참고하기 바란다.

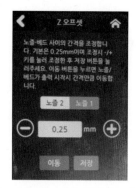

[그림 2-96] 신도리코 프린터의 Z 오프셋 설정

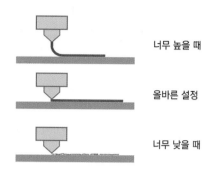

너무 높을 때

올바른 설정

너무 낮을 때

[그림 2-97] Z 오프셋 설정에 따른 출력 상태

▌출력 전 베드 청소

베드에 불순물이 있을 경우, 접착력이 떨어지고 출력 불량이 발생할 가능성이 커진다. 수회 이상 출력한 후에는 IPA(Isopropyl Alcohol) 70%~99%나 아세톤으로 닦아 내는 것이 좋다.

▌슬라이서 설정 조정

첫 레이어는 베드에 처음 안착되는 레이어로, 이것의 속도를 조절할 수 있는 설정은 슬라이서에 있다. 프린팅 속도와는 독립적이다. 이 속도를 늦추면 첫 레이어의 접착력을 높일 수 있다. 초기 레이어 속도의 기본값은 30mm/s인데, 만약 출력물이 베드에 안착되지 않은 불량이 계속 발생한다면, 이 속도를 5mm/s씩 낮춰가면서 출력 상태를 개선할 수 있다.

[그림 2-98] 초기 레이어 속도(큐비콘 싱글 플러스 기본값)

[그림 2-99] 초기 팬 속도 설정 방법

초기 팬 속도는 프린팅을 시작할 때의 팬 속도이다. [그림 2-99]에서 설정의 의미는 0%의 속도에서 점차 증가해 0.2mm의 높이에 도달하면 100%의 속도로 팬이 작동한다는 것이다. 즉, 초기 레이어에는 팬을 사용하지 않고 일정 부분 출력한 후 팬을 사용하게 함으로써 베드 접착력을 높인다는 의미이다.

베드 접착력을 위해 초기 팬 속도를 조절해 사용한다면 표준 팬 속도 시의 높이를 현재 레이어 높이의 3배로 설정하는 것이 좋다. 즉, 0.2mm로 설정된 것을 0.6mm로 증가시켜 팬이 사용되지 않는 시간을 늘릴 수 있다.

05 구멍과 축

구멍과 축의 기능은 다른 부품의 일부분이 결합하기 위한 용도이며, 많은 곳에서 기능적으로 사용한다. FDM 프린터에서 구멍 또는 축의 형태가 나타나면 노즐의 이동을 원형으로 회전하면서 레이어를 적층하기 때문에 약간의 스트링 현상이 발생하고 이에 따라 정밀한 치수를 구현하기 힘든 경우가 있다. 또한 구멍의 일정한 부분에 '솔기(Seam)'라고 하는 노즐 자국이 발견되는 경우가 많다. 이와 같이 몇 가지 이유로 출력물의 구멍과 축의 치수는 모델링상의 치수와 종종 오차가 발생한다.

01 구멍의 치수가 차이 나는 이유

STL 파일의 메시 해상도 차이로 구멍의 치수 오차가 발생할 수 있지만, 큰 차이는 나지 않는다. 그러나 구멍에서 각진 부분이 눈에 보일 정도로 해상도가 낮다면 치수에 영향을 미친다. 따라서 모델링 소프트웨어에서 STL 파일로 변환할 때는 충분한 해상도로 변환해야 한다.

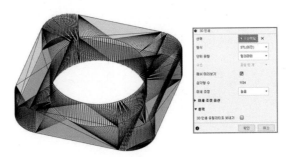

[그림 2-100] 메시 해상도 높음

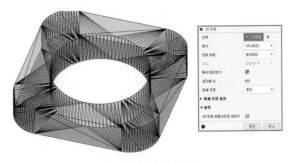

[그림 2-101] 메시 해상도 중간

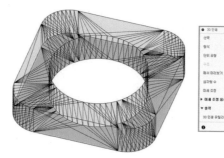

[그림 2-102] 메시 해상도 낮음

출력 후 재료의 수축은 구멍 치수에 영향을 미친다. 수축은 재료의 종류, 베드의 가열과 냉각, 외부 기온과 챔버 유무 등 여러 요소에 의해 발생한다. 이 부분은 구멍 치수 측정 결과에서 자세히 언급한다.

02 구멍의 치수를 보정하는 방법

출력 후 치수 오차를 고려해 미리 모델링에 반영하는 방법도 있다. 예를 들어, 출력물의 구멍 치수가 20.0이 필요한 경우 20.3으로 모델링해 출력 후 20.0을 얻을 수 있다. 만약 모델링에서 20.0으로 해 두면 실제 출력물은 [그림 2-103]과 같이 19.7이 될 수 있다. 그러나 이러한 방법은 구멍의 치수가 제품의 조립이나 기능에 큰 영향을 미칠 때만 부분적으로 사용할 수 있다.

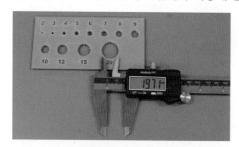

[그림 2-103] 모델링에서 20mm로 설정하고 출력했을 때의 실제 치수

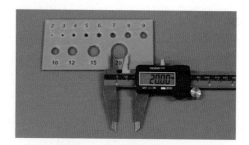

[그림 2-104] 20.3mm로 모델링을 변경한 후 출력했을 때의 출력물의 실제 치수

한편 재료의 수축을 고려해 슬라이서에서 '수평 확장' 기능을 이용하면 모델링의 크기보다 확대 또는 축소해 출력할 수 있다. 이것은 모델의 크기를 베드의 수평 방향으로 늘리고 줄이는 기능이다. 예를 들어 수평 확장 기능에서 1mm를 입력하면 외곽(가장자리 부분)의 크기가 1mm 증가한다. 이때 구멍의 지름도 외곽이므로 1mm 증가해 결과적으로 구멍의 크기는 지름 2mm가 감소하게 된다.

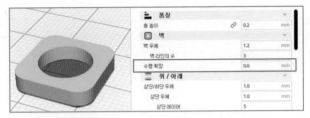

[그림 2-105] 큐라의 수평 확장 기능을 이용해 구멍 치수 조절 가능

볼트와 너트와 같은 구조물을 출력할 때 나사산의 간격을 조절하기 위해 이 기능을 사용할 수 있다.

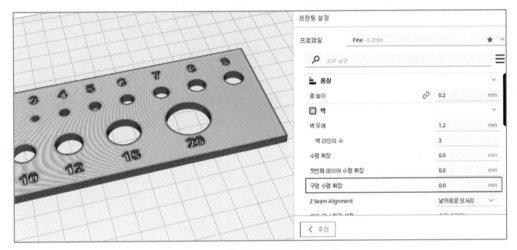

[그림 2-106] 구멍 수평 확장 기능 사용 전

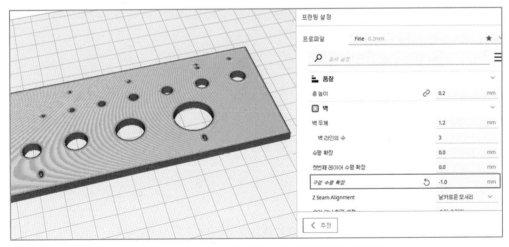

[그림 2-107] 구멍 수평 확장 기능 사용 후 구멍과 글자들이 사라진 모습

03 구멍의 치수 오차 측정

적당한 크기의 두께 4t인 시편에 구멍의 크기를 Ø2, 3, 4, 5, 6, 7, 8, 9, 10, 12, 15, 20으로 설정한 후 PLA 필라멘트로 동일하게 3회 출력해 치수를 측정하고 평균값을 구했다.

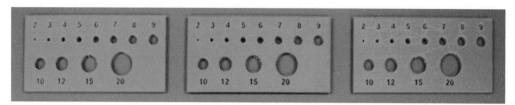

[그림 2-108] 동일한 시편을 3회 출력해 구멍 치수의 측정값을 평균함

[표 2-18] 구멍 치수 오차와 오차율

모델링 지름	측정 지름(mm)	오차(mm)	모델링 지름	측정 지름(mm)	오차(mm)
2mm	1.74	0.26	8mm	7.70	0.3
	1.80	0.2		7.59	0.41
	1.73	0.27		7.79	0.21
3mm	2.73	0.27	9mm	8.75	0.25
	2.87	0.13		8.63	0.37
	2.82	0.18		8.74	0.26
4mm	3.83	0.17	10mm	9.84	0.16
	3.75	0.25		9.74	0.26
	3.79	0.21		9.80	0.2
5mm	4.69	0.31	12mm	11.90	0.1
	4.84	0.16		11.76	0.24
	4.76	0.24		11.82	0.18
6mm	5.69	0.31	15mm	14.83	0.17
	5.73	0.27		14.70	0.30
	5.83	0.17		14.61	0.39
7mm	6.79	0.21	20mm	19.83	0.17
	6.60	0.4		19.64	0.36
	6.72	0.28		19.63	0.37

구멍의 크기에 상관없이 지름 기준 약 0.2~0.4mm의 오차가 발생한다는 것을 알 수 있다. 프린터의 종류, 출력 조건, 측정 오차, 출력 오차 등을 종합적으로 고려해야 할 때 구멍의 치수 오차가 두께나 길이보다 크게 발생하는 것이다. 이는 부품에서 구멍에 다른 부품이 끼워지는 것과 같은 조립 상황에서 문제가 발생할 가능성이 있다는 것을 의미한다.

노즐의 원형으로 운동하는 방향 때문에 구멍의 한 부분에 솔기라고 하는 일종의 재봉선(Seam)이 남는다. 재봉선이 항상 문제가 되는 것은 아니지만, 외관 품질이 중요한 경우나 나사 구멍과 같이 치수가 중요한 제품에서는 치수 오차에 따른 문제가 발생할 수 있다.

큐라 슬라이서 설정에서 재봉선의 위치를 확인할 수 있으며 벽 설정에서 Z Seam Alignment로 재봉선의 위치를 조절할 수 있다. 이 재봉선을 다르게 설정해 출력한 후 표면의 품질을 변화시킬 수도 있다. 표면 품질이 중요한 제품을 출력할 때는 잘 보이지 않는 곳에 재봉선의 위치를 설정하는 것이 좋다.

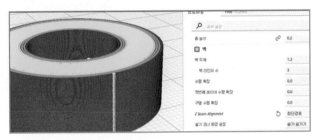

[그림 2-109] 재봉선을 최단 경로로 설정했을 때 Seam이 선명하게 보임

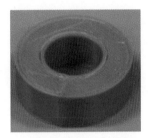

[그림 2-110] 재봉선을 최단 경로로 출력했을 때

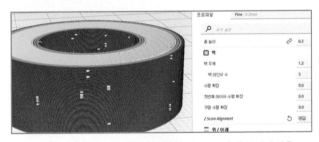

[그림 2-111] 재봉선을 랜덤으로 설정했을 때 Seam이 잘 보이지 않음

[그림 2-112] 재봉선을 랜덤으로 출력했을 때

Z Seam Alignment에서 재봉선의 위치는 출력 시간에도 영향을 미치는데, 최단 경로로 설정하면 아주 약간의 출력 시간을 단축할 수 있다.

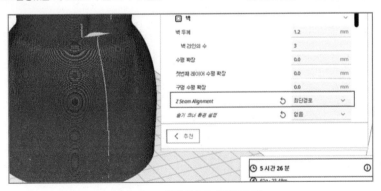

[그림 2-113] 최단 경로로 출력했을 때

03

출력물의 표면 정밀도

01 표면 정밀도에 영향을 미치는 요인

표면 정밀도는 제품의 외형 품질을 결정하는 중요한 요소이다. 일반적인 플라스틱 부품의 표면은 매우 정교하고 매끄럽다. 그러나 3D프린팅 출력물의 표면은 레이어로 인한 층이 보이고 실제로 표면이 울퉁불퉁하다. 따라서 필요한 경우 표면을 매끄럽게 하기 위한 별도의 후가공을 하기도 한다. 이 장에서는 표면 정밀도에 영향을 미치는 몇 가지 요인을 살펴보고 표면 정밀도를 개선할 수 있는 방법을 알아본다.

01 재료별 표면 차이

필라멘트 재료별 표면 정밀도의 차이를 보기 위해 레이어 높이 0.2mm인 기본 상태로 출력한 출력물의 표면 상태를 비교했다. 서포트가 없는 표면의 상태는 ABS가 가장 우수했으며 PLA와 PETG는 상대적으로 표면 정밀도가 낮았다.

[그림 2-114] 재료별 표면 차이

표면 정밀도 외에 광택의 차이도 나타났다. PETG와 TPU는 비교적 광택이 높았다. ABS는 광택은 없지만, 다른 재료에 비해 레이어의 차이가 덜 나타났다. TPU의 경우, 스트링이 발생하기 쉬워 스트링을 잘 제거하지 못한다면 표면 품질이 다른 부품에 비해 다소 떨어진다.

02 레이어 높이별 표면 차이

다음은 레이어 높이별 표면 정밀도 차이를 확인했다. 다른 출력 조건은 동일하다. 레이어 높이
가 낮을수록 표면 정밀도가 우수했으며 각 높이의 차이에 비례해 표면 정밀도의 차이가 나타났
다. 단, 출력 시간은 증가한다.

레이어 높이→
출력 시간 →

0.1mm	0.2mm	0.4mm
47분	24분	13분

[그림 2-115] 레이어 높이별 표면 차이

레이어 높이→
출력 시간 →

0.1mm	0.2mm	0.4mm
112분	61분	36분

[그림 2-116] 다른 출력물의 레이어 높이별 표면 차이

03 출력 속도별 표면 차이

다음으로 출력 속도별 표면 정밀도 차이를 확인했다. 다른 출력 조건은 동일하다. 출력 속도가
60mm/s 이상 빨라지면 출력물의 표면 정밀도는 급격히 낮아진다. 이때의 출력 시간에는 큰 차
이가 없었다. 표면 정밀도 측면에서 출력 속도는 기본값으로 설정하는 것이 좋다는 것을 알 수
있다. 출력 속도를 낮추면 표면 정밀도가 눈에 띄게 좋아진다.

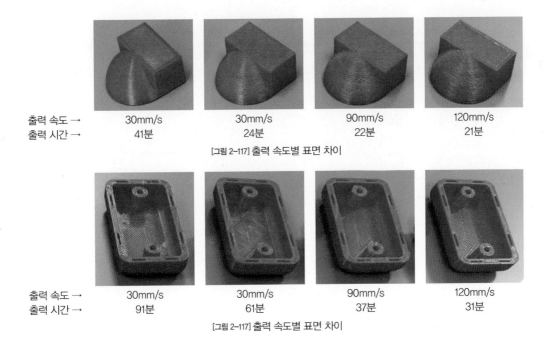

| 출력 속도 → | 30mm/s | 30mm/s | 90mm/s | 120mm/s |
| 출력 시간 → | 41분 | 24분 | 22분 | 21분 |

[그림 2-117] 출력 속도별 표면 차이

| 출력 속도 → | 30mm/s | 30mm/s | 90mm/s | 120mm/s |
| 출력 시간 → | 91분 | 61분 | 37분 | 31분 |

[그림 2-117] 출력 속도별 표면 차이

04 압출량별 표면 차이

다음으로는 출력 압출량별 표면 정밀도 차이를 확인했다. 다른 출력 조건은 동일하다. 압출량을 바꾸는 경우 외에는 프린터의 노후화, 필라멘트의 습도 여부에 따라 간혹 조정해야 할 때도 있다. 압출량이 기준값을 벗어나는 경우, 표면 정밀도가 나빠진다는 것을 알 수 있다.

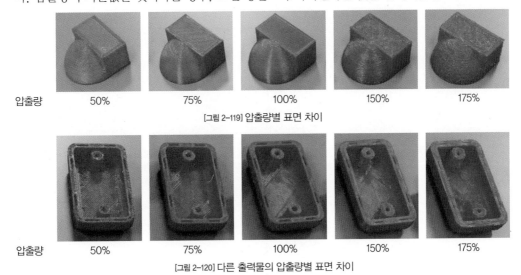

| 압출량 | 50% | 75% | 100% | 150% | 175% |

[그림 2-119] 압출량별 표면 차이

| 압출량 | 50% | 75% | 100% | 150% | 175% |

[그림 2-120] 다른 출력물의 압출량별 표면 차이

05 출력 방향별 표면 차이

형상이 긴 부품을 출력할 때 길이 방향을 베드에 수직으로 세워 출력하면, 프린터의 진동과 바닥에서의 지지력이 부족으로 인해 표면 정밀도가 낮아질 수 있다. 특히 TPU와 같이 연성이 큰 재료를 출력하는 경우, 출력 방향과 표면 정밀도는 큰 연관이 있다.

[그림 2-121]의 왼쪽은 베드 방향으로 출력한 것, 오른쪽은 베드에 수직 방향으로 출력한 것이다. 출력물의 크기와 형상에 따라 그림처럼 제대로 출력되지 않는 경우가 있다.

[그림 2-121]의 왼쪽은 베드 방향으로 출력한 것, 오른쪽은 베드에 수직 방향으로 출력한 것이다. 출력물의 크기와 형상에 따라 그림처럼 제대로 출력되지 않는 경우가 있다.

[그림 2-121] TPU의 출력 방향별 출력 차이

한편, 출력 방향은 서포트의 생성 위치를 결정한다. 출력 방향에 따라 동일한 모델을 서포트가 있게 출력할 수도 있고 서포트가 없게 출력할 수도 있다. 가능한 한 서포트가 생기지 않도록 하는 것이 출력물의 표면 품질에 도움이 된다.

[그림 2-122] 서포트를 제거한 TPU 출력물의 표면 상태

[그림 2-123] 출력 방향에 따라 달라지는 서포트 생성 위치 – 슬라이서 설정

[그림 2-124] 출력 방향에 따라 달라지는 서포트 생성 위치 – 실제 출력물

02 표면 정밀도를 향상시키는 방법

01 재료의 선택

일반적으로 가장 표면 상태가 좋은 재료는 ABS이다. 표면 상태가 중요하다면 출력물의 표면 상태가 좋고 후가공도 쉬운 ABS를 선택하는 것이 유리하다. PLA는 경도가 높아 샌딩하기 어려우므로 후가공을 고려한다면 PLA는 제외한다. TPU는 서포트가 생긴 자리의 표면 상태가 특히 좋지 않다.

[그림 2-125] 다양한 색상의 FDM용 필라멘트

02 레이어 높이

레이어 높이는 3D프린팅에서 출력 해상도를 의미한다. 표면 정밀도가 중요할 때는 출력 시간을 희생하며 레이어 높이를 줄이는 것이 좋다. 기본값인 0.2mm 대신 0.1mm를 선택한다. 그러나 프린터에 따라 이 차이가 크지 않은 경우도 있으므로 사용하는 프린터의 특징을 파악하는 것이 중요하다.

[그림 2-126] 베드의 수평 방향으로 출력 중인 부품

03 출력 속도

출력 속도가 빠를수록 제품의 표면 품질이 떨어진다. 이때는 기본값을 사용하는 것을 권장한다. 출력 시간의 여유가 있을 때 속도를 느리게 하는 것은 표면 정밀도를 높이는 방법이 될 수 있다.

04 압출량

기본적으로 100%로 설정돼 있으며, 가능한 한 변경하지 않는 것이 좋다. 출력 시 플렉서블 필라멘트와 같은 유연한 재료를 사용할 때는 압출 기어가 필라멘트를 밀어 넣는 힘이 부족하고 압출량이 적어 출력물의 표면 품질이 떨어질 수 있다. 이때는 압출량을 높여 주는 것이 좋다. 5% 단위로 조절해 적절한 값을 찾는다.

05 출력 방향

[그림 2-127] 길이가 긴 출력물의 수직 방향 출력

길이가 긴 출력물을 출력할 때 베드에 접촉되는 면이 넓을수록 출력 방향을 선정하는 것이 좋다. 베드에 첫 레이어가 잘 안착돼야 표면의 품질을 높아질 수 있다.

오버행 구조의 출력물인 경우, 모델링의 방향을 수정해 서포트가 출력물에 닿는 면적을 최소화하는 것이 좋다.

래프트를 사용하지 않으면 베드에 접촉되는 부분이 다른 면보다 매끄럽다. 출력물의 형상에 따라 래프트가 꼭 필요한 경우가 아니라면 브림을 사용해야 한다.

04

후가공

01 서포트 제거

[그림 2-128] 후가공에 쓰이는 도구들

FDM 프린터에서 레이어가 한 층씩 적층된 출력물은 그 표면이 일반 사출 플라스틱 제품처럼 매끄럽지 않고, 결이 생기고, 거칠다. 또한 서포트를 제거하고 나면 그 자리의 표면은 더욱 거칠게 된다. 후가공은 FDM 프린터의 이러한 단점인 표면 정밀도를 출력한 후 수작업으로 개선하는 방법을 말한다. 후가공에는 출력물의 표면을 사포로 샌딩하는 방법, 표면의 품질이 매끄럽지 않고 울퉁불퉁한 일부 영역을 칼이나 줄과 같은 간단한 도구를 이용해 제거하는 방법, 아세톤과 같은 화학 약품을 이용해 표면을 매끄럽게 녹여 내는 방법 등이 있다. 다시 한번 강조하지만, 가능한 한 후가공은 하지 않는 것이 가장 좋다. 후가공은 시간과 비용이 많이 소요되므로 꼭 필요할 때만 선별적으로 실시하는 것이 좋다.

01 서포트

출력 후 가장 먼저 하는 일은 서포트를 제거하는 것이다. FDM 프린터에서 서포트는 일반적으로 출력물과 같은 재료를 사용한다. 노즐이 1개인 프린터가 대부분이기 때문이다. [그림 2-129]의 첫 번째 경우처럼 서포트에 다른 재료를 사용하기도 한다. 이 경우, 노즐이 2개 이상 있는 프린터가 필요하다.

[그림 2-129] 서포트가 제거되기 전의 출력물

그런데 대부분의 프린터에서 서포트는 부품과 같은 재료로 돼 있으므로 출력물에서 서포트를 제거할 때 주의해야 한다. 부품의 크기가 작은 경우, 서포트를 제거하는 과정에서 부품이 파손되거나 일부가 손상되기도 한다. 또한 서포트를 제거한 자리는 표면 상태가 좋지 않다.

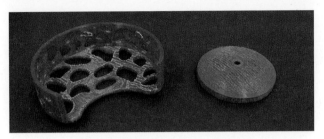

[그림 2-130] 잘못된 서포트 제거 예시

출력 직후 부품이 충분히 냉각되지 않은 상태에서는 서포트를 제거하기 어렵다. 출력 후 냉각된 다음 베드에서 출력물을 가능한 한 빨리 떼어내고 바로 서포트를 제거하는 것이 유리하다.

02 용해성 서포트 재료

노즐이 2개 이상 있는 FDM 프린터는 서포트용으로 별도의 필라멘트를 사용할 수 있다. 원래는 서로 다른 색상으로 출력하는 용도이지만, 여분의 노즐에 용해성 서포트 재료인 PVA, HIPS와 같은 재료를 사용할 수 있다. PVA는 물에 용해되고, HIPS는 리모넨이라는 용액에 용해된다. 단, 용해되는 데 오랜 시간이 걸리고 유리 용기, 초음파 용기와 같이 특수 장비가 필요하다. 용해된 잔여물은 별도의 폐기 규정에 따라 처리해야 한다.

PVA는 ABS에 달라붙지 않아 ABS와 함께 서포트 용도로 함께 쓸 수는 없다. 일반적으로 PVA와 PLA를 함께 사용한다.

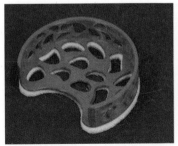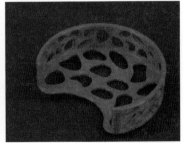

[그림 2-131] 서포트를 PVA(왼쪽 그림의 흰색 부분)로 출력한 부품과 물로 용해시켜 서포트를 제거한 부품

02 샌딩

사포를 이용해 표면을 갈아 내는 샌딩은 거친 사포에서부터 고운 사포로 단계적으로 이동하며 표면을 다듬는다. 출력물의 종류에 따라 입도가 320 정도인 사포에서 시작해 600 정도인 고운 사포로 마무리한다. 경우에 따라서는 입도가 1000 이상인 고운 사포를 사용하기도 한다. 표면을 매우 매끄럽게 하고 싶을 경우, 사포를 물에 적셔가며 습식 샌딩을 하기도 한다. 물이 윤활제 역할을 해서 더 매끄러운 표면을 만들어 낼 수 있기 때문이다.

그러나 PLA 출력물은 가능한 한 샌딩을 하지 않는 것이 좋다. PLA는 표면 경도도 높고 잘 갈리지 않으며, 갈리더라도 지우개 자국처럼 뭉치게 되므로 샌딩의 효과가 현격히 떨어진다. 일반적인 경우, 샌딩을 할 계획이라면 처음부터 ABS로 출력하는 것이 유리하다.

[그림 2-132] PLA를 샌딩했을 때

03 아세톤 훈증

아세톤은 ABS, PETG, TPU를 용해시키는 물질이므로 ABS로 출력된 부품의 표면을 매끄럽게 용해시켜 표면 상태를 개선할 수 있다. ABS에 아세톤을 이용해 표면 처리하는 방법은 아세톤 용액에 출력물을 직접 담그는 방법, 아세톤 용액을 붓에 적셔 출력물의 표면에 바르는 방법, 아세톤 증기를 출력물에 일정 시간 닿게 하는 방법이 있다. 출력물을 아세톤 용액에 직접 담그거나 붓으로 용액을 바르는 방법은 너무 많은 용해가 발생하므로 잘 사용하지 않는다.

부드럽고 우수한 품질의 표면 상태를 만들기 위해서는 아세톤 증기를 이용하는데, 이 방법을 '아세톤 훈증' 또는 '스무딩(Smoothing)'이라고 부른다. 여기서는 아세톤 훈증을 위한 도구와 과정을 소개한다.

01 아세톤 훈증을 위한 도구

아세톤 증기를 발생시키기 위해 출력물이 들어갈 수 있는 적당한 크기의 밀폐 용기에 5V 팬을 설치한 후 증기가 원활하게 발생하도록 용기의 상단 커버에 구멍을 만든다. 설치된 팬에 전원 (휴대용 배터리, USB 전원 등)만 연결하면 아세톤 훈증을 위한 도구가 완성된다.

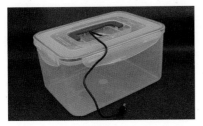

[그림 2-133] 아세톤 훈증을 위한 밀폐 용기 모습

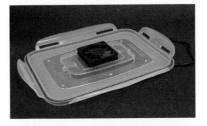

[그림 2-134] 용기의 뚜껑에 팬을 설치한 모습

[그림 2-135] 아세톤 훈증에 사용한 출력물 모델

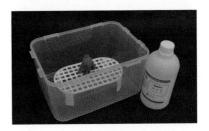

[그림 2-136] 용기에 출력물을 설치한 모습

아세톤 훈증을 위한 과정은 다음과 같다. 완성된 용기에 적당량의 아세톤을 붓고 아세톤에 녹지 않는 PLA로 출력한 별도의 구조물 위에 해당 출력물을 위치시킨다. 그런 다음 용기의 뚜껑을 닫고 팬을 작동하고 시간을 경과시킨다. 이때 환기에 주의한다. 30분, 2시간, 4시간 후의 변화를 아세톤에 완전히 담근 경우와 붓으로 바른 경우를 비교한 결과는 다음과 같다.

02 아세톤 훈증 결과

▌시간별 훈증 결과

30분이 경과한 상태에서는 눈에 띌 만한 변화가 없다. 2시간이 경과한 후 출력물의 표면에서 변화가 일어났다. 광택이 생기기 시작하고 날카로운 부분이 무뎌졌다. 4시간이 경과한 후에는 출력물의 표면 광택이 더 잘 관찰됐고 표면이 상대적으로 균일해지고 매끄럽게 변화된 것을 볼 수 있었다.

[그림 2-137] 아세톤 훈증 2시간 경과 모습

[그림 2-138] 아세톤 훈증 4시간 경과 모습

▌처리 방법별 차이

권장하는 방법은 아니지만, 출력물에 아세톤 용액을 적용하는 방법을 다르게 적용해도 출력물의 표면 상태가 달라진다. 아세톤에 완전히 담근 경우, 표면이 많이 용해돼 치수에 영향을 줄 정도로 변화됐다. 너무 빠른 속도로 용해되므로 일반적인 경우 이 방법은 추천하지 않는다. 또한 부품이 얇거나 작을 경우 출력물의 손상 위험도 있다.

붓을 이용해 아세톤 용액을 출력물에 조심스럽게 발라가면서 용해시켰을 때는 [그림 2-139]와 같은 상태가 됐다. 훈증했을 때보다 광택이 많이 발생한다. 또한 수작업으로 바르다 보니 균일하지 않고 자국이 생길 수 있다.

표면 품질이 가장 우수할 때는 4시간 정도 훈증했을 경우이다. 치수에 별 영향을 미치지 않으면서 표면이 매끄럽고 적당한 광택이 생기게 변화했다. 단, 시간이 오래 걸리는 것이 단점이다.

아세톤에 완전히 담금

아세톤에 완전히 담금

아세톤에 완전히 담금

[그림 2-139] 아세톤을 이용해 담금, 훈증, 붓 칠한 결과

03 아세톤 훈증 시 주의해야 할 점

아세톤은 휘발성과 인화성이 높은 액체이므로 취급에 주의해야 한다. 아세톤은 장기간 접촉하면 피부 염증을 유발할 수 있으므로 안전에도 유의해야 한다. 흰색이 아닌 색이 있는 ABS 부품에 아세톤을 과하게 접촉하면 흰색 얼룩이 생길 우려가 있다.

[그림 2-140] 과도하게 아세톤에 노출된 경우의 출력물 손상

04 후가공에서 고려해야 할 점

지금까지 살펴본 후가공은 서포트의 제거 후 샌딩, 아세톤 훈증 방법이다. 이 밖에도 히트 건을 통해 표면을 소량 녹여 레이어층을 제거하는 어닐링 방법, 퍼티를 이용해 표면의 흠집이나 손상된 부품을 메우는 방법 등도 있다. 이 책에서는 플라스틱의 표면에 페인팅하는 방법은 다루지 않는다.

후가공을 할 때는 다음과 같은 내용을 고려하는 것이 좋다.

- 후가공은 시간이 오래 걸리고 사람의 노동이 필요한 작업이다. 가능한 한 후가공을 하지 않는 것이 유리하다. 따라서 부품의 모델링 전 후가공은 하지 않는 방향으로 처음부터 계획을 세우는 것이 여러모로 유리하다.
- 출력물의 거친 표면에 페인팅하는 방법은 추천하지 않는다. 가능한 한 페인팅하지 않고 사용하기를 바라며 일부 샌딩 자국을 제거하기 위해 페인팅을 고려한다면 페인팅을 쉽게 할 수 있는 흰색 또는 검은색의 필라멘트를 사용해야 한다. 다른 색상의 필라멘트는 색상을 맞추기 힘들다.
- 후가공이 필요한 경우, 꼭 필요한 부분에만 제한적으로 실시한다.
- 부품을 디자인하는 단계에서부터 출력 방향과 서포트 생성을 고려하고 마지막 후가공까지 염두에 두고 모델링하는 것이 좋다.

03장

단일 부풀의
디자인 가이드라인

01

단일 부품 고려사항

01 체크리스트

3D프린팅으로 생산되는 부품을 설계할 때 고려해야 하는 내용들은 사출, 프레스와 같은 전통적인 다른 제조 방식과 마찬가지로 최종 부품에서 요구되는 기능과 외형 품질의 수준에 따라 달라진다. 부품은 간단하게 외형과 크기를 확인하기 위한 용도로 사용될 수도 있고 정밀한 치수를 바탕으로 다른 부품과 결합하거나 우수한 표면 품질을 유지해야 하는 경우도 있다. 따라서 어떤 부품을 3D프린팅 용도로 디자인할 때는 모델링을 하기 전에 이러한 요구 조건에 대한 정의가 먼저 이뤄져야 한다. 일반적으로 다음과 같은 순서의 체크리스트를 이용해 부품에서 요구되는 내용을 체크해 본다.

1. 외형
외부에서 보이는 부품이며 외형 품질이 중요한 요소인가?
부품의 색상이 중요한 역할을 하는가?

2. 기계적 성질
힘을 받는 부품인가?
힘이 어느 방향으로 어느 정도 가해지는가?
부품이 사용될 때 마찰이나 마모가 발생하는가?
어느 정도의 탄성이 필요한가?

3. 치수 정밀도
필요한 치수 정밀도는 어느 정도인가?
많은 수의 부품이 조립되는 제품에 사용하는 부품인가?

4. 내열성, 내화학성
고온, 햇빛 등의 환경에 노출되는가?
화학 물질이나 기름 등에 노출되는가?

5. 후가공
샌딩, 페인팅 등의 후가공이 필요한가?
이 부품을 후가공하는 데 어려운 점은 없는가?

6. 조립성
출력하고자 하는 부품이 프린터의 출력 사이즈보다 큰가?
다른 부품과 조립은 어떤 방법으로 되는가?
조립하는 데 어떤 툴이 필요한가?

02 부품 모델링 고려사항

01 외형

부품의 외형은 표면의 정밀함, 색상, 광택, 질감 등과 같은 다양한 속성으로 구성되며 디자인의 품질을 결정하는 중요한 요인이다. 그런데 3D프린팅된 출력물의 외형 품질은 일반 사출 부품과 비교했을 때 현저히 떨어진다. 레이어 적층에 의해 층이 보이거나 만져지며 종종 레이어 박리나 휨 등과 같은 불량이 발생하기도 한다.

3D프린팅 출력물의 외형 품질을 좋게 하기 위한 가장 간단한 방법은 노즐의 지름과 레이어 높이를 설정하는 것이다. 노즐은 변경하기 번거로우며 일반적으로 지름이 0.4mm인 노즐을 많이 사용하므로 레이어 높이를 조절해야 한다. 그러나 레이어 높이를 0.2에서 0.1로 줄이면 표면의 품질은 좋아지지만, 출력 시간이 2배 가까이 증가하므로 적절한 균형점을 찾아야 한다.

| 레이어 높이 → | 0.1mm | 0.2mm | 0.4mm |
| 출력 시간 → | 112분 | 61분 | 36분 |

[그림 3-1] 레이어 높이별 외형 품질 차이

외형 품질이 중요한 부품일 경우, 가장 크게 고려해야 하는 것은 '서포트의 생성 유무'이다. 서포트가 생성된 자리는 서포트를 제거한 후의 표면이 거친데, 이는 후가공으로도 완전하게 보완할 수 없는 부분이다. 따라서 표면 품질과 서포트의 위치를 생각하면서 모델링해야 한다.

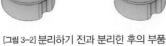
[그림 3-2] 분리하기 진과 분리한 후의 부품

만약, 표면의 품질이 좋아야 하는데 반드시 서포트가 생성되는 곳이라면 부품을 분리해 서포트의 생성 위치를 인위적으로 조절할 수 있다. [그림 3-2]의 부품은 커피 그라인더의 호퍼로, 외부로 노출되는 면과 내부에 커피 가루가 닿게 되는 면의 표면 품질이 모두 중요했기 때문에 부품을 분리해 서포트의 위치를 조질한 예이다. 부품을 분리함으로써 분리된 아래 부품의 안쪽 면에 서포트를 생성하지 않을 수 있었다.

이와 같이 부품의 외형에서 요구되는 조건들을 확인한 후 서포트의 생성 위치 등을 고려해 부품의 모델링을 전개할 수 있다.

[그림 3-3] 챔퍼와 필렛의 서포트 생성 유무

[그림 3-3]과 같이 부품의 가장자리에 필렛 또는 챔퍼를 주는 경우가 있는데, FDM 프린터의 출력 면에서는 필렛보다 챔퍼가 유리하다. 왜냐하면 필렛에는 서포트가 필요하지만, 챔퍼는 서포트 없이 생성할 수 있기 때문이다.

이 밖에도 부품의 워핑(Warping)을 방지하기 위해 [그림 3-4]의 오른쪽과 같이 날카로운 모서리는 피하는 것이 좋다.

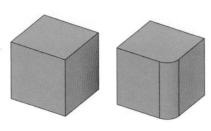
[그림 3-4] 날카로운 에지 부분의
워핑 발생 가능성의 차이

이 밖에 외형 품질인 표면 정밀도나 레이어 박리, 휨 등에 영향을 미치는 요소에는 노즐의 이동 속도, 노즐의 지름 등이 있다. 노즐의 이동 속도는 노즐에서 필라멘트가 압출되면서 이동하는 속도로, 일반적으로 60mm/s가 표준이다. 외형 품질의 향상을 위해 40~60mm/s 정도로 설정할 수 있지만, 이는 출력 시간과 관련이 있으므로 적절한 균형을 찾는 것이 중요하다.

02 기계적 성질

강도

부품의 강도, 경도, 탄성, 내열성 등과 같은 기계적인 성질은 부품의 물리적 특징을 결정하는 중요한 속성이다. 일반적으로 FDM 방식의 개인용 3D프린팅 부품은 사출 부품 대비 기계적 성질이 떨어지기 때문에 부품을 디자인할 때는 이러한 속성을 고려해 디자인해야 한다. 특히, 레이어가 적층되는 방향인 수직 방향은 특히 약하다. 따라서 힘을 받는 부품은 어느 정도의 힘이 어느 방향으로 가해지는지가 중요하다.

[그림 3-5]는 3D프린팅 출력물로 만든 가방걸이이다. 무게 약 6kg 정도의 가방을 지탱할 수 있는 부품은 수직 방향으로 출력하면 안 된다. 또한 모델링 형상에서 충분한 두께와 크기를 가져야 한다. 수치 해석 프로그램으로 미리 시뮬레이션할 수는 있지만, 간단한 부품의 모델링에 수치 해석을 하는 것은 조금 과한 면이 있다. 따라서 힘이 가해지는 부품이라면 모델링에서는 부품의 크기와 구조가 중요하며, 3D프린팅에서는 슬라이서에서의 출력 방향이 중요하다.

[그림 3-5] 완성된 가방걸이

[그림 3-6] 출력 중인 가방걸이

이 밖에도 내부채움 밀도, 내부채움 패턴이 영향을 미치며 필라멘트 재료의 관점에서는 PLA가 ABS 대비 굽힘 강도가 우수하므로 PLA를 선택한다. 이와 관련된 좀 더 자세한 내용은 '굽힘 강도' 편을 참조하기 바란다.

탄성

탄성이 있는 부품의 디자인에서는 부품이 적절한 힘으로 구부러지기 위한 부품의 두께를 결정하는 것이 중요하다. 탄성은 필라멘트의 쇼어 경도 값에 따라 달라지지만, 모델링의 벽 두께와 내부채움 밀도에 따라서도 달라진다. 따라서 적절한 쇼어 경도 값의 선택과 부품 모델링의 벽 두께는 상호 영향을 미친다.

[그림 3-7]은 왼쪽부터 큐비콘 사의 TPU, eSUN 사의 eLastic, eSUN 사의 eFlex로, 동일한 모델링을 출력한 결과물인데, 쇼어 경도는 순서대로 92A, 85A, 87A이다. 숫자가 낮을수록 부드러운 재료이며 동일한 형상의 부품에서 압축되는 정도는 큰 차이가 난다.

[그림 3-7] 서로 다른 쇼어 경도를 가진 필라멘트 재료로 출력된 벽 두께 1mm 동일한 벨로우즈 구조의 부품

따라서 적절한 재료를 선택한 후에는 그 재료에 맞는 적절한 두께를 찾는 과정이 필요하며 이때 시행착오가 발생한다. 여기서는 쇼어 경도 87A의 재료를 이용해 1mm의 벽 두께로 출력한 후 탄성이 부족해 0.7mm로 바꿨지만, 출력물이 바로 찢어지는 결과가 나타나 다시 쇼어 경도 85A로 변경하고 벽 두께를 1mm로 다시 증가시켰다. 일반적으로 탄성이 요구되는 부품은 내부가 채워져 있는 덩어리 형태보다 판 형태인 경우가 많다. 이때 두께를 1mm로 할 때와 0.8mm로 할 때의 탄성 정도는 달라진다.

탄성 재료와 벽 두께의 선정에 관련된 좀 더 자세한 내용은 '프로토타입 03 사례' 편을 참조하기 바란다.

03 치수 정밀도

모든 플라스틱 재료는 고온에서 용융된 후 형상이 고정되고 냉각될 때 수축하게 된다. 재료에 따라 차이는 있지만, 미세하게 수축하면서 치수 오차가 발생하고 심한 경우 형상이 뒤틀리기도 한다. 대체로 PLA가 가장 수축이 적다.

일반적으로 부품의 치수 정밀도는 절삭 가공을 한 금속 부품, 사출 금형으로 만든 플라스틱 부품, 프레스 금형으로 만든 금속 판형 부품 순으로 낮아지며, 3D프린팅 출력물은 위의 다른 부품과 비교가 안 될 정도로 치수 정밀도가 떨어진다.

부품 디자인을 할 때는 이와 같이 3D프린팅 출력물 부품의 치수 정밀도가 떨어질 수 있다는 것을 고려해 충분한 공차를 설정한 후에 모델링해야 한다. 치수 공차를 너무 타이트하게 적용하면 출력 후 조립할 수 없는 결과를 초래한다. 또한 이 부품이 여러 개의 부품이 조립되는 제품에서 사용한다면, 누적되는 치수 공차를 고려해야 한다.

특히, 다른 부품과 결합되는 곳의 치수, 예를 들어 홀과 홀 사이의 거리 등에는 충분한 공차가 필요하다. [그림 3-8]에서 a, b, c, d의 부품이 나란히 들어가는 다른 부품이 있다고 가정할 때 그 부품의 내측 치수는 얼마가 돼야 이 부품들이 모두 들어갈 수 있을지 생각해 보자.

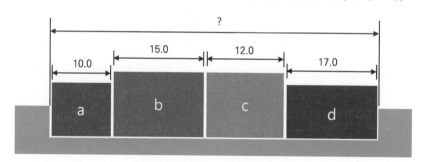

[그림 3-8] 치수 공차가 누적된 조립 공차

치수 공차를 적용할 때 가장 중요한 점은 부품의 크기가 클수록, 조립되는 부품의 개수가 많을수록 더 큰 치수 공차가 필요하다는 것이다. 정밀도와 관련된 좀 더 자세한 내용은 '치수' 부분을 참조하기 바란다.

04 내열성, 내화학성

플라스틱은 열에 약한 재료이다. 이는 3D프린팅 출력물뿐만 아니라 일반적인 플라스틱 부품도 마찬가지이다. 3D프린팅 재료로 가장 많이 사용하는 PLA의 열 변형 온도는 60℃, ABS는 약 100℃ 정도이다. 출력하고자 하는 부품이 60℃ 이상의 고온에서 사용된다면 PLA는 적합하지 않다. 필라멘트 제조사가 제시하는 자료에 따르면, 열 변형 온도가 높은 재료는 PC이다. 그러나 PC는 가격이 비싸고 노즐 온도가 높기 때문에 3D프린팅 출력의 편의성이 떨어진다. 따라서 부품이 100℃ 정도 이내에서 짧은 시간 동의 내열성이 필요한 경우에는 일반적으로 ABS를 사용한다.

3D프린팅 출력물에서 부품의 벽 두께가 증가하면 같은 온도에서 상대적으로 오래 견디는 경향이 있다. 따라서 열이 가해지는 환경이라면 부품의 벽 두께를 증가시켜야 한다. 부품의 벽 두께는 슬라이서가 아니라 부품을 디자인하는 모델링 툴에서 설정한다.

05 후가공

3D프린팅 출력물의 가장 큰 단점 중 하나는 출력 후 후가공이 필요하다는 것이다. 후가공은 '시간'과 '비용'을 의미하며 후가공하지 않은 상태의 품질은 좋지 않다는 것을 의미하기도 한다. 따라서 가능한 한 후가공은 하지 않는 것이 유리하며 부품의 디자인에서 후가공이 발생하지 않는 방향으로 설계해야 한다.

후가공은 주로 서포트의 제거와 표면 상태의 개선을 위해 실시한다. PLA는 경도가 높아 샌딩하기 어렵다. 이는 PLA 출력물은 잘 갈리지 않으므로 샌딩하기 어렵다는 의미이다.

후가공 중에서 아세톤을 표면에 도포해 표면 일부를 녹여 매끈하게 만드는 방법이 있다. 아세톤을 바르는 데는 여러 가지 방법이 있지만, 주로 아세톤 증기를 장시간 쏘이는 아세톤 훈증 방법을 많이 사용하는데, 이것이 적용되는 소재는 ABS이며 PLA에는 적용할 수 없다.

페인팅은 후가공의 대표적인 방법으로, 필라멘트 소재 자체로 색을 결정하는 방법이 있지만, 출력 후 페인트를 도포하는 경우도 가끔 있다. 페인트를 도포하기 위해서는 표면을 깨끗하게 정리해야 하므로 샌딩 또는 퍼티 작업이 필요한 경우가 많은데, 이를 위해서도 ABS가 적합하다.

부품의 디자인에서 후가공을 고려해야 한다는 것은 부품을 출력한 후 후가공을 하지 않고 바로 사용할 수 있도록 디자인해야 한다는 것을 의미한다. 적절한 부품의 분리와 결합 출력 등을 고려해 가능한 한 후가공을 하지 않아도 되도록 디자인하는 것이 최선의 방법이다.

06 조립성

일반적으로 제품은 여러 개의 부품이 조립돼 완성된다. 예를 들어 스마트폰 케이스, 책갈피, 옷걸이 등과 같이 1개의 부품으로 이뤄진 제품이 아니라면 여러 개의 부품이 조립되고 분해되는 방법은 제품의 품질에 큰 영향을 미치는 요소이다.

┃ 보스 구조

부품을 조립하는 데는 여러 가지 방법이 있는데, 제품의 요구 조건에 따라 적절한 조립 방식을 선택한다. 플라스틱 부품의 결합에 가장 일반적으로 사용하는 방법은 직결 나사와 보스 구조의 결합이다. 단, 3D프린팅 출력물의 보스 구조는 사출 부품의 보스 구조보다 기계적 강도가 약하므로 벽 두께를 상대적으로 더 크게 하고 에지 부분에 필렛 등의 보완이 필요하다.

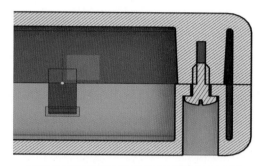

[그림 3-9] 사출 부품보다 큰 벽 두께가 적용된 보스 결합 구조

┃ 스냅핏 구조

플라스틱 부품의 결합에서 가장 많이 사용하는 방법 중 다른 하나는 '스냅핏 구조'이다. 스냅핏 구조는 별도의 공구와 재료 없이 부품 자체로 결합하는 가장 간편하고 저렴한 결합 방법이다. 보스 구조를 적용할 공간이 없는 경우, 빠르고 간단한 방법으로 결합시키고자 하는 경우에 적합하다. 그러나 개인용 3D프린터로 출력한 부품의 스냅핏 구조물은 기계적 강도가 약해 쉽게 부러지는 경향이 있으므로 반복적으로 사용하는 곳에는 적용하기 힘들다. 만약, 반복적으로 케이스를 열고 닫아야 하는 구조이고 3D프린팅으로 출력해야 하는 부품이라면 스냅핏 구조보다 보스 구조를 적용하는 것을 우선적으로 검토해야 한다. 다만, 공간 등과 같은 문제로 보스 구조를 적용하기 힘든 경우에만 제한적으로 적용해야 한다.

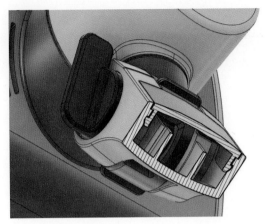

[그림 3-10] 스냅핏 구조가 적용된 부품 디자인 사례

결합 출력

부품의 모델링 과정에서 몇 개의 부품이 결합된 상태로 출력될 수 있는지도 고려하는 것이 좋다. 3D프린팅의 장점을 충분히 살려 결합된 상태로 출력할 수 있다면 조립 시간과 조립 오차를 줄일 수 있기 때문이다.

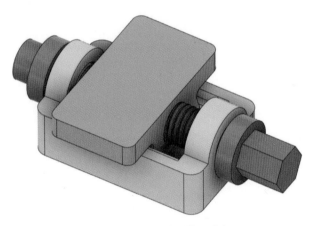

[그림 3-11] 결합 출력을 위한 모델링

부품의 치수 오차와 수정을 고려한 모델링

출력된 부품은 치수가 정밀하지 않으므로 조립이 잘 안 될 경우가 있다. 이때 후가공으로 부품의 치수를 수정하는 경우가 있는데, 부품의 모델링에서 이러한 수정을 염두에 두고 모델링을 할 수 있다. 즉, 후가공으로 수정하기 쉬운 방향으로 모델링을 전개하는 것이 좋다.

후가공에서 쉽게 할 수 있는 방법은 부품을 깎거나 갈아 내는 방법이다. 즉, 부품의 치수가 크기 때문에 줄이는 것이 상대적으로 쉽다. 그러나 이와 반대의 경우에는 거의 불가능하다. 따라서 부품을 모델링할 때 출력 후 치수 오차 때문에 조립이 되지 않을 경우를 감안한다면 원래의 치수보다 약간 크게 해 두는 것이 유리하다. 크면 갈아 내거나 깎아 내 치수를 맞출 수 있기 때문이다.

사출 금형을 설계할 때도 이와 비슷한 방법을 사용한다. 사출된 제품의 치수를 정확하게 결정하기 어려운 경우, 금형 수정을 통해 치수를 결정하는 것을 염두에 두고 금형을 수정하기 쉬운 방향으로 치수를 설정한다. 사출 후의 부품의 치수를 키우기 위해서는 금형에서 깎아 내야 한다. 이는 금형에서 용접으로 덧붙이는 것보다 훨씬 간단한 방법이다. 즉, 사출된 부품의 치수는 줄이는 것보다 늘리는 것이 쉽다. 3D프린팅 출력물과는 반대이다.

[그림 3-12]에서 왼쪽은 3D프린팅 출력물, 오른쪽은 사출 금형(노란색)과 그 부품(빨간색)이라고 할 경우, 왼쪽의 3D프린팅 출력물은 출력 후에는 깎아 내기 쉽고 오른쪽의 빨간색 부품은 금형 수정 시 부품을 늘리기(금형을 깎아 내기)가 쉽다는 것을 알 수 있다. 따라서 부품 모델링 시 정확한 치수를 결정하기 어려울 때는 조금 크게 해 두는 것이 출력 후 수정하기 쉽다.

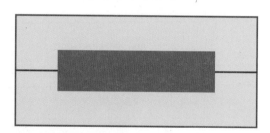

[그림 3-12] 3D프린팅 출력물과 사출 부품의 수정 용이성 비교

부품이 출력된 후 정확하게 조립된다면 좋겠지만, 위 경우와 같이 조립 시의 수정이 필요한 상황을 고려해 출력된 부품을 수정하기 쉬운 쪽으로 모델링하는 요령이 필요하다.

03 재료의 선택 방법

필라멘트는 부품 디자인을 하기 전에 결정해야 한다. 필라멘트의 종류에 따라 모델링 자체를 다르게 해야 할 경우도 있으므로 가능한 한 재료를 먼저 선택하는 것이 좋다. 재료를 선택할 때 고려해야 할 요소들은 많은데, 각 재료의 특징은 '필라멘트' 편을 참조하기 바란다. 일반적으로 다음과 같은 순서대로 각 항목별 질문을 고려하면서 재료를 선택한다.

01 재료 선택을 위한 고려 순서

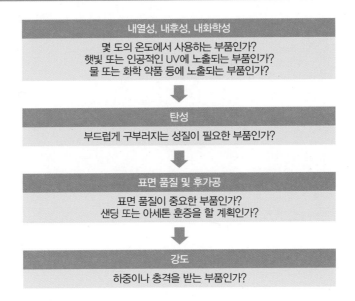

내열성, 내후성, 내화학성

부품을 디자인하기 전 가장 먼저 고려해야 할 요소는 '이 부품이 몇 ℃의 온도 환경에서 사용되는가?'이다. PLA는 약 60℃ 정도이면 변형되므로 60℃ 이상의 온도에서 장시간 노출되는 부품은 ABS, 100℃ 이상의 온도에서 사용하는 부품은 PC를 사용해야 한다.

그다음으로 고려해야 할 요소는 UV이다. 햇빛에 오래 노출되거나 UV에 노출되는 부품은 ASA를 사용하는 것이 좋다. ASA는 ABS와 유사하지만, UV에 대한 저항성을 지니고 있다. 이를 바꿔 말하면 UV에 노출되는 곳에 ABS를 사용하는 것은 좋지 않다.

그다음으로 고려해야 할 요소는 특정 물질에 자주 노출되는지를 살펴보는 것이다. 만약, 부품이 물에 자주 노출된다면 PP, PA, CF15와 같은 재료를 사용하는 것이 좋다. 이 재료들은 내부식성이 있다. 다만, 쉽게 구할 수 있는 재료는 아니다. 만약, 화학 물질에 노출될 가능성이 있다면 PLA를 사용하지 않고 ABS를 사용한다. 특정 화학 물질에 대한 저항성을 정확하게 알고 싶으면 프루 사에서 제공하는 필라멘트 재료별 물성 가이드 표를 참조하기 바란다(https://prusament.com/chemical-resistance-of-3d-printing-materials).

이 자료에 따르면, 75%의 이소프로필알콜에 대한 저항성은 PLA가 C등급, ABS가 B등급, PA와 PP가 A등급으로, PA, PP가 저항성이 가장 크다는 것을 알 수 있다. PLA는 대부분의 화학 약품에 가장 약한 저항성을 지닌 재료이고 ABS는 산(Acid)에 강한 경향이 있다.

출력된 부품이 아닌 필라멘트의 경우, PLA, ASA, TPU 등은 공기 중의 수분을 흡수하는 성질이 있으므로 보관에 주의해야 한다. 특히, ASA는 공기 중에 노출되자마자 바로 수분을 흡수하므로 건조한 장소에 별도로 보관해야 한다.

[그림 3-13] 다양한 필라멘트

▌탄성

부품이 부드럽게 구부러지기 위해서는 TPU, TPE와 같은 재료를 사용해야 한다. 부드러움의 정도는 쇼어 경도로 표시되는데, 부품에서 필요한 탄성의 정도에 따라 적절한 쇼어 경도를 선택한다. 쇼어 경도에 관련된 좀 더 자세한 내용은 '필라멘트' 편을 참조하기 바란다.

▌표면 품질 및 후가공

출력된 부품의 표면 정밀도를 높이기 위해 샌딩하거나 아세톤 훈증을 할 수 있는데, 이 과정을 할 계획이라면 PLA는 어렵고 ABS만 가능하다. 따라서 부품의 표면 정밀도를 후가공을 통해 높이려면 ABS를 선택해야 한다. 매끈한 표면을 가진 캐릭터를 여러 개 만들기 위한 금형용 마스터 출력물은 아세톤 훈증을 해야 하므로 ABS를 이용해야 한다. 아세톤 훈증에 관련된 좀 더 자세한 내용은 '후가공' 편을 참조하기 바란다.

FDM 프린터의 출력물은 대체로 ABS의 출력물이 PLA 출력물보다 표면이 좀 더 매끄러운 경향이 있는데, 프린터마다, 필라멘트 제조사마다 달라지기도 한다.

▌강도

[그림 3-14] 힘을 받는 부품인 볼트와 너트 출력물

출력된 부품이 지속적인 스트레스를 받거나 충격을 받을 가능성이 있으면 ABS보다 PLA를 선택해야 한다. PLA로 부족할 경우, 탄소섬유로 강화된 CF15와 같은 특수 재료를 사용할 수 있지만, 개인용 프린터에서는 여러 여건상 적합하지 않다. ABS보다 굽힘에 강하고 충격에도 강한 재료는 PC인데, 출력 난이도가 높으므로 추천하지는 않는다. 따라서 PC보다 나일론 계열의 PA 재료를 선택하는 것이 유리하다.

04장

조립품의 디자인 가이드라인

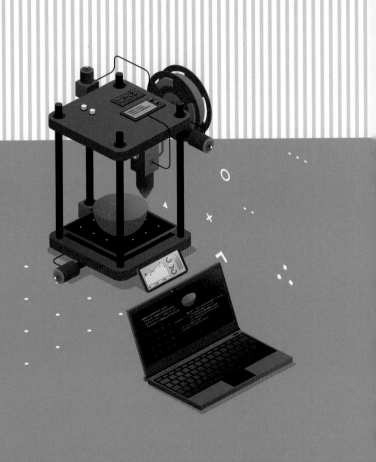

01

부품 결합의 기본 지식

01 치수

[그림 4-1] 레고 블록

레고 블록을 서로 끼우면 한쪽에 다른 한쪽이 적절하게 잘 결합된다. 이는 서로 잘 끼워지도록 만들어졌기 때문이다. 레고 블록의 구멍(Hole) 쪽의 지름이 Ø30.0이고 구멍에 결합되는 축(Shaft)의 지름이 Ø29.9이면 잘 끼워진다. 만약, 서로의 치수가 반대라면 잘 끼워지지 않는다. 따라서 구멍의 치수는 항상 Ø30, 축의 치수는 Ø29.9가 돼야 한다.

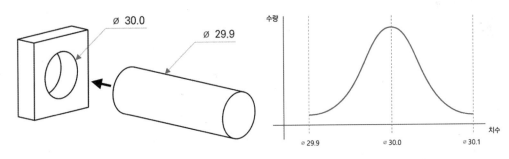

[그림 4-2] 축과 구멍의 끼움 치수   [그림 4-3] 가공 부품 치수의 분포

그러나 부품을 만들 때 이론적으로 정확한 치수를 만들어 내는 것은 불가능하다. 구멍의 치수를 Ø30.0로 지정한 후 100개의 부품을 만들면 어떤 때는 Ø30.1이 됐다가 어떤 때는 Ø29.9가 된다. [그림 4-2], [그림 4-3]과 같이 실제로 만들어진 부품의 치수를 측정해 보면 모두 같은 것이 아니라 일정 오차 범위 안에 있다는 것을 알 수 있다.

02 치수공차

이와 같이 부품의 크기가 Ø30.0로 표기되고 그렇게 만들려고 해도 실제 부품의 치수는 Ø29.9~30.1의 범위 내에 있게 된다. 구멍과 축의 치수가 모두 Ø30이라고 가정할 때 여러 개의 동일 부품 중 축이 구멍보다 크면 서로 끼워지지 않게 된다. 따라서 축 부품의 치수 허용 범위를 Ø29.9에서 Ø30.0까지 지정하고 구멍의 치수를 Ø30.1에서 Ø30.2 이내의 허용 범위로 지정하면 최소한 축이 구멍에 끼워지지 않는 경우는 막을 수 있다.

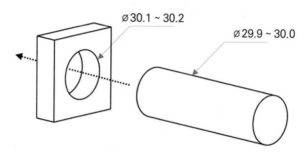

Ø30.1 ~ 30.2

Ø29.9 ~ 30.0

[그림 4-4] 축과 구멍이 잘 결합되기 위한 적절한 치수

축의 지름이 Ø29.9~30.1의 범위 안에서 측정된다는 것은 그만큼의 정밀도를 가지고 그것이 가능한 공작 기계로 가공했다는 의미이다. 그런데 Ø29.99~30.01 사이의 오차가 발생하도록 더욱 정밀한 공작 기계를 사용하고 정밀도를 높이는 데는 비용과 시간이 많이 필요하다. 따라서 부품의 기능과 필요에 따라 가공오차를 적절하게 관리하는 것이 필요해졌다. 특별히 정밀도가 높지 않아도 되는 부품을 필요 이상으로 정밀하게 가공하거나 제작할 이유는 없다. 반면, 높은 치수 정밀도가 요구되는 부품은 정밀하게 제작해야 한다. 이런 관점에서 부품의 치수에 대한 적절한 공차 관리는 모델링 단계에서 가장 중요한 작업 중의 하나이다.

이와 같이 부품의 가공(제작) 허용 오차를 '치수공차(Tolerance of Dimension)'라고 한다. 간단히 '공차'라고 부르기도 한다. 치수공차에 자세한 내용은 ISO1011-2007 또는 ASME Y14.5의 국제 표준을 참고하기 바란다.

03 기하공차

치수 오차와 같이 길이나 크기 자체의 오차 외에도 진직도(Straightness), 평면도(Flatness), 진원도(Roundness), 직각도(Perpendicularity), 평행도(Parallelism) 등과 같이 부품의 형상에 오차가 발생하는 경우도 있다. 이를 '기하공차(Geometrical Tolerance)'라고 한다. 그런데 일반적인 3D프린팅 모델링에서는 기하공차까지 감안하기는 어려우므로 치수공차에 집중하기로 한다.

다만, 치수뿐만 아니라 형상에서도 오차가 발생한다는 사실은 염두에 둬야 한다. 부품에서 직각이 직각이 아니고 평면이 평면이 아닐 가능성이 항상 있다. 특히, 3D프린팅 부품은 휨과 같은 변형이 종종 발생한다.

[그림 4-5] 출력물의 휨 발생

04 개인용 3D프린터에서의 치수공차

개인용 프린터는 산업용 프린터와 달리, 치수 오차가 크게 발생한다. 출력 비용과 편의성 등을 고려해야 할 때 항상 산업용 프린터를 이용할 수는 없으므로 출력 비용과 출력물의 정밀도는 항상 트레이드 오프(Trade-off)의 대상이다.

[그림 4-6] 스트라타시스 사의 J55 prime 프린터와 그 출력물

따라서 개인용 프린터에서 치수 오차를 고려하는 방법을 이해하는 것이 필요하다. 대부분의 제품은 2개 이상의 부품이 조립돼 구성한다. 따라서 모델링 과정에서 치수공차를 고려한 부품의 설계와 조립 방법이 고안해야 한다. 만약, 장식용 캐릭터 인형을 100mm 정도의 높이로 출력한다고 가정했을 때는 약간의 오차가 별 문제가 안 될 수 있지만, 2개 이상의 부품이 서로 결합돼 하나의 완성된 제품이 될 때는 치수의 오차가 조립의 품질을 결정하는 중요한 요소가 된다. 특히, 3D프린팅 부품은 치수 오차뿐만 아니라 형태가 비틀어지는 형상 오차도 빈번하게 발생하므로 조립품에서의 공차 관리는 매우 중요하다.

02 3D프린팅에서 치수 오차를 고려하는 방법

01 공차를 고려한 설계

부품을 만들고자 하는 사람은 부품이 지정된 치수대로 정확하게 제작되지 않을 수 있다는 사실을 항상 염두에 둬야 한다. 앞에서 예로 든 축, 구멍과 같은 금속의 가공뿐만 아니라 플라스틱 성형품도 이와 마찬가지이다. 플라스틱 성형품은 금형의 기계 가공 오차, 성형 후의 수축 및 변형에 따라 일반적으로 절삭 가공 제품보다 더 큰 오차가 발생한다. 3D프린팅의 경우, 프린터의 종류와 정밀도에 따라 다르기는 하지만, 금속 가공과 플라스틱 금형에서 만들어지는 부품보다 훨씬 공차가 크게 발생한다.

기계 가공 부품의 경우, 공작 기계의 정밀도와 작업 정밀도에 따라 부품의 정밀도가 결정되고 플라스틱 성형품은 금형의 가공 정밀도와 플라스틱 재료의 종류와 사출 조건 등에 따라 정밀도가 결정된다. 3D프린팅 출력물의 치수 정밀도는 일반적으로 3D프린터의 기계적 정밀도와 재료의 특성에 따라 결정된다. 산업용 프린터는 개인용 프린터와 달리, 출력 방식, 사용 재료, 기계적 정밀도 등의 차이에 따른 출력물의 치수 오차가 현저하게 작다.

개인용 3D프린터 출력물의 치수 오차를 해결하는 방법은 크게 2가지이다.

▌ 높은 정밀도 출력

개인용 프린터에서 높은 정밀도로 출력하는 대표적인 방법은 레이어의 높이를 줄이고 출력 속도를 늦추는 것이다. 그러나 이 방법은 가장 기본적이긴 하지만, 프린터의 종류와 특성에 많은 영향을 받는다. 프린터의 종류에 따라 정밀도가 차이 나는 것은 프린터의 기계적 안정성, 베드와 챔버의 열 관리, 노즐과 베드의 레벨링 정밀도 등에 의해 영향을 받기 때문이다.

▌ 치수공차를 충분히 고려한 형상과 구조의 모델링

그다음으로 할 수 있는 것은 출력하고자 하는 부품의 설계 과정에서 치수와 형상의 오차를 미리 예측해 모델링하는 것이다. 이를 위해서는 자신이 사용하는 FDM 방식 3D프린터의 출력 정밀도와 실제 출력 부품의 오차를 충분히 파악하고 있는 것이 필요하다.

또한 다양한 부품 간 결합 방식에서 어느 정도의 공차를 고려하면서 모델링해야 하는지에 대한 경험이 필요하다. 다음 장부터 이러한 내용을 구체적으로 다룬다.

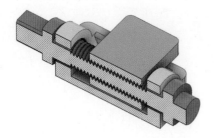

[그림 4-7] 축, 구멍, 볼트, 너트 부분의 치수공차를 적용

[그림 4-8] 스냅핏, 힌지의 치수공차

02 조립공차의 고려

치수공차와 기하공차는 부품 1개에서 나타날 수 있는 부품의 길이, 크기, 형상에 대한 것들이다. 부품이 2개 이상 조립되면 여러 개의 부품이 가진 오차가 합해져 더 큰 오차가 발생할 수 있다. [그림 4-9]에서 a, b 부품이 c에 결합되는 경우를 생각해 보자.

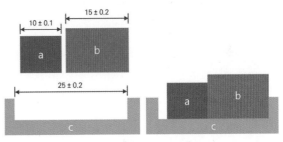

[그림 4-9] 부품의 조립 시 누적된 공차 예

[그림 4-9]의 왼쪽과 같은 상태라면 a와 b가 항상 c에 결합될까? 어떤 경우에는 들어가고 어떤 경우에는 들어가지 않게 된다. a의 치수는 9.9~10.1, b의 치수는 14.8~15.2에 있게 되므로 a+b의 값은 최소 24.9에서 최대 25.3에 있게 된다. 그런데 c의 치수는 24.8~25.2에 있게 되므로 a+b의 값이 25.3일 때는 조립이 되지 않는 경우가 발생하는 것이다.

이와 같이 조립공차는 각각의 부품의 치수공차들이 합해져 영향을 미친다. 결합되는 부품의 개수가 많아질수록 공차는 누적된다.

다음과 같은 경우를 살펴보자. 여러분이 다음 2개의 부품을 모델링한다고 가정할 때 x의 치수는 얼마로 하는 것이 적당할까?

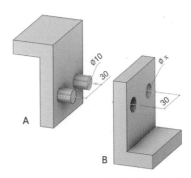

[그림 4-10] 조립공차를 적용한 치수 적용 예

공차의 중요성

공차는 오차를 고려해 도면상에 표기하고 관리해야 하는 치수이다. 실제로 모델링할 때는 기준 치수를 입력해 모델링한다.

[그림 4-10]에서 A가 B에 잘 결합되기 위해서는 x의 값은 얼마가 돼야 할까? 앞에서 이야기한 치수공차를 고려하면 x의 값은 10.2 정도가 적당하다고 할 수 있다. 그런데 여기서 고려해야 할 것이 하나 더 있다. A와 B에서 30이라고 설정한 치수도 3D프린팅에서는 오차가 발생할 수 있다. 따라서 축 1개에 구멍 하나에 끼워질 때와 [그림 4-10]처럼 축 2개가 구멍 2개에 동시에 끼워지는 상황에서는 더 많은 오차가 발생할 수 있는 것이다. 따라서 B의 구멍 Øx 치수는 10.2보다 10.5 정도로 허용 오차를 더 고려하는 것이 바람직하다.

치수공차와 조립공차는 부품이 얼마나 정밀하게 만들어질 수 있는지에 따라 달라진다. 따라서 3D프린팅 모델링에서 공차의 적용은 사용하고자 하는 프린터의 종류와 특성에 의해 결정된다. 이는 곧 시간과 비용의 문제로 연결된다. 따라서 조립품을 설계하는 경우, 공차에 따라 조립의 어려움을 예상하고 모델링해야 하며 몇 번의 시행착오가 발생할 수 있다는 것을 알아야 한다.

중복 제한 조건

조립공차에서 특히 유의해야 할 점은 중복 제한 조건이다.

[그림 4-11]과 같이 2개의 부품이 결합된 제품이 있다고 가정해 보자. 여기서는 정밀한 결합 구조는 생각하지 않고 두 부품이 단순 결합된다고 가정하고 다음 문제점을 예상해 보자. [그림 4-11]의 왼쪽에서 A, B는 a, b, c에 서로 닿게 된다. 치수 오차에 따라 a가 먼저 닿을 수도 있고 b나 c가 먼저 닿을 수도 있다. 그런데 두 부품이 결합됐을 때 a 부분이 반드시 밀착되게 하고 싶을 때는 [그림 4-11]의 왼쪽처럼 설계(모델링)하면 안 된다.

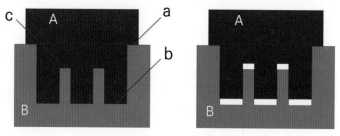

[그림 4-11] 제한 조건이 중복된 경우(왼쪽)와 제한 조건이 적절하게 적용된 경우(오른쪽)

서로의 치수를 일치하게 할 경우, 아마도 a 부분에 간격(틈)이 생길 가능성이 높다. 이 경우, [그림 4-11]의 오른쪽과 같은 방법으로 문제를 해결할 수 있다. 즉, 제약 조건이 중복되지 않도록 하는 것이다. a 부분이 맞닿는 것이 제약 조건이라면 다른 부분은 제약이 되지 않도록 일정한 간격을 두는 것이다. b와 c 부분을 띄워 두면 a가 닿을 때까지 A, B는 밀착될 것이다. 이러한 경우에는 일반적으로 어떤 제품의 하우징을 모델링할 때 종종 발생한다.

하우징은 보통 상, 하로 구분되고 상, 하가 서로 보스 구조와 나사로 결합되는데, 상부 하우징(Upper Part)의 보스와 하부 하우징(Lower Part)의 보스 면이 닿게 되는 제약 조건 하나와 케이스의 면끼리 닿는 제약 조건이 중복되면 어느 한쪽이 먼저 닿게 되고 나머지 부분은 뜨거나 눌려져 휘어지게 될 수 있는 가능성이 있다. 이런 경우, 일반적으로 보스의 면은 반드시 서로 붙어야 하므로 제약 조건으로 두고 케이스의 면들은 떨어지게 한다.

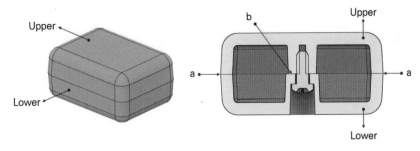

[그림 4-12] 하우징 설계에서 Upper와 Lower 부품이 서로 조립될 때 보스와 파팅 라인의 상관관계

금형으로 만들어지는 보통의 플라스틱 부품들은 3D프린팅 부품보다 훨씬 정밀도가 높으므로 이 간격을 매우 작게 조절할 수 있다. 그러나 3D프린팅 부품은 치수 오차에 따라 이 간격을 크게 해야 할 경우가 있다. 대체로 다음과 같은 구조로 많이 모델링한다.

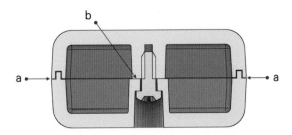

[그림 4-13] 일반적인 보스 설계 시의 갭 적용 방법

즉, b는 서로 닿도록 모델링하고 a 부분은 약간의 갭을 둠으로써 중복 제한 조건을 없앤다. 만약, b 부분의 갭이 있으면 나사를 조이면서 b 부분의 상하 부품이 붙으려고 하기 때문에 서로 닿아 있는 a 부분이 계속 눌려져 전체 케이스가 휠 수 있다. 만약, a 부분의 갭이 보이지 않고 꼭 붙게

하고 싶으면 어떻게 해야 할까? [그림 4-13]과 같이 a 부분에 요철 구조를 적용해 갭은 보이지만, 내부가 보이지 않도록 하는 방법이 있다. 만약 a 부분에 갭이 없도록 하려면 b 부분에 약간의 갭을 주어 b 부분이 닿을 때 a 부분도 닿게 할 수 있지만, 적절한 간격을 찾기 위한 시행착오가 필요할 것이다. 이 구조에서 b 부분은 기능상, a 부분은 외형상, 기능상 모두 영향을 미치는 부분이다.

지금까지 3D프린팅 부품의 모델링에서 공차를 고려하는 방법을 살펴봤다. 요약하면 모델링 시 다음과 같은 내용을 항상 고려해야 한다.

03 요약

- 일반적으로 부품은 모델링 치수대로 만들어지지 않는다. 모델링상의 치수보다 크거나 작을 수 있다는 점을 항상 염두에 둬야 한다. 특히, 개인용 3D프린터 출력물의 치수는 오차가 크다.
- 부품의 기능상 정밀할 필요가 없는 부분의 공차는 정밀하게 관리하지 않는다. 반면 축과 구멍의 결합, 서로 결합되는 하우징 구조 등 공차의 고려가 반드시 필요한 부품의 경우 치수공차, 기하공차, 조립공차를 모두 고려해야 한다.
- 결합되는 부품의 개수가 많아질수록 각각의 오차가 누적된다. 따라서 더욱 큰 공차를 적용해 모델링해야 한다.
- 중복 제한 조건을 이해하고 적절하게 적용하는 것이 좋다.

치수공차

치수공차와 끼워맞춤은 KS B 0401(관련 규격: ISO 286-1, 286-2)에 규정돼 있으며 기준 치수가 3150mm 이하 형체(공차의 대상이 되는 기계 부품의 부분)의 치수공차 방식 및 끼워맞춤 방식에 대해 규정하고 있다. 이 규격은 원통 형체를 대상으로 설명하고 있지만, 다른 형태의 형체에도 이와 동일한 원리를 적용할 수 있다. 단, 금속의 형체에 대한 적용이므로 플라스틱 부품에 그대로 적용하는 데는 한계가 있다. 플라스틱 부품은 일반적으로 끼워맞춤을 하지 않는 것이 좋다.

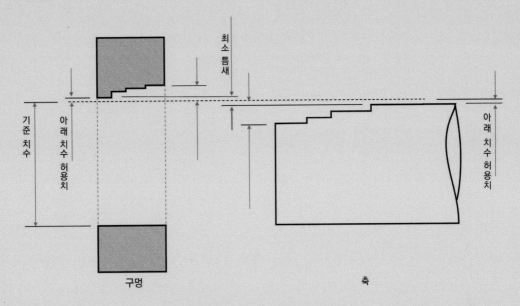

[그림 4-14] 끼워맞춤이 가능한 축과 구멍의 치수공차

끼워맞춤 결합의 종류는 [표 4-1]에 나와 있다. 서로 결합되는 곳의 요구 기능에 따라 적절한 끼워맞춤의 종류를 선택할 수 있다. 3D프린팅 부품에서는 때려박음, 열박음은 하지 않는다.

[표 4-1] 끼워맞춤 결합의 종류

대분류	상세 분류	끼워맞춤 결합의 특징	부품 상호간의 상대 운동	사용 예
헐거운 끼워맞춤	보통급	자유 상태에서 아무런 힘을 가하지 않아도 끼워 맞춰진 부품들이 서로 분해될 수 있다. 약간의 열 변형이 있더라도 부품들 사이에 적당한 틈이 확보된다.	상대 운동 가능	엔진 피스톤과 실린더
	회전 틈새	적당한 틈으로 윤활제가 작용해 2개의 부품이 서로 상대적인 회전이나 직선 운동을 하며 약간의 힘으로 분해할 수 있다.		시계의 시침과 분침의 축 사이, 회전축과 부싱 사이, 스플라인 축과 기어 사이, 샤프 연필심과 입구의 안지름
	정밀급	손으로 위치 정렬을 한 후 힘을 주어 밀어 넣어 조립한다. 부품의 정렬이 안 돼 있으면 손으로 조립할 수 없다. 자유 상태에서 어느 정도 이상의 강한 힘을 줘야 서로 분해된다.	상대 운동 불가능	레고 블록, 베어링의 내륜과 회전축 사이, 키와 키 홈 사이
중간 끼워맞춤	때려박음	망치나 프레스와 같은 공구를 사용해 조립 후 분해가 불가능할 정도로 강한 힘으로 결합한다.		핀을 핀 구멍에 해머로 내리쳐 박아 넣는 결합
억지 끼워맞춤	열박음	부품을 가열한 후 조립을 해야 하며 분해는 영구적으로 불가능하다.		모터의 회전축과 로터의 영구적 결합

기하공차

기하공차는 치수공차로는 나타낼 수 없는 형체의 모양, 자세, 위치, 흔들림 등을 표시하기 위한 지표를 말한다. 치수를 만족하더라도 수직, 평행과 같은 형상의 공차를 만족하지 않을 수 있으므로 필요한 경우 기하공차까지 기입해 관리한다. 기하공차는 ASME Y14.6M-1994의 표준을 주로 사용한다.

데이텀

기하공차를 통해 부품의 자세, 위치, 흔들림 등을 정하기 위해서는 이상적인 기준점이 필요하다. 위치가 어긋나거나 흔들릴 때 정상일 때의 이상적인 기준점이 있어야 그 양을 표시할 수 있기 때문이다. 이런 기준이 되는 점, 직선, 평면 등을 데이텀(Datum)이라고 한다.

기하공차를 표기하는 방법은 [그림 4-15], 그 종류는 [표 4-2]와 같다.

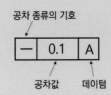
공차 종류의 기호

공차값 데이텀

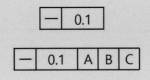
데이텀이 1개가 아닌 경우

하나의 형체에 다양한
기하공차가 적용되는 경우

[그림 4-15] 기하공차를 표기하는 방법

[표 4-2] 기하공차 표기 종류

공차	이름	의미	기호	데이텀 필요성
모양	진직도	이상적인 기하학적 직선에서 어긋난 크기(곧은 정도)	—	No
	평면도	이상적인 기하학적 평면에서 어긋난 크기(요철 정도)	▱	No
	진원도	이상적인 기하학적 원에서 어긋난 크기(둥근 정도)	○	No
	원통도	이상적인 기하학적 원통에서 어긋난 크기(둥글고 곧은 정도)	⌀	No
	선의 윤곽도	부품의 윤곽선이 디자인된 곡면에서 어긋난 크기	⌒	No
	면의 윤곽도	부품의 곡면(표면)이 디자인된 곡면에서 어긋난 크기(곡면 전체를 지정)	⌓	No
자세	평행도	형체가 데이텀에 대해 평행인 기하학적 형체로부터 어긋난 크기	//	Yes
	직각도	형체가 데이텀에 대해 직각인 기하학적 형체로부터 어긋난 크기	⊥	Yes
	경사도	형체가 데이텀에 대해 정확한 각도를 갖는 기하학적 형체로부터 어긋난 크기	∠	Yes
위치	위치도	형체가 데이텀에 대해 이론적으로 정확한 위치로부터 어긋난 크기	⊕	Yes
	동축(심)도	데이텀 축 직선과 동일 직선 위에 있어야 할 원통의 축 직선이 데이텀 축 직선으로부터 어긋난 크기	◎	Yes
	대칭도	데이텀 중심선 또는 데이텀 중심 평면에 대해 서로 대칭이어야 할 형체가 대칭 위치로부터 벗어난 크기	⌯	Yes
	선의 윤곽도	모양 공차에서와 동일(위치를 나타낼 때는 데이텀 필요)	⌒	Yes
	면의 윤곽도	모양 공차에서와 동일(위치를 나타낼 때는 데이텀 필요)	⌓	Yes
흔들림	원주 흔들림	데이텀 축 직선을 회전시켰을 때 형체 단면의 표면이 지정된 방향으로 변위하는 크기	↗	Yes
	전체 흔들림	데이텀 축 직선이 회전할 때 원통 또는 수직인 원형 평면이 지정된 방향으로 변위하는 크기	↗↗	Yes

03 부품을 결합하기 위한 전제 조건

다양한 제품에 사용하는 2개 이상의 부품의 결합 방법은 3D프린팅뿐만 아니라 금형에서 사출된 플라스틱 부품, 기계 가공된 금속 부품, 프레스 금형을 통해 만들어진 금속 부품 등 여러 곳에서 활용된다. 여기서는 그 중 3D프린팅에 응용할 수 있는 몇 가지 방법을 소개한다. 그런데 모든 결합 방법은 궁극적으로 부품과 부품을 안정적으로 결합하기 위한 목적이 있다. 결합 방법을 적용하기 전에 다음과 같은 기본 목적을 달성할 수 있도록 하는 것이 중요하다.

█ 조립된 제품은 견고해야 한다

- 제품은 사용하면서 조립이 분리되거나 파손돼서는 안 된다. 오랜 시간이 지나도 원래의 기능이 안정적으로 작동해야 한다.
- 모든 부품은 조립 후에 안정적으로 고정돼 있어야 하며 조립 후 원래의 의도된 기능이 잘 수행해야 한다.
- 조립 후 제품에서 흔들거리는 소음이 발생하면 안 된다. 이것은 조립이 완전하지 않다는 의미이며 시간이 지나면 제품이 파손될 것이라는 점을 알려 주는 것이다.
- 제품의 사용 중 분리가 종종 필요한 부품일 경우, 분리와 결합의 내구성이 보장되는지 유의해야 한다. 사용자가 몇 번 분리하고 조립했는데, 파손되거나 기능이 저하되면 안 된다. 예를 들어 건전지 교체 커버를 몇 번 사용하고 결합 부분이 파손되면 안 된다.

█ 일반적인 사용상의 충격에 견뎌야 한다

- 제품의 사용 과정에서 나타나는 일반적인 흔들림, 진동, 충격 등에 대해 내구성을 가져야 한다. 보통 3D프린팅으로 만드는 부품 또는 제품에는 큰 내구성이 요구되지 않는다. 그러나 부품 설계의 오류로 내구성을 떨어뜨리는 결합 방법은 사용하지 말아야 한다.
- 3D프린팅 부품을 모델링하면서 이 부품들이 다양한 조건에서 오랜 시간 동안 안정적으로 결합돼 유지될 수 있을 것인지를 고민해야 한다.

조립 과정이 쉬워야 한다

- 부품의 조립은 적절한 힘의 사용으로 가능해야 하며 필요한 툴(드라이버 등)을 사용하는 데 지장이 없어야 한다.
- 부품들을 결합하는 데 특수한 공구나 장비가 필요하다면 조립의 비용이 증가하고 난이도가 높아진다. 가능한 한 일반적인 공구로 조립할 수 있는 것이 좋다.
- 특히 3D프린팅 출력물은 대량 생산의 용도가 아니므로 드라이버와 같이 주변에서 쉽게 구할 수 있는 도구로 조립할 수 있는 것이 좋다. 공구 없이 손으로 조립할 수 있으면 가장 이상적이긴 하지만, 반드시 그래야만 하는 것은 아니다.

현재 대부분의 3D프린팅 수요는 프로토타이핑 부분에서 발생하고 있다. 소비자에게 판매되는 최종 제품보다 제품 개발 단계에서 시제품을 만들어 확인하는 단계에서 적은 비용으로 즉시 활용할 수 있는 곳에 3D프린터가 이용되고 있다. 3D프린팅 부품은 일반적인 사출 부품과는 비교할 수 없을 정도로 강도를 비롯한 여러 물리적인 속성이 떨어진다. 쉽게 부러지고 연성도 약하며 최종 제품으로 사용될 수 없는 경우가 많다. 따라서 만들고자 하는 3D프린팅 부품이 실제 제품인지, 시제품인지를 구분하고 그에 맞는 적절한 부품 모델링과 부품들의 결합 방법을 선택해야 한다. 예를 들어, 아직까지 개인용 프린터로 출력한 스냅핏 결합 도구는 내구성이 매우 떨어지므로 판매되는 제품의 결합 방식으로는 사용할 수 없다.

02

부품의 고정 결합 방법

01 직결나사와 보스

부품이 결합돼 조립품으로 구성되는 데는 크게 2가지 방법이 있다. 첫 번째는 조립 후 움직이지 않고 각 부품이 고정돼 있는 경우, 두 번째는 결합 후 이동, 회전 등의 운동을 하는 경우이다. 여기서는 부품을 고정시키는 결합 방법을 살펴본다. 고정 결합 방법 중 가장 대표적인 예로는 나사를 이용한 방법과 스냅핏을 이용하는 방법을 들 수 있다.

01 직결나사와 보스 구조

나사(Screw)는 플라스틱 부품을 결합하는 가장 기본적인 방법이다. 조립과 분해가 가능하며 결합 후 안정적으로 고정된다. 비용이 적게 들고 드라이버 하나로 간단하게 결합과 분리가 가능하다. 볼트와 너트가 암수 한 쌍으로 구성된 2개의 부품인 반면 나사는 직결나사(Taptite Screw)와 보스(Boss) 구조물로 구성된 부품이다. 나사에는 용도에 따라 여러 종류가 있다.

[표 4-3] 나사의 종류

나무용 나사	머신나사	플라스틱용 직결나사	금속용 직결나사	볼트, 너트

직결나사는 나사산의 피치가 일반 머신나사(Machine Screw)보다 굵어 플라스틱 구멍을 파내면서 들어가는 구조를 지니고 있다. 3D프린팅 출력물에도 다른 플라스틱과 마찬가지로 가장 많이 사용하는 고정 결합 방법이다.

[그림 4-16]은 직결나사와 보스의 일반적인 구조를 보여 준다. 나사산의 지름이 Ø3이면 보스의 내측 지름은 Ø2.4이다. 이 경우, 보스의 0.3mm 두께로 나사와 겹치게 되는데, 나사가 처음 보스에 들어가면서 이 부분을 파내게 된다. 나사가 플라스틱을 깎아 내면서 들어가기 때문에 나사산의 피치가 일반 머신나사보다 크게 된 것이다. 보통 보스의 구멍 지름은 나사의 지름의 80% 정도를 적용한다.

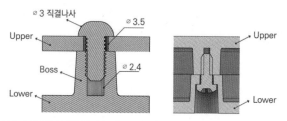

[그림 4-16] 보스 구조에서 부품의 치수 예. 오른쪽은 가장 일반적인 형태의 상·하 체결 구조

02 직결나사의 장단점

▌직결나사의 장점

[그림 4-17] 직결나사와 보스 구조물을 이용한 PCB 체결 방법

너트와 같은 암나사가 필요 없으므로 부품 수가 감소하고 조립이 간단해 시간이 단축된다. 또한 부품들의 조립과 분해를 어느 정도 반복적으로 할 수 있다. 이는 플라스틱 부품에 적용할 수 있는 가장 쉬우면서 안정적인 체결 방법이라고 할 수 있다.

▌직결나사의 단점

플라스틱의 보스 구조물을 나사산이 깎아 나가면서 체결되므로 조립과 분해를 여러 번 할 경우 플라스틱 부분이 마모에 의해 손상된다. 일반적인 사출 플라스틱 부품일 경우, 20회 이내로 사용할 경우에 가능하다. 3D프린팅 부품은 일반 사출품보다 약하므로 프로토타입의 용도일 경우에는 5~10회 이내에서 조립과 분해를 하는 것이 바람직하며 나사를 체결할 때 무리한 힘을 가하지 않고 세밀하게 체결력을 조절해야 한다. 체결 시 무리한 힘을 가하면 보스 구조물이 파손되기도 한다.

03 3D프린팅에서 직결나사 사용 시의 고려사항

• 보스의 벽 두께, 나사 바깥지름의 치수, 보스의 길이 등을 3D프린팅을 고려해 결정한다. 기본적인 원칙은 공간이 허용하는 범위에서 보스를 충분히 두껍게 모델링하는 것이다. 사출 부품에 비해 약하므로 두께로 강도를 보완한다는 생각으로 모델링해야 한다.

- 보스의 안지름은 나사 바깥지름의 80% 정도의 치수로 한다. 예를 들어, 직결나사의 바깥지름이 Ø3이면 보스 안지름은 Ø2.4로 한다.
- 보스의 벽 두께는 프린터에 따라 달라질 수 있고 사용하고자 하는 직결나사의 바깥지름에 따라 달라질 수 있지만, 보통 최소 1mm 이상은 필요하다.
- 나사머리가 누르는 부분은 하중을 강하게 받는 곳이므로 가능한 한 두께를 늘린다. 1.5mm 이상의 두께를 권장한다.
- 보스의 시작 부분에 필렛 또는 챔퍼를 적용해 두께를 보강한다.

나사와 보스의 권장 치수

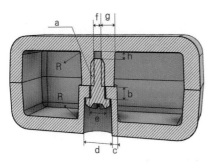

[그림 4-18] 나사와 보스 구조에서 각각의 권장 치수

부품을 설계할 때 나사와 보스의 크기를 결정하는 데 정해진 규칙이 있는 것은 아니지만, 대략 다음과 같은 방법으로 부여한다.

- 3D프린팅 부품이 아주 크지 않을 경우, 일반적으로 직결나사의 크기는 Ø3.5 이하가 적당하다. 나사의 크기는 Ø3.5, Ø3, Ø2.6, Ø2.5, Ø2.4, Ø2 등을 시중에서 쉽게 구할 수 있다. 이 밖에 Ø4, Ø5, Ø6도 있지만, 프린팅 부품에서는 잘 사용하지 않는다.

- 직결나사의 크기가 Ø3이라고 가정하면, f의 지름은 3×80%=Ø2.4 정도가 적당하다. 서로 중첩돼야 처음에 나사가 들어갈 때 맞물려 깎으면서 들어간다.
- g의 크기는 보스의 벽 두께로 3D프린팅한다는 것을 고려해 공간이 있는 경우, 2mm 이상으로 한다. 아무리 공간이 없어도 최소 1mm 이상은 해야 한다.
- h는 나사의 길이가 보스와 간섭을 일으키면 안 되므로 1mm 이상의 간격을 준다. 흔히 나사 길이를 고려하지 않고 보스 길이를 너무 짧게 하면 나사의 꼬리가 먼저 보스 구멍 밑면에 닿게 돼 체결되지 않을 수 있다.
- b는 나사를 돌릴 때 힘을 받는 부분이다. 드라이버로 나사를 돌릴 때 나사머리에 의해 힘을 받는 부분이므로 3D프린팅 부품의 강도를 고려해 최소 2mm 이상으로 한다. 나사가 Ø2 정도로 아주 작을 경우 1mm 정도로 할 수도 있지만, 공간이 허용할 경우 두꺼운 것이 좋다. 단, 나사의 길이에 영향을 미치는 요인이므로 무조건 두껍게 할 수는 없다.
- d의 치수는 당연히 나사머리의 지름보다 최소 0.5 이상 커야 한다. 사용하고자 하는 나사머리의 치수를 미리 알고 있어야 한다.

- c의 치수도 최소 1mm 이상 되는 것을 권장한다. 가능한 2 이상으로 한다.
- e는 나사의 지름 Ø3이 통과해 간섭되지 않는 크기가 해야 한다. 이 경우 Ø3.5 정도가 적당하다. 0.5의 여유는 공차이다. 이 부분의 치수에서 실수가 많으므로 유의해야 한다. 이는 나사가 헐렁하게 빠질 정도의 치수이다.
- 보스가 부러지기 쉬우므로 R 부분의 라운드 값(Round, Fillet, Chamfer 등)을 공간이 허용하는 한 크게 한다.

위 치수의 기본 콘셉트는 3D프린팅 부품의 기계적 강도를 고려해 사출 부품과는 다르게 충분히 두껍게 하는 것이다. 여기에 언급하지 않은 부분의 치수는 부품의 크기, 형상, 구조를 고려해 적절하게 부여한다.

▌나사와 보스의 치수가 잘못 디자인된 경우

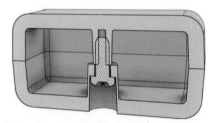

[그림 4-19] c, g가 잘못 설계 된 경우(두께가 너무 작음)

다음은 보스의 치수가 잘못 적용된 예를 설명한다. [그림 4-19]의 경우, 권장 치수 그림에서 c, g가 잘못된 경우이다. 2개 모두 너무 작게 설정돼 있다. 두께는 3D프린팅 출력물의 보스에서 가장 중요하다. [그림 4-19]와 같이 두께를 충분히 줄 수 있는 공간적 여유가 있을 경우, 가능한 한 큰 두께를 부여하는 것이 좋다.

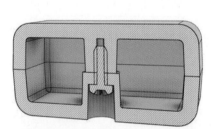

[그림 4-20] e가 잘못된 경우(나사의 지름보다 커야 함)

[그림 4-20]은 권장 치수의 e 가 잘못된 경우이다. e는 나사의 몸통이 빠지는 부분으로 이 부분은 체결에 영향을 미치면 안 된다. 나사를 이용한 체결은 나사머리가 b 부분을 누를 때 발생한다. e가 나사의 치수보다 작으면 나사가 들어가지 않게 된다.

[그림 4-21]에서는 h가 잘못돼 있다. h는 나사가 체결된 후 나사의 끝이 보스 구조물과 간섭을 일으키면 안 된다. [그림 4-21]에서는 나사의 끝이 보스와 닿게 돼 있다. 이 경우, 나사가 끝까지 체결되지 못하고 중간의 보스와 보스의 면이 닿지 않게 된다.

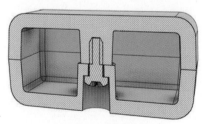

[그림 4-21] h가 잘못된 경우
(나사의 길이보다 보스의 구멍이 깊어야 함)

02 머신나사와 인서트 너트

직결나사의 가장 큰 단점은 여러 번 반복적으로 사용할 때 보스에 만들어진 나사산이 망가져 일정 횟수 이상 사용할 수 없다는 것이다. 결합되는 부품의 요구 기능이 수시로 조립, 분해될 때는 직결나사 대신 머신나사와 인서트 너트(Insert Nut)를 사용할 수 있다.

머신나사(Machine Screw)는 직결나사와 달리, 나사산의 피치가 표준 치수인 작은 나사이며 나사산이 형성돼 있는 너트 형태의 구조물이 별도로 필요하다. 부품의 결합 과정에서 너트를 사용하는 것은 매우 불편하고 번거로운데, 너트를 대신할 수 있는 부품이 인서트 너트이다. 이를 줄여 '인서트'라고 부른다. 너트와 형상과 구조는 비슷한데, 플라스틱 부품의 보스에 결합할 수 있도록 구조가 만들어져 있다. 즉, 보스 원통 기둥 내부에 금속으로 된 너트 1개를 심어 뒀다고 생각하면 된다.

[그림 4-22] 다양한 종류의 인서트 너트 [그림 4-23] 인서트가 삽입된 사출 부품 [그림 4-24]인두를 이용한 인서트 삽입 과정

사출 부품의 경우, 인서트를 금형에 삽입한 채로 부품을 사출하지만, 3D프린팅 부품과 같은 소량의 부품에서는 후가공으로 보스에 삽입한다. 인서트를 출력물에 삽입할 때는 열을 가할 수 있는 인두를 많이 사용한다. 보스의 위쪽에서 아래쪽 방향으로 삽입되므로 나중에 나사 체결 시 강한 토크를 가하면 인서트가 위쪽으로 빠질 수 있으므로 주의해야 한다. 인서트가 절대 빠지면 안 될 경우, 인서트를 삽입하는 방향을 반대 방향으로 바꿀 수 있다. 이 경우, 인서트가 보이지 않도록 별도의 부품으로 막아야 할 경우도 생긴다.

03 볼트와 너트

01 볼트와 너트의 특징

금속의 볼트와 너트는 기계 장비나 어떤 장치의 프로토타입에서 여러 번 조립과 분해를 반복해야 할 때 주로 사용한다. 그러나 플라스틱 부품의 결합에서는 잘 사용하지 않는다. 그 이유는 볼트, 너트를 사용할 만큼 큰 힘을 받는 경우가 소형 플라스틱 제품에서는 드물고 너트를 사용할 때 너트를 고정하기 위한 별도의 도구가 필요하며 체결 과정에서 너트를 놓치기 쉬운 점 등 체결 방식이 매우 불편하기 때문이다.

3D프린팅 부품에서는 직결나사로 대부분 해결되므로 체결 방식이 불편한 볼트, 너트의 사용을 권장하지 않는다. 그러나 빈번하게 조립과 분해를 반복하는 경우, 분해 시 체결 부분이 전혀 손상되면 안 되는 경우에는 부득이하게 볼트와 너트를 사용하기도 한다. 나사 대신 볼트, 너트를 꼭 사용해야 하는 경우에는 다음과 같은 내용을 고려해야 한다.

02 볼트, 너트 사용 시 고려사항

볼트 머리가 부품의 표면 밖으로 튀어나와도 되는지 우선 검토한다. 튀어나오면 안 될 경우 볼트를 체결할 툴이 액세스될 수 있도록 모델링해야 한다.

[그림 4-25] 볼트 머리가 부품 밖으로 튀어나온 경우   [그림 4-26] 너트의 자리가 부품에 미리 마련된 경우

볼트의 머리가 부품 밖으로 돌출된 경우, 심미적인 고려 외에도 다른 부품과 간섭이 없는지 유의해야 한다. 또한 너트가 쉽게 고정될 수 있도록 사용할 너트의 형상의 홈을 부품에 미리 반영하면 별도의 도구 없이 너트를 고정할 수 있다. 이때 너트 주변의 두께는 충분히 확보한다.

일반적으로 볼트의 체결에는 큰 힘이 쉽게 가해지므로 3D프린팅 부품이 파손되지 않도록 적절한 체결력을 줄 수 있도록 주의해야 한다.

04 3D프린팅 볼트와 너트

구입해 사용하는 금속의 볼트와 너트 대신, 직접 플라스틱 부품에 볼트와 너트의 구조를 적용하는 경우가 종종 있다. 2개의 부품을 고정하거나 고정 후 회전하는 용도로 주로 사용한다. 이때 중요한 것은 볼트와 너트의 치수공차이다. 금속의 볼트, 너트는 치수가 정교해 서로의 결합이 매우 부드럽지만, 프린팅 출력물의 볼트, 너트 구조는 출력 오차로 인해 원활한 결합이 쉽지 않아 여러 번 출력하게 되는 경우가 있다. 일반적으로 볼트, 너트 구조를 프린팅 부품에 적용할 때는 다음과 같은 사항을 주의해야 한다.

01 3D프린팅 부품에서 볼트, 너트 구조 적용 시의 고려사항

▌M5 이상의 볼트 사용

사용하고자 하는 프린터가 일반적인 FDM 프린터라면 볼트 부분의 지름은 최소한 M5 이상으로 설계해야 한다. 부품을 디자인할 때 여러 제약 조건 때문에 볼트 부분을 무조건 크게 할 수는 없지만, 기본적으로 프린팅 부품은 강성과 연성이 상대적으로 취약해 나사산이 만들어지는 돌기 부분이 쉽게 부러질 수 있다. 따라서 주어진 여건하에서 나사산이 만들어지는 기둥의 지름은 최대한 크게 하는 것이 좋다.

나사산의 규격은 적용되는 규정에 따라 정해져 있다. [표 4-4]는 ISO에서 규정하는 금속 나사산의 피치 규격이다.

[표 4-4] ISO에서 규정하는 금속 나사산의 피치 규격

나사의 호칭	피치(mm)	암나사		수나사	
		골지름	안지름	바깥지름	골지름
M6	1	6,000	4,917	6,000	4,917
M8	1.25	8,000	6,647	8,000	6,647
M10	1.5	10,000	8,376	10,000	8,376
M12	1.75	12,000	10,106	12,000	10,106
M16	2	16,000	13,835	16,000	13,835
M20	2.5	20,000	17,294	20,000	17,294
M24	3	24,000	20,752	24,000	20,752
M30	3.5	30,000	26,211	30,000	26,211

가능한 한 큰 나사산 피치 사용

금속의 볼트, 너트의 피치는 디자이너가 정하는 것은 아니지만, 프린팅 부품의 나사산의 피치는 모델링하는 사람이 다르게 적용할 수 있다. 이때는 가능한 한 큰 피치를 사용해야 한다. 예를 들어 퓨전360 툴의 경우, M8에서 나사산의 피치는 [그림 4-27]과 같이 몇 가지를 선택할 수 있다. 특별한 이유가 없다면 가장 큰 피치를 선택하는 것이 좋다. M8×1.25를 선택한다.

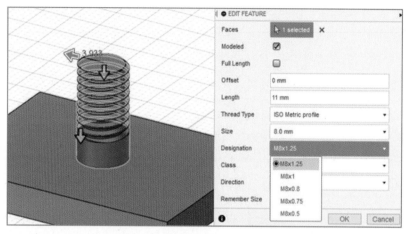

[그림 4-27] 퓨전360에서 M8 나사산의 피치 크기

볼트의 파손 가능성을 고려한 모델링

금속의 나사와 달리 강하게 체결할 경우, 볼트 부분이 약하면 그 부분이 부러진다. 최소 M5 이상의 크기를 권장하는 이유도 이와 같은 맥락이다. 체결 시의 인장력에 의해 나사 기둥 부분이 부러지기 쉽고 나사산의 크기가 작으면 나사산이 마모될 위험성이 높아진다. 또한 나사산이 생기는 원기둥 부분의 시작 부분에 필렛을 추가한다. 나사산은 기둥 전체에 만들어질 필요는 없다. 너트 부분과 체결될 부분에만 만들어도 볼트, 너트의 역할을 하는 데는 기능상의 문제가 없다.

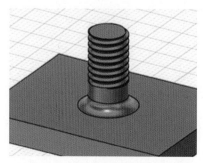

[그림 4-28] 나사산이 시작되는 부분과 강성 보완을 위한 필렛 추가

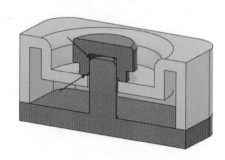

[그림 4-29] 볼트와 너트의 끝 부분에 챔퍼 적용

볼트와 너트의 진입 부분에 적절한 챔퍼 적용

서로 맞물리는 부분에 나사산을 적용하기 전 [그림 4-29]와 같이 적절한 챔퍼를 적용하면 그 부분을 제외하고 나사산이 형성되므로 볼트가 처음 진입할 때 쉽게 자리잡을 수 있다.

체결 후 진동에 따른 체결력 약화 고려

제품은 사용 시 다양한 환경에 놓이게 된다. 사용 시간이 길어지면 제품에 가해지는 충격과 진동이 증가하고 볼트 체결 부분의 체결력이 약해질 수 있다. 특히, 3D프린팅 부품에서의 볼트, 너트 체결 구조는 금속의 볼트, 너트와 같이 강한 회전력으로 체결할 수 없기 때문에 더욱 진동에 취약하다. 이러한 사실을 염두에 두고 제품의 사용 상황에 맞는 체결 구조를 적용해야 한다.

3D프린팅 볼트, 너트에서 이를 해결하는 가장 쉬운 방법은 크기를 키우는 것이다.

나사산 출력을 위한 슬라이서 설정

나사산을 정밀하게 출력하기 위해 슬라이서를 설정할 때는 다음과 같은 내용을 고려해야 한다. 작은 나사산을 정교하게 출력하기 위해서는 레이어 높이를 0.2mm 대신 0.1mm로 설정한다. 또한 출력 속도를 기본값보다 다소 늦춰야 한다. 20~30mm/s의 속도를 권장한다. 출력 속도가 빠르면 프린터의 진동이 커지고 정밀도에 영향을 미치기 때문이다. 여러 개의 나사를 동시에 출력할 때는 리트렉션 설정을 반드시 적용해야 한다. 스트링은 나사의 매끄러운 결합을 방해하게 되는데, 나사산과 같은 형태의 구조는 스트링 현상이 생기기 쉽다. FDM 프린터마다 리트렉션 기본 설정값이 다른데, 기본값으로 출력했을 때 스트링이 발생하면 조금씩 늘려 나가는 것이 필요하다.

[그림 4-30] 스트링이 많이 발생한 볼트와 너트 구조   [그림 4-31] 파손된 볼트 기둥 부분

볼트, 너트의 구조물은 나사산을 베드에 수직 방향으로 출력한다. 수평 방향으로 출력하면 나사산마다 서포터가 생길 수 있으므로 볼트와 너트 구조의 매끄러운 결합을 방해하게 된다. 볼트 부분의 내부채움 밀도는 100%로 하는 것을 권장한다. 볼트에는 인장 강도가 가해지므로 내부채움 밀도가 낮을 경우, 볼트의 기둥이 파손되는 경우가 생길 수 있다. 재료를 선택할 때는 PETG와 같이 점성이 있는 재료보다 PLA와 같은 재료를 사용하는 것이 좋다. 재료의 점성이 클수록 노즐에서 나오는 필라멘트는 노즐에서 쉽게 끊어지지 않아 스트링이 많이 발생하기 때문이다.

02 3D프린팅 볼트와 너트를 원활하게 조립하기 위한 3가지 방법

3D프린팅으로 출력된 볼트와 너트 구조를 부드럽고 매끄럽게 조립하기 위해 몇 가지 방법을 사용할 수 있다. 기본적인 콘셉트는 볼트와 너트의 피치 간 공차를 키워 줌으로써 두 부품이 꽉 끼게 되는 상황을 억제하는 것이다. 너트의 경우에는 특히 솔기 현상 때문에 실제 치수보다 다소 작게 출력되는 경향이 있기 때문이다. 다음의 3가지 방법 중 하나를 사용한다.

▌ 모델링 단계에서 나사산에 적절한 치수공차 적용

모델링 단계에서 나사산의 공차를 직접 조절하는 방식을 적용할 수 있다. 일반적으로 모델링 툴에서 나사산의 형상은 스레드(Thread)와 같은 명령을 통해 자동으로 만들게 되는데, 이때 나사산의 피치 치수는 직접 컨트롤하기 어려울 수 있다. 나사산의 표준 피치는 정해져 있기 때문에 모델링 툴에서 볼트의 나사산은 예를 들어 M8×1.25, 너트의 나사산도 M8×1.25로 정해져 있다. 이것은 금속 볼트, 너트를 기준으로 정해져 있기 때문이다.

모델링 툴에 따라 가능 여부가 달라지긴 하지만, 나사산의 치수를 직접 조절하는 방법이 있다. 퓨전360 모델링 툴의 경우, 면의 밀고 당기기 기능을 이용해 나사산의 피치만 선택한 후 간격을 넓힐 수 있다.

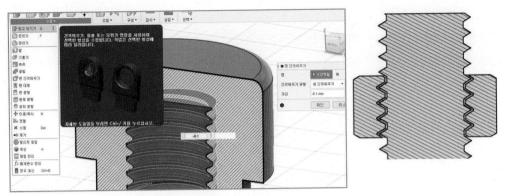

[그림 4-32] 퓨전360에서 밀고 당기기 기능을 이용한 암나사의 피치 지름 조절   [그림 4-33] 원래의 나사산보다 커진 공차

너트 부분에 적절한 스케일 값 적용

부품의 크기 변경(Scale) 기능이 다른 부품과의 조립에 별 영향을 미치지 않을 경우, 모델링 툴에서 약간의 스케일을 키울 수 있다. [그림 4-34]에서는 너트는 약간 커져도 큰 문제가 없으므로 너트 부분의 스케일을 2~5% 정도 키울 수 있다.

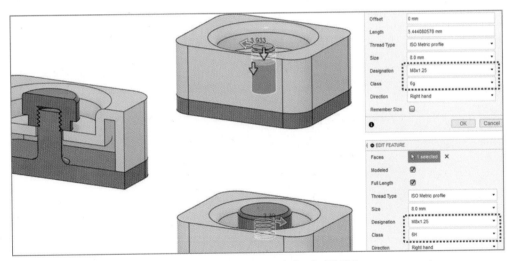

[그림 4-34] 퓨전360 에서 볼트와 너트의 피치 설정

[그림 4-34]에서 초록색의 너트 부분의 전체 크기를 약 5% 정도 키우면, 볼트의 나사산과의 간격이 약간 커져서 조립이 원활해진다. 그러나 가능한 한 모델링 툴에서는 스케일을 키우지 않는 것을 추천한다. 이후의 다른 설계와의 연관성 때문에 스케일 변경은 가능한 한 하지 않는 것이 좋다.

모델링 툴 대신 슬라이서에서 모델링 파일을 오픈한 후 스케일을 조정하는 방법을 사용할 수 있다. 이 방법은 모델링 데이터는 유지하면서 출력할 때만 스케일을 조정할 수 있으므로 장단점이 있다. 이 방법에서의 스케일 값은 프린터의 해상도에 따라 달라지며 정해진 값은 없으므로 사용하는 3D프린터와 볼트의 크기에 적합한 적정 스케일 값을 찾아야 한다. 일반적으로 5% 정도 증가하는 것으로 시작한다.

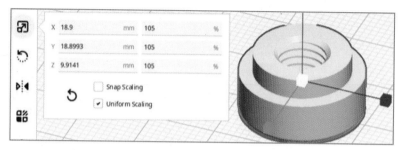

[그림 4-35] 큐라 슬라이서에서 너트의 크기를 5% 증가

▍출력 후 나사산에 탭과 다이를 이용한 후가공

탭(Tap)과 다이(Die)는 나사산을 수작업으로 만드는 공구이다. 금속으로 된 축 또는 구멍에 나사산을 표기된 규격대로 만든다. 이 공구를 이용해 프린팅된 부품의 나사산을 완제품 볼트의 규격대로 후가공할 수 있다. 부품의 형상과 구조에 따라 모두 적용할 수 있는 것은 아니지만, 이는 모델링에서의 수정 없이 출력 후 후가공을 통해 볼트와 너트의 치수를 조정할 수 있는 방법이다. 후가공이므로 여러 개의 부품에 적용할 때 시간이 많이 소요된다. 만약, 100개의 동일한 부품을 만드는 경우라면 이 방법은 적합하지 않다.

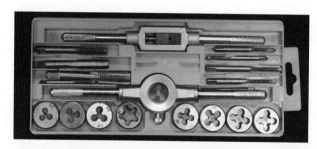

[그림 4-36] 나사산을 만들 수 있는 탭다이스

[그림 4-37] 수동 탭다이스로 출력물에 나사산을 후가공하는 모습

나사와 볼트의 차이

나사와 볼트는 원래 같은 의미로 사용됐지만, 표준 'ASME B18.2.1'이 정립된 이후로 다음과 같이 서로 다른 개념으로 사용하고 있다. 실제로는 혼용되기도 한다.

나사

나사(Screw)는 원기둥 형태의 몸체에 '나사산(Thread)'이라는 나선형 홈을 파서 만든 결합 장치이다. 뾰족한 끝 부분과 나사산을 통해 쉽게 고정하고자 하는 물체에 파고들 수 있고, 나사가 파고든 물체는 나사산에 물려 수직 방향으로는 움직이지 못하게 된다. 드라이버 1개로 간단하게 2개의 부품을 체결할 수 있는 가장 보편적인 체결 수단이다. 나사는 목공용, 플라스틱용, 금속용 등 다양한 소재에 사용하는 나사로 구분돼 있다.

볼트

볼트(Bolt)는 나사를 활용해 만들어진 것으로, 나사산이 있지만 나사와 달리, 너트(Nut)와 쌍을 이뤄 2개 이상의 물체를 고정시킨다. 나사와 달리 두껍게 만들 수 있기 때문에 훨씬 무거운 물체도 안정적으로 결합할 수 있다. 일반적으로 볼트와 같이 원통의 표면에 나사산이 파인 형태를 '수나사', 너트와 같이 구멍 안쪽에 나사산이 파인 형태를 '암나사'라고 한다.

볼트의 가장 큰 단점은 조립 방법의 불편함이다. 너트의 고정과 체결에 부수적인 공구와 힘이 수반되기 때문이다. 3D프린팅 출력물의 고정은 볼트, 너트보다 나사를 사용하는 것이 훨씬 유리하다.

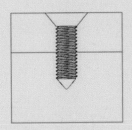

[그림 4-38] 나사의 구조

[그림 4-39] 나사의 종류

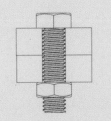

[그림 4-40] 볼트, 너트의 구조

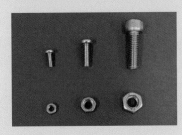

[그림 4-41] 볼트와 너트 종류

05 스냅핏 조인트

01 스냅핏 조인트의 원리

스냅핏(Snap Fit)은 갈고리 모양의 결합 장치로, 플라스틱과 같이 탄성이 있는 부품에서 튀어나온 갈고리(Male Part)가 파여진 홈(Female Part)에 끼워지는 형태로 고정된다. 플라스틱 사출품과 같이 탄성과 강성을 동시에 지니고 있으며 '가성비'가 매우 우수한 구조물이다. 3D프린팅 재료도 플라스틱이 대부분이므로 이러한 스냅핏을 적용할 수 있다. 다만, 3D프린팅 부품은 사출 부품과 같이 강성이 우수하지 못하므로 그에 따른 한계를 인식하면서 디자인해야 한다.

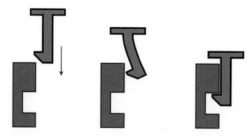

[그림 4-42] 스냅핏의 기본 원리

[그림 4-43] 캔틸레버 스냅핏이 사용된 예

[그림 4-44] U-shape 스냅핏이 사용된 예

스냅핏은 형태와 구조의 차이에 따라 '외팔보'라고 불리는 캔틸레버 방식(Cantilever Snap Fit)의 스냅핏, 원형의 고리 모양의 고리형 스냅핏(Annular Snap Fit), 비틀림 스냅핏(Torsion Snap Fit), U자형 스냅핏(U-shape Snap Fit), 공 모양의 스냅핏(Ball and Socket Snap Fit) 등이 있다.

02 스냅핏의 장단점

스냅핏은 플라스틱 사출 부품에 최적화된 결합 방식이다. 복잡한 형상을 적은 비용으로 빠른 시간에 구현할 수 있으며 조립 시간이 매우 빠르고 간단해 조립 비용이 거의 들지 않는다. 이러한 장점 때문에 다양한 곳에 이용되고 있다. 그런데 3D프린팅 부품에서는 사출 부품과 달리, 부품의 기계적 강도와 탄성, 연성 등의 물리적 속성의 차이에 따라 결합 부분이 쉽게 부러지는 단점이 있다. 스냅핏은 조립과 분해 과정에서 '캔틸레버'라는 막대 형태의 플라스틱이 휘어지는 과정이 반복되는데, 3D프린팅 부품에서는 쉽게 파손될 수 있기 때문이다.

탄성이 있는 FDM 재료를 사용하거나 일부 고가의 프린터에 사용하는 특수한 재료를 사용하면 일반 FDM 방식의 출력물보다 내구성이 우수한 스냅핏을 얻을 수 있지만, 개인용 FDM 프린터에서 출력한 스냅핏은 쉽게 부러지는 경향이 있다. 따라서 3D프린팅 부품이 프로토타입이 아니라 최종 제품일 경우, 스냅핏 조인트 방식의 체결 방식은 주의해서 사용해야 한다.

일반적인 FDM 프린터에서는 프로토타입의 치수 확인용 정도로는 활용할 수 있다. 스냅핏이 제품에서 중요한 기능을 담당한다면 이것의 성능을 확보할 수 있는 3D프린터와 그 재료의 선택에 주의해야 한다.

03 스냅핏의 종류와 특징

▌캔틸레버 스냅핏

외팔보 스냅핏이라 불리는 캔틸레버 스냅핏(Cantilever Snap Fit)은 스냅핏의 가장 기본적인 형태이다. 조인트 부분이 체결될 때 휘어지고 일단 체결된 후에는 원래의 상태로 돌아가므로 장시간 피로응력이 집중돼 조인트 부분이 손상될 가능성이 거의 없다.

그런데 3D프린팅 스냅핏의 경우에는 단 몇 번의 휘어짐에도 조인트 부분이 파손될 가능성이 있다. 조인트 부분의 맞물리는 곳의 각도에 따라 분리할 수 있는 방식과 분리할 수 없는 방식이 있다.

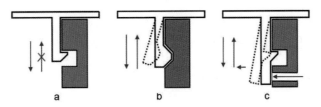

[그림 4-45] 캔딜레버 스냅핏의 체결과 분리

[그림 4-45]에서 a는 조인트 부분의 체결 각도가 90°인데, 이 경우 한 번 체결되면 분리가 불가능하다. 강한 힘으로 잡아당기면 분리되는 것이 아니라 조인트가 부러진다. b의 경우에는 체결할 때의 힘 정도로 잡아당기면 쉽게 분리된다. 체결 후 분리될 때의 힘은 조인트 부분의 각도와 조인트의 두께 등에 따라 결정된다. 이 경우, 쉽게 분리되면 안 되는 경우에는 적용할 수 없다. c는 일반적인 경우에는 분리되지 않지만, 특별한 수단을 추가하면 분리할 수 있는 경우이다. 흔한 경우는 아니지만, 가느다란 막대기를 구멍에 밀어 넣어 조인트를 휘게 한 후에 분리할 수 있다. 그런데 실제로는 이 방식보다 U자형 스냅핏(U-Shape Snap Fit)을 많이 사용한다.

U자형 스냅핏

캔틸레버 스냅핏의 변형된 형태로서 U자형 스냅핏이 있다. 평소에는 분리되지 않지만, 손가락으로 힘을 가해 필요할 때만 분리할 수 있다는 장점이 있다. TV 리모컨 등의 건전지 커버와 같이 가끔 분리해야 하는 탈착 구조에 많이 사용하는 방식이다.

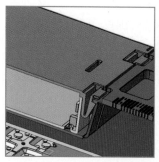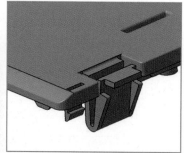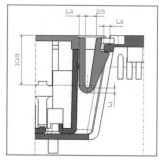

[그림 4-46] U자형 스냅핏의 일반적인 형태, 구조, 크기

U자형 스냅핏의 디자인은 캔틸레버 형태보다 복잡하다. [그림 4-46]에서 보이는 도면의 치수를 참조해 디자인 상황에 맞게 변형하면서 모델링할 수 있다. 여기서 주의해야 할 점은 스냅핏이 휘어질 수 있는 거리(2.5)가 다른 부품과 맞물려 있는 부분의 치수(1.4)보다 커야 한다는 것과 스냅핏의 길이(10.9)는 벽 두께의 대략 5배 이상은 해야 한다는 것이다. 다만, 이 값은 절대적인 것이 아니므로 3D프린터의 종류, 프린팅 재료 등에 따라 치수를 조절하면서 사용해야 한다.

원통형 스냅핏

원통형 스냅핏(Annular or Cylindrical Snap Fit)은 2개의 원통형 구조물이 맞물리는 스냅핏으로, 각종 플라스틱 용기의 뚜껑, 원통형 힌지, 필기구의 뚜껑, 볼 조인트 등에 종종 사용한다. 캔틸레버 스냅핏보다 상대적으로 견고하고 파손의 위험이 적다. 힌지 구조에 사용된 변형된 구조의 원통형 스냅핏도 있다.

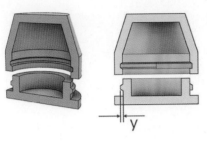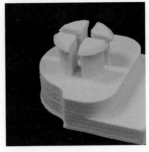

[그림 4-47] 원통형 스냅핏의 구조, 사례, 변형된 원통형 스냅핏 적용 사례

원통형 스냅핏에서 요구되는 첫 번째 항목은 정확하게 맞물리는 결합력이다. 이를 정확하게 설계하기 위해서는 재료별 두께에 따른 원통형 스냅핏의 형상계수(Geometrical Factor for Annular Snap Fit)와 재료별 마찰 계수를 확인한 후 변형력(Defection Force, P)과 체결력(Mating Force, W)을 계산해야 한다. 계산식은 다음과 같다.

y=변형 길이 / 2

E_s= 탄성계수(Secant Modulus)

K=형상계수(Geometrical Factor)

d=실린더의 지름

t=실린더의 기본 두께(Wall thickness)

a=리드각(lead angle)

변형력 $p = y \times d \times E_s \times \dfrac{1}{K}$

체결력(분리력) $W = p \times \dfrac{\mu + \tan\alpha}{1 - \mu \times \tan\alpha}$

그러나 정확한 계산에 의해 원통형 스냅핏을 디자인하는 것은 매우 불편하고 효율이 떨어진다. 우리 주변에는 원통형 스냅핏이 적용된 부품이 꽤 많다. 대표적으로 네임펜의 뚜껑을 살펴보자. 이 펜의 돌기의 두께는 한쪽 방향으로 0.1mm이다. 즉, 지름이 0.2mm 더 크다. 단, 이는 실제 사출 부품이기 때문에 3D프린팅에 이 치수를 그대로 적용하기는 어렵다. 사용하는 FDM 프린터의 정밀도에 따라 돌기의 최소 두께를 결정한다. 스냅핏의 모델링은 출력 후 시행착오를 겪는다고 생각하고 진행하는 것이 좋다.

[그림 4-48] 필기구의 원통형 스냅핏

[그림 4-49] 알루미늄 캔에 적용된 원통형 스냅핏

원통형 스냅핏의 돌기 부분은 실린더를 모두 감싸고 있을 수도 있고 부분적으로 돌출돼 있을 수도 있다. [그림 4-49]에서 캔의 뚜껑에 만들어진 원통형 스냅핏이 일부분에 적용된 것을 볼 수 있다. 또한 네임펜보다 지름이 훨씬 큰 캔의 뚜껑에서의 돌기는 기본 벽 두께 1mm에 0.6mm 돌출돼 있다. 즉, 원통형 스냅핏이 적용된 재료의 종류, 벽 두께, 실린더의 지름에 따라 돌출된 돌기의 두께도 달라진다.

04 3D프린팅 스냅핏의 설계 가이드라인

스냅핏은 플라스틱 사출 부품에서는 매우 빈번하게 사용하는 체결 방법이지만, 3D프린팅 스냅핏 결합은 내구성의 문제로 사용에 주의를 요하는 방법이다. 다음과 같은 사항에 주의하면서 적용해야 한다.

▌출력 방향

노즐의 진행 방향은 레이어로 쌓이는 3D프린팅 출력물의 특징 때문에 부품의 강도에 영향을 미친다. 3D프린팅으로 만들어진 스냅핏의 파손은 대부분 캔틸레버의 수직 방향으로 발생하므로 이 방향의 강도가 가장 좋은 노즐의 진행 방향을 찾아 출력한다. [그림 4-50]에서 3번째 방법이 가장 적절하다. 그러나 부품의 전체 형상과 서포트를 고려해야 할 때 스냅핏을 이 방향으로 출력하기 곤란하다고 판단될 경우에는 스냅핏 부분만 별도로 출력해 결합하는 방법도 사용한다.

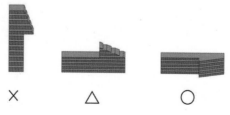

[그림 4-50] 스냅핏의 출력 방향

▌재료의 선택

[그림 4-51] 3D프린팅 부품(핑크색, PLA)의 스냅핏은 쉽게 부러지는 반면, 사출된 부품(검은색)은 쉽게 파손되지 않는다.

일반적으로 PLA 재료는 취성이 강해서 다른 재료에 비해 잘 깨지기 쉬운 성질이 있다. 따라서 스냅핏을 염두에 둔다면 PETG나 NYLON, ABS 등을 이용해야 한다. 다만, 나일론은 탄성과 연성이 다른 재료에 비해 커서 다른 기능적 속성을 동시에 고려해야 한다.

FDM 방식이 아니라, 액체 레진을 사용하는 SLA 방식의 재료는 연성이 약하므로 스냅핏에는 적합하지 않다. SLA 프린터의 출력물은 잘 부러지는 성질이 있다.

▌스냅핏의 형상

[그림 4-52]를 보면 스냅핏 조인트의 단면이 일정한 두께인 경우와 조인트 부분으로 갈수록 두께가 작아지는 경우의 응력 분포를 보면 차이가 난다. 단면의 두께가 일정하게 줄어들 때 응력 분포가 일정하게 유지되는 것을 볼 수 있다. 이는 두께가 일정할 경우, 응력이 집중되고 파손될 가능성이 커진다는 것을 의미한다. 일반적으로 끝부분의 두께는 시작 부분의 50%, 스냅핏이 시작되는 곳에 적절한 라운드 처리를 해 보강하는 것이 좋다.

[그림 4-52] 스냅핏의 두께별 응력 분포 차이   [그림 4-53] 라운드 처리된 스냅핏

스냅핏의 설계 공식

여기서는 사출 부품에 적용되는 캔틸레버 스냅핏의 설계 가이드라인을 설명한다. 3D프린팅 부품에 그대로 적용하기에는 한계가 있지만, 기본적인 원리를 이해하면 3D프린팅 부품의 스냅핏을 모델링할 때 응용할 수 있다.

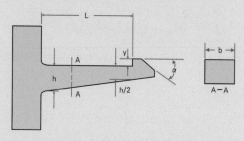

[그림 4-54] 스냅핏 조인트 디자인 타입

[그림 4-54]에서 설계자가 결정할 것은 길이 L과 보 끝 부분의 휘어져야 하는 거리인 y이다. 보의 길이는 설계 공간에 따라 결정되며 휘어져야 하는 거리는 상대 부품과의 간격, 상대 부품의 홈의 깊이 등에 따라 결정한다.

두께의 변화가 있는 캔틸레버, 즉 보가 시작하는 두께는 h이며 보의 끝 부분은 h/2라는 경우일 때 적용되는 공식은 다음과 같다.

ε=재료의 최대 인장 응력

h=보의 두께

y=보 끝 부분의 휘어짐

L=외팔보의 길이

$$y = 1.09 \times \frac{\varepsilon \cdot L^2}{h}$$

스냅핏의 설계 공식-캔틸레버 스냅핏 예시

만들고자 하는 부품의 재료가 폴리카보네이트, 스냅핏의 단면이 사각형, 두께 h 가 일정하게 감소할 경우, 길이 L과 보가 휘어질 거리 y를 L=20mm, b=9.5mm로 결정하고 y=2.5mm, 진입 경사 a=30°일 경우, 두께 h는 얼마로 해야 할지 결정해 보자.

PC의 허용 응력(Strain Limits)은 외부 자료를 참조할 때 4%이므로 여기서 입력할 응력값은 1/2인 2%, 즉 0.02이다. 이를 주어진 식에 대입하면,

$$h = 1.09 \times \frac{\varepsilon \cdot L^2}{y} = 1.09 \times \frac{0.02 \times 20^2}{2.5} = 3.49mm$$

즉, 보의 시작 두께는 h=3.5mm, 보의 끝 두께는 1.8mm 정도로 하면 된다.

이렇게 할 경우, 스냅핏 조인트를 필요한 만큼 휘게 하는 힘(Deflection Force)인 P는 다음과 같이 계산된다.

$$P = \frac{bh^2}{6} \cdot \frac{E_s \varepsilon}{L}$$

$$\varepsilon = 2.0\%$$

$$E_s = 1.815N/mm^2$$

$$P = \frac{9.5\,mm \times (3.28\,mm)^2}{6} \cdot \frac{1.815\,N/mm^2 \times 0.02}{19\,mm}$$

$$= 32.5\,N\,(73\,lb)$$

스냅핏이 체결될 때의 접합력(Mating Force)인 W는 위의 힘 P와 마찰력이 더해지는 값이므로 다음과 같이 계산된다.

$$W = P \cdot \frac{\mu + \tan\alpha}{1 - \mu\tan\alpha}$$

PTFE	0.12-0.22	
PE rigid	0.20-0.25	(x 2.0)
PP	0.25-0.30	(x 1.5)
POM	0.20-0.35	(x 1.5)
PA	0.30-0.40	(x 1.5)
PBT	0.35-0.40	
PS	0.40-0.50	(x 1.2)
SAN	0.45-0.55	
PC	0.45-0.55	(x 1.2)
PMMA	0.50-0.60	(x 1.2)
ABS	0.50-0.65	(x 1.2)
PE flexible	0.55-0.60	(x 1.2)
PVC	0.55-0.60	(x 1.0)

Table 3: Friction coefficient, μ.

[그림 4-55] 재료별 마찰 저항 계수

PC에 대한 PC의 마찰 저항 계수(Friction Coefficient) $\mu = 0.5 \times 1.2 = 0.6$

조인트의 진입각이므로

$$\frac{\mu + \tan\alpha}{1 - \mu\tan\alpha} = 1.8$$

따라서 체결 접합력 W=32.5N×1.8N=58.5N (13.2/Ib)가 된다.

06 접착

하나의 부품을 다른 부품에 결합하는 방법 중 산업용 양면테이프를 이용하는 방법이 있다. 양면 테이프는 두 표면을 붙이거나 고정하는 데 사용되며 양면에 얇은 접착제 층을 발라 만든다. 다양한 산업 분야에서 사용되는데, 대표적인 예로 우리가 사용하는 휴대폰의 배터리가 플라스틱 하우징 내부에 양면테이프로 고정돼 있는 것을 들 수 있다. 터치스크린도 양면테이프로 고정돼 있다. 양면테이프는 3D프린팅 부품을 조립할 때도 사용할 수 있는데, 3D프린팅된 출력물의 표면은 일반 사출 부품처럼 매끈하지 않으므로 표면의 정밀도와 테이프의 두께에 주의해야 한다.

01 양면테이프를 사용하는 이유

양면테이프 외에는 결합할 수 있는 공간이 나오지 않을 때, 한 번 결합하면 다시 분리할 일이 없을 때, 결합에 정밀한 치수 관리가 필요하지 않을 때 산업용 양면테이프를 사용해 부품을 결합할 수 있다.

[그림 4-56] 스마트폰 액정 뒷면의 양면테이프   [그림 4-57] 전자 제품 케이스에 배터리를 고정하기 위한 양면테이프 적용

02 양면테이프의 종류

산업용 양면테이프로 검색하면 다양한 종류의 제품을 볼 수 있는데, 3M 사와 니토(Nitto) 사의 양면테이프를 많이 사용한다. 산업용 양면테이프는 테이프의 재료, 고정력, 단면 두께, 사용하는 곳의 재료, 온도 등 다양한 환경에서 사용될 수 있도록 그 기능이 세분화돼 있다. 예를 들어 3M 9085 테이프는 280℃의 내열성을 가진 고내열성 특수 테이프로, 두께가 0.13mm이며 자외선 및 화학 약품에 강한 성격을 지니고 있는데, 주로 자동차의 후드 안쪽, 전자 제품의 내부 등에 사용한다.

[표 4-5]는 일반적으로 많이 사용하는 산업용 양면테이프의 종류와 특징이다.

[그림 4-58] 3M 9085

[그림 4-59] Nitto EW-514D

[표 4-5] 양면테이프의 종류 및 특징

제조사	용도	품번	두께(mm)	특징	사용처
3M	내열성	9085	0.13	고내열성, 투명, 얇고 지속력이 좋음	전자, 자동차 산업
	저온 환경	99786	0.127	강력한 초기 접착력	나무, 합판, 폼
	장시간	74105	0.05	내화학성, 내열성 우수 내구성이 우수해 다양한 분야에서 사용	금속, 플라스틱
	UV 저항	465	0.05	빠른 공정에서 높은 접착력	금속, 유리, 목재 등 다양한 재질
	다용도	9832	0.127	나무, 합판, 폼 등의 매우 우수한 접착력, 다양한 표면에 사용 가능	가전 제품, 자동차, 전자기기, 포장
Nitto	금속, 플라스틱	EW-514D	0.28	거친 표면 저온에서 좋은 성능	건축 자재, 화장품 케이스, 플라스틱
	다용도	500S	0.16	여러 기판에 우수한 점착력 고온 저항성	전자 제품, 자동차, 사무 기기
	플라스틱	5790	0.6, 0.9, 1.1	뛰어난 고정 특성, 우수한 완충력	명판, 엠블럼, 유리부품
	가전 제품	CV2010	0.1	우수한 초기 고정력과 접합력, 다양한 기판에서 뛰어난 접합 안정성, 부품 접합 성능	금속, 플라스틱

여러 가지 양면테이프 중 3D프린팅 출력물은 표면 정밀도가 사출품 대비 높지 않으므로 두께가
다소 두껍고 점착력이 높은 니토 사의 EW-514D, 5704LE, 5790 등이 적합하다.

적절한 양면테이프를 선택하는 방법

접착할 두 표면

- 붙이려는 두 표면의 성질에 따라 사용할 수 있는 양면테이프의 종류가 다르다.
- 유리, 알루미늄, PVC와 같이 표면이 매끄럽고 평평할수록 양면테이프는 더 얇아질 수 있다.
- 두 표면이 거칠수록(목재, 벽돌, 시멘트 등) 두께가 두꺼운 양면테이프를 사용해야 표면을 접착 시킬 수 있다.
- 페인트로 코팅된 표면은 접착은 잘 되지만, 페인트 자체가 벗겨질 위험이 있으므로 주의해야 한다.

표면 에너지

모든 표면은 표면 에너지(Surface Energy)라고 하는 상호 접착력을 나타내는 속성이 있다. 유리나 타일은 표면 에너지가 높아 접착하기 쉽고, 플라스틱 중 PP, PE, 실리콘 등은 표면 에너지가 낮아 접착이 잘 되지 않는 특징이 있다.

온도 저항성

테이프의 접착력은 온도에 크게 좌우된다. 테이프가 사용하는 환경의 온도를 고려해야 한다. 낮은 온도에서 사용하는 테이프, 높은 온도에서 사용하는 테이프, UV 조건에서 사용하는 테이프를 구분한다. 습도도 중요한 고려 요인이다.

공간, 진동 등 다른 고려 요소

- 양면테이프를 사용하는 가장 큰 이유는 2개의 부품을 고정시킬 설계 요소(보스, 스냅핏 등)의 공간적 여유가 없기 때문이다. 즉, 양면테이프가 아니면 두 부품을 서로 고정하기 힘든 경우이다. 예를 들어, 휴대폰의 배터리, 휴대폰의 터치스크린 등은 양면테이프가 가장 공간을 적게 차지하는 결합 방법이다. 그리고 한 번 접착시키면 다시 분리할 필요가 없는 경우에 양면테이프를 사용할 수 있다.
- 분리할 필요가 있는 부품일 경우, 양면테이프를 적용할 수 없다.
- 보스나 스냅핏 구조로 부품의 고정이 가능하다면 양면테이프보다 우선적으로 사용한다.
- 3D프린팅 출력물의 표면은 정밀도가 떨어져 표면 에너지가 낮다. 출력물의 표면에 양면테이프를 붙이기 위해서는 별도의 후가공이 필요할 수 있다.

03

부품의 이동·회전 결합 방법

01 슬라이딩

2개 이상의 부품이 서로 결합돼 조립될 경우, 서로 고정된 채로 움직이지 않는 경우도 있지만, 하나의 부품이 이동 또는 회전할 수 있다. 이동하는 부품이 있는 경우, 전체가 고정된 경우의 조립품보다 설계와 3D프린팅 출력에 고려해야 할 요소가 더 많다. 조립 후 부품이 움직이는 대표적인 예는 축을 기준으로 회전하거나 슬라이딩하는 경우이다. 이 경우 2개의 부품이 완전히 고정돼 있는 것이 아니라 일정 간격으로 떨어져 있으므로 두 부품의 공차를 생각하면서 디자인해야 한다.

다음은 부품이 이동 또는 회전 결합하는 대표적인 몇 가지 방법이다.

01 슬라이딩 리드

슬라이딩은 부품이 이동하는 대표적인 방법이다. 조립 후에 부품이 이동하기 위해서는 일정 간격 이상이 필요하며 부품의 제조 방식에 적절한 간격을 설정해야 한다. 3D프린팅 출력물의 슬라이딩을 위한 간격은 출력물의 정밀도에 따라 다른데, 이 정밀도에 영향을 미치는 서포트와 출력 방향 등을 고려해 슬라이딩 부품을 모델링하는 것이 필요하다. 슬라이딩 리드(Sliding Lid)는 [그림 4-60]과 같이 일정한 홈을 따라 하나의 부품이 다른 부품 안에서 직선 운동하는 부품을 말한다.

[그림 4-60] 슬라이딩 리드가 사용된 제품(왼쪽부터, USB 메모리, 웹캠 커버, 건전지홀더)

슬라이딩 리드와 본체의 공차는 제품의 크기, 프린터의 정밀도, 서포트의 유무에 달라지는데, 일반적으로 0.1~0.4mm 정도의 공차가 필요하다. 부품의 크기가 커질수록 큰 공차가 필요하다. [그림 4-61]은 슬라이딩 부품의 단면이 사각형인 경우와 삼각형이 경우인데, 사각형인 경우에는 경우에 따라 서포트가 생성되고 제거된 자국이 남기 때문에 삼각형인 경우보다 큰 공차가 필요하다. 따라서 슬라이딩 부분의 서포트가 생성되지 않도록 모델링과 출력 방향을 고려하는 것이 필요하며 서포트가 생길 수밖에 없다면 공차를 크게 해야 한다.

[그림 4-61] 갭이 0.3인 사각형 단면 슬라이딩 리드

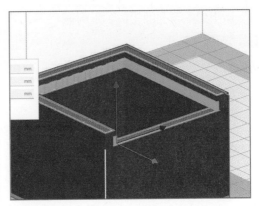

[그림 4-62] 사각 단면 슬라이딩 홈에 생성된 서포트

02 슬라이딩을 부드럽게 하기 위한 모델링 가이드

▎슬라이딩 단면 형상의 변경

슬라이딩 홈의 단면을 사각형으로 하지 않고 삼각형으로 만들어 서포트가 생성되지 않도록 한다. 이렇게 할 경우, 서포트 자국이 없어서 표면이 정밀하며 리드와 닿는 면적이 줄어들어 마찰도 감소하게 돼 공차를 관리하기 더 쉬워진다.

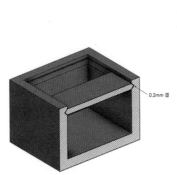

[그림 4-63] 갭이 0.2인 삼각 단면 슬라이딩 홈

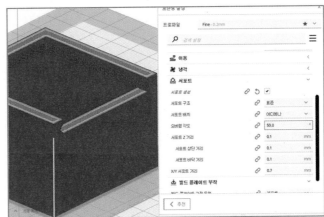

[그림 4-64] 오버행이 50°일 때 생성되지 않는 서포트

사각형 단면의 홈인 경우, 0.2mm의 공차가 필요하다면 삼각형 단면인 경우 0.1mm의 공차만 적용할 수 있게 돼 유격 없이 좀 더 부드러운 슬라이딩이 가능해진다. 후가공으로 날카로운 면을 샌딩하기도 더 쉽다.

슬라이딩 부분에 선 접촉 적용

슬라이딩 부품을 부드럽고 정밀하게 이동시키기 위해 접촉면의 면적을 작게 만들 수 있다. 실제 제품 설계에서 많이 사용하는 방법으로 [그림 4-65]와 같이 전체 면적을 접촉하지 않고 일부분만 접촉하게 해 마찰력을 줄인다.

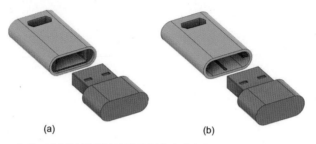

(a)   (b)

[그림 4-65] 슬라이딩 부분의 면 접촉(a), 슬라이딩 부분의 선 접촉(b)

[그림 4-65] (a)의 경우, 접촉면이 넓어져서 출력물의 공차를 관리하기 힘들고 출력 후 수정이 힘든 단점이 있다. 여러 번 시행착오를 할 가능성이 크다. (b)의 경우에는 슬라이딩 부분이 선 접촉을 함으로써 마찰력이 줄어든다. 그리고 출력물의 후가공 부분이 줄어들어 슬라이딩 부분의 간격을 수정하기 쉽다. 따라서 3D프린팅 출력일 경우 (a)보다 (b)가 훨씬 바람직하다.

(b)의 경우, 공차는 좌, 우 합쳐서 0.1~0.2mm 정도가 적당하다. 만약, 출력 후 슬라이딩이 잘 안 되면 돌기 부분을 샌딩으로 갈아 내고 간격을 조금씩 넓게 할 수 있다.

03 슬라이딩 래치

슬라이딩 래치(Sliding Latch)는 슬라이딩 방식을 사용한 잠금 장치의 명칭이다. 슬라이딩 리드와 구조는 동일하지만, 슬라이딩의 정밀함보다 자물쇠의 기능이 강조돼 있다. 따라서 충분한 슬라이딩 공차를 줄 수 있다. 그러나 조립 후 슬라이딩 부품이 빠지지 않아야 하므로 출력 후 조립하는 것보다 조립된 채로 동시에 출력하는 것이 여러 면에서 유리하다.

이때는 출력 방향에 유의해야 한다. [그림 4-66]과 같은 래치일 경우, 수직 방향으로 출력할 때 서포트가 손잡이 아래, 위 부분과 슬라이딩 파트의 바닥 면에 생길 수 있다. 출력 방향을 수평으로 할 경우, 슬라이딩 파트의 바닥에 서포트가 생기며 수직 방향 대비 서포트 생성 면적이 다소 넓다.

[그림 4-66] 수평 방향 출력   [그림 4-67] 수직 방향 출력

[그림 4-67]과 같은 경우라면 수직 방향으로 출력하되, 슬라이서의 설정에서 서포트 Z 거리를 기준값보다 좀 더 띄워야 한다. 서포트 Z 거리는 서포트와 실제 출력물의 거리를 말하는데, 기본값은 0.1로 돼 있다. 이것을 0.2 정도로 늘려 주는 것이 조립된 상태에서 서포트와 출력물을 분리하는 데 적당하다.

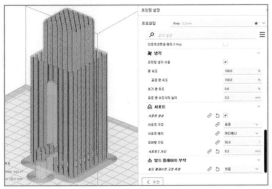

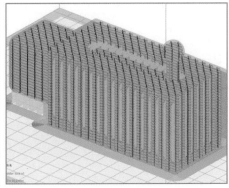

[그림 4-68] 수직 방향일 때의 서포트 위치와 서포트 Z 거리 설정   [그림 4-69] 수평 방향일 경우의 서포트 생성 위치

02 힌지

01 힌지의 특징

힌지(Hinge) 구조는 부품을 회전시키는 대표적인 구조이다. 샤프트(Shaft)와 홀(Hole)로 구성된 2개의 부품이 서로 회전하는 기능을 한다. 제품에서 힌지의 사용은 별도의 부품으로 된 힌지를 사용할 수도 있고, 설계하고 있는 부품에 힌지 구조만 적용할 수도 있다.

우리 주변에서 힌지를 가장 흔하게 볼 수 있는 곳은 회전하는 문(Door)에 조립돼 있는 금속의 경첩이다. 그러나 플라스틱 부품에서는 별도의 경첩과 나사를 사용해 결합하지 않고 축과 샤프트 부분만 회전 결합되는 곳에 직접 디자인해 적용하는 경우가 많다.

 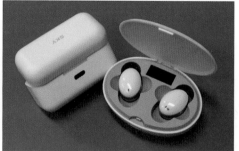

[그림 4-70] 다양한 종류의 독립 힌지   [그림 4-71] 실제 제품에서 힌지 구조가 사용하는 경우의 사례

02 힌지 구조를 위한 재료 선택

실제 플라스틱 제품에서의 힌지는 재료의 연성이 좋은 PE, PP 등을 자주 사용한다. 반면, FDM 3D프린팅 부품에서의 힌지는 실제 사출 부품보다 강성과 연성이 떨어지므로 연성이 상대적으로 우수한 TPU나 나일론을 사용함으로써 힌지 부분의 파손 가능성을 줄일 수 있다. 그러나 나일론과 TPU는 ABS나 PLA에 비해 표면 정밀도, 후가공 용이성, 재료의 강도 등이 떨어지는 단점이 있으므로 해당 부품의 필요 기능에 맞춰 힌지의 재료를 선택해야 한다.

3D프린팅 출력물의 한계는 힌지에서도 동일하므로 3D프린팅 힌지 구조는 프로토타입 용도로 사용하는 것이 적당하다.

03 자주 사용하는 힌지 구조

3D프린팅에서 사용하는 힌지 구조는 부품의 기능에 따라 몇 가지 형상으로 구현될 수 있다. 가장 먼저 고려해야 할 점은 힌지 구조를 이루는 2개 이상의 부품을 결합된 상태로 출력할 것인지, 별도로 출력해 나중에 결합할 것인지를 결정하는 것이다.

분리된 상태로 출력 후 부품 조립

3D프린팅이 아닌 일반 사출 부품의 힌지는 축과 샤프트, 핀으로 구성된 부품들을 조립해야 하는 구조로 이뤄져 있다.

이 경우, 각 부품들의 공차와 조립 순서, 조립 후 내구성 등을 고려해 부품을 설계한다. 3D프린팅의 장점을 살려 조립된 상태로 힌지를 출력하면 좋지만, 항상 그렇게 할 수 있는 것은 아니다.

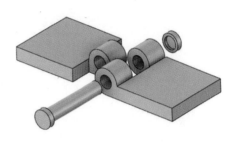

[그림 4-72] 힌지의 조립 구조

조립 순서, 제품의 전체 기능 등 다른 이유로 인해 힌지의 축과 구멍에 해당하는 부품을 각각 출력한 후 서로 조립해야 하는 경우도 있다. 이 경우, 조립 후 힌지가 원활하게 회전하고 고정해야 한다. 기본적으로 축과 샤프트, 축에 삽입되는 핀, 핀을 고정하는 마개 등 4개의 부품이 필요하다. 단, 이 부품들의 형상과 구조는 전적으로 모델링을 하는 사람에게 달려 있다.

이때 가장 신경 써야 하는 부분은 마지막 고정을 위한 마개를 어떤 방법으로 고정할지 결정하는 것이다. 마개를 고정하는 데는 접착제를 사용해 마개를 고정하는 방식, 마개를 나사 형식으로 고정하는 방식, 핀과 마개를 원통형 스냅핏 형태로 고정하는 방식이 있다.

접착제를 사용하는 덮개 구조

접착제의 사용은 실제 제품에서 권장하는 조립 방법은 아니지만, 프로토타입의 용도에서는 종종 사용한다. 주로 적용되는 곳이 소량일 때 사용한다. [그림 4-73]과 같은 방법으로 힌지 구조가 적용된 곳에 마개를 적용하고 마개에 접착제를 사용할 수 있다. 단점은 한 번 적용하면 분리하기 힘들다는 점과 주변의 다른 곳에 접착제가 묻지 않도록 주의해야 한다는 것이다.

마개가 사용하는 곳의 상세한 구조는 설계자에 의해 변형할 수 있다. [그림 4-73]의 구조도 다른 형태로 수정할 수 있다.

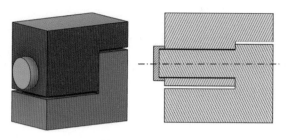

[그림 4-73] 접착제가 사용하는 힌지 마개 구조

나사로 고정되는 덮개 구조

나사 고정은 일반적으로 안전하고 튼튼한 방법이며 힌지 구조의 조립에도 사용될 수 있다. 단, 힌지 구조의 축은 지름이 작으므로 나사가 들어갈 공간이 부족할 경우에는 사용하기 힘들다. 이때는 직결나사를 사용하는데, 직결나사 중 가장 작은 크기는 Ø2이므로 힌지 축의 지름이 최소 4mm는 돼야 사용할 수 있다. 힌지 축이 Ø4 이하일 경우에는 접착제를 사용하는 마개가 적당하다.

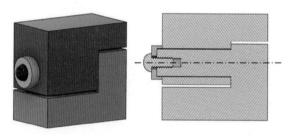

[그림 4-74] 직결나사가 사용하는 힌지 마개 구조

스냅핏 형태로 고정되는 구조

힌지를 고정하는 세 번째 방법은 스냅핏 구조를 이용하는 것이다. 적절한 공차가 부여된 축과 힌지는 일정 크기 이상의 힘을 주어 체결할 수 있다. 억지로 밀어 주는 힘에 의해 조립됐기 때문에 사용 중 진동이나 다른 힘에 의해 분리될 가능성도 있으므로 적절한 용도로 사용해야 한다.

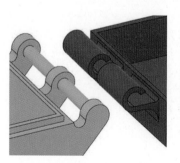

[그림 4-75] 원통형 스냅핏 구조가 사용된 힌지 구조

▎결합된 상태로 출력

3D프린팅의 장점 중 하나는 여러 부품이 조립된 상태로 출력 가능하다는 것이다. 힌지에서도 4개의 부품이 서로 조립된 상태처럼 출력할 수 있다. 이때는 축과 구멍 부분의 구조만 있으면 되므로 2개의 부품을 생략할 수 있다. 이 경우, 힌지의 축과 구멍이 서로 결합된 상태로 일정 간격으로 떨어져 위치한 상태로 출력되므로 둘 사이의 간격이 중요하다. [그림 4-76]은 간격이 각각 0.2, 0.3, 0.4mm일 때의 출력물이다.

[그림 4-76] 축과 구멍의 간격이 다른 힌지 출력물

0.2mm 간격일 경우, 약간의 마찰이 느껴지면서 힌지의 역할을 잘 수행했고 그 이상의 간격일 때도 회전은 잘하지만 다소 헐거운 느낌이다. 결과적으로 0.2mm 이상의 공차를 준다면 힌지가 포함된 부품이 기능하는 데 문제가 없어 보인다.

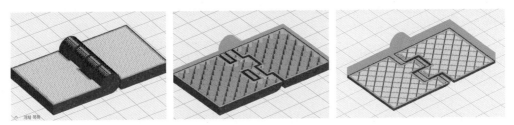

[그림 4-77] 힌지 출력 시의 서포트 유무: 베드에서 가까운 하단부에 약간의 서포트가 생성됨

▎서포트 없이 결합된 상태로 출력

3D프린팅 힌지는 독립적으로 사용되기보다 다른 부품 구조의 일부로 사용하는 경우가 많다. 따라서 힌지 구조만 출력하지 않고 다른 구성 요소와 같이 출력되므로 서포트 없이 출력하기가 어렵다. 힌지 부분만 출력한다면 베드에 붙여 서포트 없는 설정으로 출력할 수 있지만, 보통 힌지 구조가 세워지게 출력되는 경우가 많다. 힌지가 베드에 세워지면 [그림 4-78]과 같이 서포트가 생성된다.

[그림 4-78]과 같이 힌지 내부에 서포트가 생기면 서포트를 제거하기 어렵고 제거 후에도 힌지의 회전 기능이 제대로 작동되지 않을 수도 있다([그림 4-78]의 하늘색 부분이 서포트).

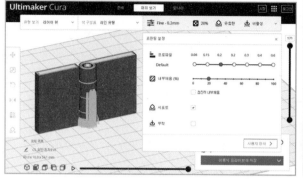

[그림 4-78] 서포트 생성되도록 설정한 슬라이서 사진

[그림 4-79] 힌지 내부 틈새에 서포트가 생성된 사진

이 경우, 큐라의 설정에서 힌지 내부만 서포트를 제거할 수 있다. 서포트 차단기 기능을 이용하는 것인데, [그림 4-80]과 같이 진회색의 직육면체의 형상으로 서포트 생성을 억제할 수 있는 공간을 지정하면, 이 부분에는 서포트가 생성되지 않는다. 이때 출력 속도는 일반적인 기본값인 60mm/s보다 조금 느린 20~30mm/s의 속도가 적당하다.

[그림 4-80] 큐라 설정에서 서포트 차단기 설정

❚ 결합 상태 출력 힌지의 다른 구조

힌지의 구조는 원기둥과 구멍 형태 이외에 [그림 4-81]과 같이 응용할 수 있다. 축과 기둥의 반지름의 공차는 0.2 정도로 설정하며 힌지 부분만 큐라의 설정에서 서포트 차단기 기능으로 서포트가 생성되지 않도록 하고 출력 속도는 기본 속도보다 다소 느린 20~30mm/s로 설정한다.

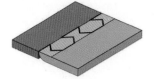

[그림 4-81] 다른 구조의 결합 출력 힌지

04 딤플 힌지

딤플 힌지는 반구형으로 볼록하게 튀어나온 부분을 오목하게 들어간 부분에 끼워 넣어 회전할수 있게 한 힌지이다. 3D 프린팅은 출력물이 약간의 탄성으로 휘어질 수 있는 것을 고려한 것이다. 딤플 힌지를 모델링할 때는 [그림 4-82]와 같이 서로 진입되는 곳에 챔퍼나 필렛을 만들면각각의 부품을 끼우기 쉽다. 단, 딤플 힌지의 결합은 한쪽 부품이 휘어지게 되는 것이므로 이때출력물이 파손되지 않도록 레이어의 방향, 출력물의 두께 등을 결정해야 한다.

[그림 4-82] 딤플 힌지의 구조

[그림 4-83] 딤플 힌지가 사용된 CD 케이스

03 리빙 힌지

01 리빙 힌지의 특징

리빙 힌지(Living Hinge)는 축과 구멍으로 구성되지 않고 얇은 두께의 플라스틱이 휘는 성질을 이용한 힌지이다. 구조가 매우 간단하고 매우 저렴한 가격으로 기능을 구현할 수 있기 때문에 실제 플라스틱 구조에서 많이 사용한다. 리빙 힌지의 예로는 밀폐 용기의 뚜껑, 안경 케이스, 공구 박스 등을 들 수 있다.

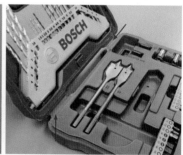

[그림 4-84] 리빙 힌지가 사용된 제품들

일반 사출 제품일 경우, PP나 PE 같은 연성이 큰 재질을 이용하므로 리빙 힌지가 여러 번 휘게 돼도 내구성에 문제가 없지만, 3D프린팅 방식으로 일반적인 재료를 이용해 리빙 힌지를 출력하면 내구성이 크게 떨어진다. 따라서 FDM 방식의 3D프린팅 출력물에서는 리빙 힌지를 간단한 기능과 형상 테스트 용도로 사용하는 것이 좋으며 실제 제품과 같이 여러 번 반복해 사용하는 곳에는 적합하지 않다.

02 리빙 힌지의 권장 치수

사출 제품의 리빙 힌지는 얇은 두께로 수만 번 회전해도 내구성을 유지해야 하므로 PP, PE 재료를 사용해 다음과 같은 권장 치수로 설계해야 한다.

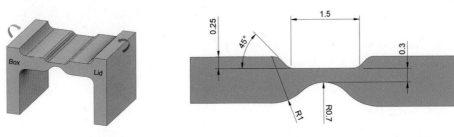

[그림 4-85] 리빙 힌지가 적용되는 Box와 Lid의 형태   [그림 4-86] 사출품에서 리빙 힌지의 권장 치수

힌지 부분의 두께는 최소 0.2~0.35mm이며 접히는 구간의 최소 길이는 1.5mm를 권장한다. 또한 주변부는 최대한의 필렛 값을 적용해 유연하게 회전할 수 있도록 한다.

FDM 프린팅의 리빙 힌지는 위의 사출 리빙 힌지의 치수대로 할 수 없다. 몇몇 치수 값을 적용해 리빙 힌지를 출력해 본 결과, 두께는 최소 0.5mm 정도, 힌지 부분의 길이는 최소 4mm 정도 해야 한다. 단, 이때도 실제 사출 부품처럼 횟수에 상관없이 안정적으로 기능하지는 않으며 수십 회 이내에서 힌지의 기능을 하므로 프로토타이핑의 용도로 제한할 필요가 있다.

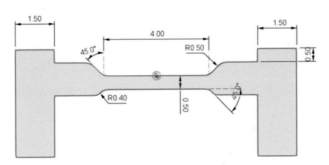

[그림 4-87] FDM 출력물에서의 힌지 권장 치수

3D프린팅 출력물의 리빙 힌지 구조를 적용하기 위한 부품의 상세 치수는 [그림 4-87]을 참조해 각각의 부품의 크기에 맞게 응용할 수 있다.

03 FDM 출력물의 리빙 힌지 테스트

▌리빙 힌지의 출력

[그림 4-88]과 같이 다양한 조건에서 FDM 프린터로 출력한 리빙 힌지를 테스트했다. 힌지 부분의 두께 0.5mm와 0.6mm, 길이 3~5mm, 힌지 형태의 변화 등을 적용해 출력한 후 힌지 기능을 테스트해 본 결과, ABS 재료인 경우 두께는 0.5mm인 경우가 0.6mm보다 부드럽게 회전했으며 길이는 최소 4mm, 형태는 일정 간격으로 구멍이 있는 경우가 가장 잘 작동했다. 따라서 PLA 출력물의 힌지 권장 치수는 두께 0.5mm, 길이 4mm 이상, 형태는 일정 간격 떨어진 형태 정도로 정할 수 있다.

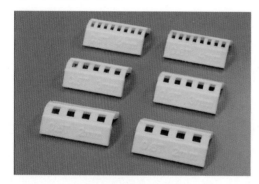

[그림 4-88] 힌지의 치수 테스트

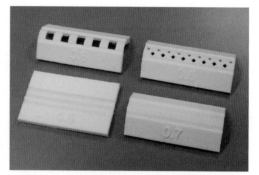

[그림 4-89] 힌지 부분의 형태 변화 테스트를 위한 시편

▌리빙 힌지의 권장 형태

힌지 구조는 치수뿐만 아니라 형태도 프린팅된 힌지의 내구성에 영향을 미치는 것으로 파악됐다. 다양한 형태의 힌지를 출력해 테스트한 결과, 가장 일반적인 힌지 형태와 일정 간격 이격된 것이 반복된 형태가 다른 형태 대비 높은 내구성을 보였다. 다음과 같은 힌지 구조는 수십 회 테스트 후 파손되는 것을 확인했다. 따라서 3D프린팅 출력물의 리빙 힌지 형태는 기본 형태 및 일정 간격으로 반복되는 형태가 적절할 것으로 판단된다.

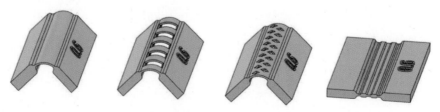

[그림 4-90] 리빙 힌지 형태 테스트를 위한 단면 구조

[그림 4-91] 50회 반복 굽힘 후 파손된 리빙 힌지(그림의 오른쪽 3, 4번째)

▋리빙 힌지가 적용된 박스

힌지에 대한 위의 권장 치수와 권장 형태를 적용한 간단한 제품을 출력해 테스트해 본 결과, 수십 회 정도의 힌지 기능에는 문제 없이 작동하는 것을 확인할 수 있었다. 따라서 프로토타이핑 용도의 리빙 힌지로는 ABS 출력물도 가능하다는 것을 확인했다.

[그림 4-92] 리빙 힌지 구조의 박스

[그림 4-93] 리빙 힌지가 적용된 박스 출력물

04

결합 출력과 분할 출력

01 결합 출력

2개 이상의 부품을 조립된 상태로 출력하면 각각의 부품을 따로 출력해 조립할 때와 비교해 몇 가지 장점이 생긴다. 다른 제조 방법에서는 불가능한 조립 방법이 3D프린팅에서는 가능해지는 것이다. 그러나 단점도 생긴다. 따라서 조립품의 경우, 조립된 상태로 출력하는 것이 유리한지를 검토한 후 출력 방법을 결정해야 한다.

01 결합 출력의 장점

부품을 조립하는 데는 부품을 위치시키고 고정하는 데 도구가 필요하고 조립 과정이라는 인력이 투입되는데, 결합된 상태로 출력하면 이러한 과정이 생략되므로 제품 개발의 시간과 비용이 줄어든다. 또한 조립을 하기 위해서는 부가적인 부품이 필요할 수 있다. 예를 들어, 힌지에서는 축을 고정하기 위한 마개나 나사가 필요한데, 결합된 상태로 출력하면 이러한 부품이 없어도 된다. 따라서 결합 출력을 하면 제품 구조를 단순하게 만들 수 있고 조립 과정에서 발생하는 조립 시간과 비용, 조립 오차를 줄일 수 있게 된다.

02 결합 출력의 단점

조립된 상태로 출력하면 장점이 있는 반면, 단점도 있다. FDM 프린터의 출력물은 서포트가 생성되는데, 결합된 상태로 출력할 경우 복잡한 서포트로 인해 결합품이 정상적으로 작동되지 않을 수 있다. 즉, 서포트의 제거가 어렵거나 불가능할 수 있다. 또한 조립품에 서로 다른 색상을 적용하는 데 한계가 있다. 현재까지 일반적인 FDM 프린터에서는 1개의 색상만 출력하므로 결합 출력을 할 경우, 부품마다 다른 색상을 적용하기 힘들다. 개별 부품에 대한 후가공이 어렵다는 단점도 있다.

03 결합된 상태로 출력할 때의 고려사항

결합 출력의 단점에도 불구하고 3D프린팅의 장점을 충분히 이용하는 결합 출력은 매력적인 장점을 제공한다. 결합 후 다시 분해할 필요가 없는 경우, 결합 출력을 적극적으로 고려해야 할 수 있다. 결합 출력 시 가장 먼저 고려해야 할 사항은 서포트의 생성 유무와 위치, 서포트의 제거 가능성이다.

결합 출력을 하는 경우에는 일반적으로 움직이는 제품이므로 결합 출력물 안에서 슬라이딩이나 회전과 같은 움직임이 발생한다. 이때 서포트가 적절하게 제거되지 않으면 필요한 기능이 제대로 작동되지 않을 수 있다. 따라서 서포트의 생성 유무와 위치에 가장 큰 영향을 미치는 출력 방향을 고려해야 한다. 다음 사례를 통해 결합 출력에서 고려해야 할 사항을 구체적으로 살펴보자.

04 3D프린팅으로 출력하는 볼 베어링

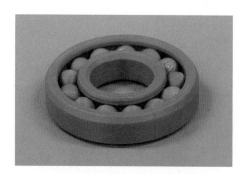

[그림 4-94] 3D프린터로 출력된 베어링

볼 베어링은 축의 회전 운동을 부드럽게 하기 위해 금속으로 만들어진 정교한 부품이다. 다양한 종류의 볼베어링이 저렴한 가격에 판매되고 있다. 그런데 3D프린팅에서는 출력 테스트 용도로 출력하는 것 외에 실제로 이 부품의 모델링 데이터를 그대로 출력해 제품에 사용할 일은 많지 않다. 축이 회전하는 곳의 움직임이 매우 부드러워야 할 경우, 간혹 적용할 때도 있다.

이러한 볼 베어링의 부품을 각각 출력해 조립하는 것은 매우 번거롭고 결합한 상태로 출력하는 것보다 훨씬 어렵다.

슬라이서 설정

구 형태의 베어링과 하우징이 조립된 상태로 출력될 때의 첫 번째 고려사항은 '서포트'이다. 일반적인 경우 [그림 4-95]와 같은 서포트가 생긴다.

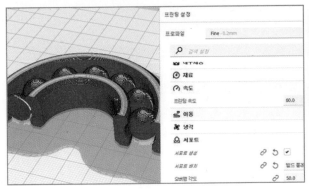

[그림 4-95] 원본 모델링 상태에서의 서포트 생성 위치

[그림 4-96] 볼 하단부에 생성된 서포트

출력 후 서포트를 제거하면 구 형태의 베어링 표면의 정밀도가 떨어져 볼 베어링의 부드러운 회전에 문제가 생길 수 있다. 서포트가 생길 표면의 상태를 고려하고 서포트를 좀 더 쉽게 제거하기 위해 서포트를 미리 모델링 툴에서 만들 수 있다.

[그림 4-97]에서 초록색 부분은 출력 후 제거되는 부분이며 모델링상에서 구와 초록색 부분은 0.2mm 떨어진 상태로 모델링돼 있다. 이 공간은 서포트로 채워지는데, 출력 후 약간의 힘만 주면 분리할 수 있다.

[그림 4-97] 볼 베어링 하단부에 서포트 형상으로 모델링(오른쪽 초록색 부분)

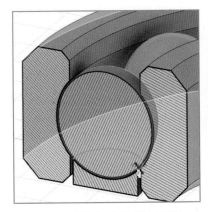

[그림 4-98] 출력 후 제거될 것을 고려해 적정 갭을 띄우고 모델링한 가상 서포트 형상

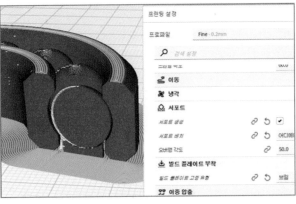

[그림 4-99] 0.2mm 갭 사이에 형성된 작은 서포트

[그림 4-100] 서포트 형상 모델 추가 후 출력(왼쪽), 출력 후 모델 제거(오른쪽)

05 나선 운동이 직선 운동으로 바뀌는 볼 스크류

볼 스크류(Ball Screw)는 나선 운동을 직선 운동으로 바꿔 준다. 모터 등에 연결된 수나사 부분이 회전하면 다른 곳에 거치돼 회전하지 못하는 암나사 부분이 직선 운동하게 된다. 원래 기계 부품인 볼 스크류는 암나사 부분에 베어링이 들어 있어 정밀한 이송을 하게 하지만, 3D프린팅 출력물로 만들어지는 볼 스크류 제품에는 베어링을 넣지 않고 미끄럼 방식의 간단한 구조로 만든다. 따라서 기계 부품과 같은 정밀도를 구현할 필요가 없다.

제품의 구성은 3가지인데, 수나사와 암나사 부분 그리고 이들을 거치하는 하우징으로 구성한다. 기본적인 구조는 [그림 4-101]과 같다.

[그림 4-101] 볼 스크류 기능 부품의 결합 출력물

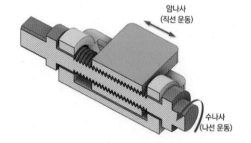

[그림 4-102] 미끄럼 방식 볼 스크류 부품의 구조

이때 각 부품의 공차는 [그림 4-103]과 같이 설정한다. 앞에서 언급했던 볼트, 너트 부분의 출력을 위한 모델링에서의 치수 조정을 적용할 수 있다.

암나사와 수나사의 공차는 기본 공차인 0.1보다 더 많은 0.4가 적용돼 있다. 하우징과 암나사의 공차는 0.7이고 수나사의 축 공차에는 약 0.57이 적용됐다.

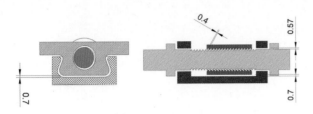

[그림 4-103] 볼 스크류 부품에서 각 부품 간 모델링 공차 예시

[그림 4-104] 출력물의 단면
(암나사와 수나사 사이의 서포트 생성)

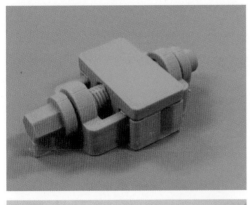
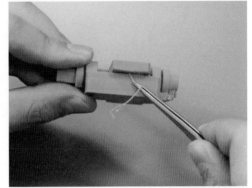
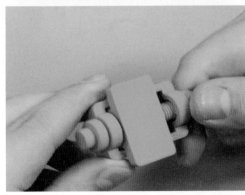
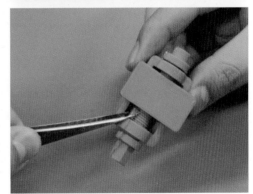

[그림 4-105] 완성된 출력물의 서포트 제거

이상과 같이 각각의 부품을 따로따로 출력해 조립할 경우, 부품 고정을 위한 추가 부품이 필요하지만, 이 경우처럼 결합 출력을 하게 되면 최소한의 부품 수로 원하는 기능을 구현할 수 있다. 단, 설계할 때는 조립공차를 적절하게 고려해야 한다.

02 분할 출력

1개의 부품을 한 번에 출력하지 않고 모델링상에서 분리해 출력한 후 다시 결합시켜야 하는 경우가 종종 발생한다. 1개의 부품은 한 번에 출력하는 것이 부품의 강도와 정밀도 측면에서 권장되지만, 부득이한 경우 분리해 출력한 후 결합할 수 있다. 다음과 같은 경우, 1개의 부품을 분리해 출력한다.

01 부품의 크기가 프린터의 출력 크기를 초과하는 경우

부품의 크기가 프린터의 최대 출력 가능 크기를 초과하는 경우에는 부품을 모델링상에서 분리할 수밖에 없다. 만약, 프린터의 출력 가능 크기가 가로×세로 각각 200mm라면 아래의 길이가 250인 모델은 분리해서 출력해야 한다. 물론 길이 250mm를 한 번에 출력할 수 있는 프린터에서 출력하는 것이 부품의 품질은 더 우수하지만, 여러 여건을 고려해 결정하는 것이 좋다.

[그림 4-106] 분리되기 전의 부품(길이 250mm)

[그림 4-107] 분리된 후 2개의 부품

분할 출력을 위해 모델링을 분할할 때 [그림 4-107]과 같이 평면으로 분리하는 것은 좋은 방법이 아니다. 이 경우, 분리된 두 부품의 결합은 접착제를 이용하는데, 이때 두 부품을 제대로 정렬해 접착하기가 어렵다. 따라서 결합 후 원래의 형상과 달라질 가능성이 높아진다.

분할 출력을 위해 부품을 분리할 때는 결합할 때의 위치 정확도를 높일 수 있도록 서로 맞물리는 구조로 모델링해야 한다. 맞물리는 형태는 매우 다양하다. 몇 가지 예를 살펴보자.

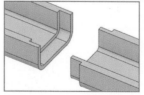

[그림 4-108] 분할 출력 방법 1

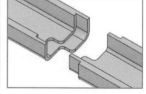

[그림 4-109] 분할 출력 방법 2

[그림 4-109]와 같이 1개의 부품을 분할하면 2개를 결합할 때 형상공차(평면도, 진직도, 직각도)의 정밀도를 높일 수 있다. 일반적으로 이러한 결합에는 접착제를 사용한 후 외부 표면의 요구 품질에 따라 후가공을 하게 된다.

다음은 분할한 후 결합할 때 서로 어긋날 수 없는 형태의 구조물을 삽입해 모델링을 하는 방법이다. 결합을 위한 별도의 구조물이 부품의 기능 및 형상에 영향을 미치지 않을 때 사용할 수 있는 방법이다.

[그림 4-110] 분할 출력 시 적용하는 맞물림 구조

이때 서로 맞물리는 구조의 돌출부나 음각부에는 필렛이나 챔퍼를 적용해 결합 시 서로 원활하게 맞물리도록 한다.

02 서포트 생성 면의 품질이 중요한 경우

[그림 4-111]은 출력 후 외부 표면과 내부의 표면이 모두 중요한 부품인 경우이다. 만약, 하나의 부품으로 출력할 경우, 서포트의 제거 자국으로 인해 내부 표면의 품질이 좋지 않을 것으로 예상되면 파트를 분리해 조립할 수 있다.

[그림 4-111] 분리 전과 분리 후의 형상과 구조

[그림 4-112] 출력돼 결합된 상태

여기서도 서로 맞물림 구조를 적용한다.

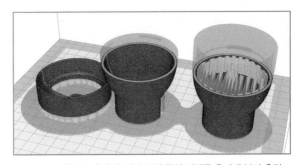

[그림 4-113] 서포트 제거 시 내부 표면 품질 저하를 우려해 분리 출력.
안쪽 면의 서포트 생성 면적이 줄어든다.

03 하나의 부품에 2가지 재료가 사용하는 경우

일반적인 FDM 프린터에서는 서로 다른 재료를 동시에 적용해 출력하기 어렵다. 노즐이 2개 있는 고가의 FDM 프린터에서만 가능하므로 일반적인 개인용 3D프린터에서는 1개의 부품을 2개로 분리해 출력한 후 결합하는 방법을 사용한다.

▌스냅핏

스냅핏 조인트는 3D프린팅 부품에서 내구성이 현저히 떨어져 몇 번 사용하다 보면 금방 파손되는 경우가 많다. 프로토타이핑에서 형상과 구조를 확인하기 위한 용도로는 사용할 수 있지만, 여러 번 반복적으로 사용하는 곳에 적용하기는 어렵다. 따라서 반복적으로 사용해야 하는 곳의 스냅핏 조인트는 서로 다른 재료로 분리해 출력한 후 결합하는 방법을 사용한다.

[그림 4-114]와 같이 조인트 부분은 TPU로 출력하고 나머지 부분은 ABS로 출력한 후 접착제로 결합하는 방법을 사용할 수 있다.

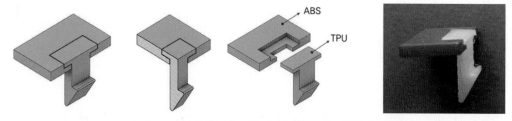

[그림 4-114] 스냅핏에서 서로 다른 재료로 출력한 후 접착한 상태

▌리빙 힌지

프로토타이핑 용도로 리빙 힌지를 적용할 경우에도 수십 회 이상 여러 번 힌지 기능이 필요한 부품이 있을 수 있다. 이 경우에 사용할 수 있는 방법은 리빙 힌지 부분만 플렉서블한 재료인 TPU 재료로 출력한 후 접착시키는 것이다. 접착되는 곳의 결합 구조는 다양하게 응용할 수 있다.

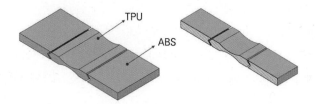

[그림 4-115] TPU를 분리해 출력 후 접착하는 방법. 접착하는 부분의 구조는 위 그림 외에도 다양한 방법 가능(예 고리형)

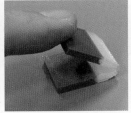

[그림 4-116] 힌지 부분만 TPU로 출력 후 결합한 리빙 힌지

04 하나의 부품에 2가지 이상의 색상이 적용되는 경우

기본적으로 색상이 다르면 부품이 다른 것이 설계의 기본이다. 일부 인몰드 사출과 같은 경우, 하나의 사출 부품에 여러 색상이 사용되기도 하지만, 일반적으로는 색상이 다르면 부품을 다르게 한다. 3D프린팅 출력물에서도 색상이 다른 곳은 다른 부품으로 구분하는 것이 유리하다. 하나의 구조 안에 다른 색상을 적용해야 하는 경우에는 분리해 출력한 후 결합하는 방식을 선택할 수 있다. 출력 후 부품을 마스킹해 서로 다른 색상을 페인팅하는 방법은 권장하지 않는다.

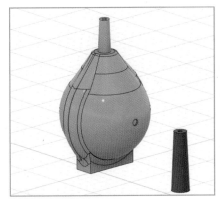

[그림 4-117] 모델링 단계에서 부품 분리

[그림 4-118] 색상이 다른 곳의 분리 출력 후 결합

05장

3D프린팅
실전 연습

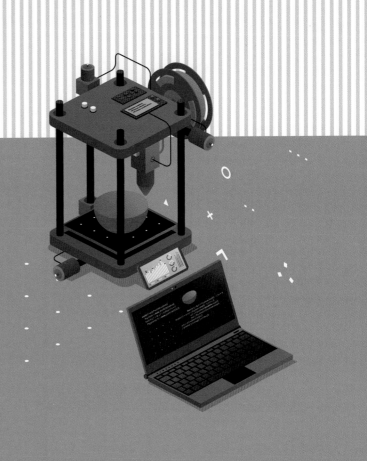

01

3D프린팅 연습-기초

01 책갈피

연습 목적

01 가장 간단한 형태의 모델을 통해 슬라이싱 소프트웨어와 3D프린팅의 기본적인 과정을 직접 경험한다.

02 서포트의 생성 조건을 이해한다.

완성품

[그림 5-1] 완성된 책갈피

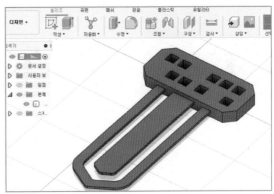

[그림 5-2] 책갈피 모델링

설계 콘셉트/모델링

- 출력 방향과 서포트 생성의 관계를 생각하면서 표면 품질이 우수한 형상 구현
- 크기: 45×85×5mm

슬라이싱

- 제품의 출력 방향을 가로와 세로로 배치해 그 차이를 확인해 본다.
- 가로 방향으로 출력하는 경우, 베드에서 떨어진 부분에는 서포트를 생성한다.
- 베드에서 수직 방향, 즉 제품을 세로로 출력했을 경우 서포트는 다른 곳에 생성된다.

[그림 5-3] 출력 방향과 슬라이서 설정

출력 결과

[표 5-1] 2개를 동시에 출력했을 때의 출력 조건

사용 프린터	필라멘트	레이어 높이	내부채움 밀도	출력 속도	출력 시간	특이 사항
신도리코 3DWOX 2X	PLA	0.20mm	20%	60mm/s	1시간 58분	없음

- 출력 완료된 부품을 검토한 결과, 표면 정밀도는 가로로 출력한 것이 우수하지만, 서포트를 제거한 면은 세로로 출력한 부품보다 품질이 떨어졌다.

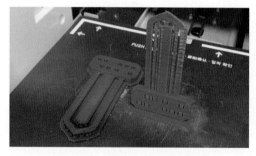
[그림 5-4] 출력이 완료된 직후의 출력물 상태

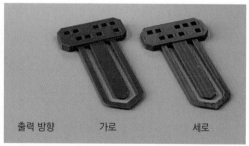
[그림 5-5] 서포트를 제거한 후 완성된 출력물

생각해 볼 문제

01 출력물을 베드와 수평 방향으로 놓을 것인지, 수직 방향으로 놓을 것인지는 무엇에 의해 결정해야 하는가?

02 얇은 판 형태의 부품을 출력할 때 유의해야 할 사항은 무엇인가?

03 슬라이서 설정을 조정해 얇은 판 형태의 제품에서 손상 없이 서포트를 쉽게 제거하는 방법은 무엇인가?

- 슬라이서 설정 중 서포트 Z 거리는 서포트가 생성되는 수직 위치를 설정하는 옵션이다. 이를 레이어 높이만큼 설정하면 서포트를 출력물에서 좀 더 쉽게 제거할 수 있지만, 서포트의 본래 목적인 오버행을 지탱하는 힘은 약해진다.
- 큐라 슬라이서의 서포트 Z 거리 기본값은 0.1인데, 이를 0.2로 변경하면 서포트의 생성 위치가 수직 방향으로 떨어지게 돼 서포트의 제거가 다소 유리해질 수 있다.

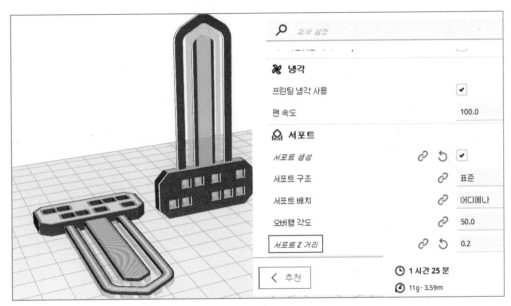

[그림 5-6] 슬라이서 설정에서 서포트 Z 거리 설정

이 도면은 전체 크기를 예상하고 형태를 구분하기 위한 용도이므로 표기되지 않은 치수는 자유롭게 설정할 수 있음

기초 01	책갈피

02 정12면체 주사위

연습 목적

01 레이어 높이별 표면 품질의 차이를 이해한다.

02 서포트 생성 옵션과 표면 품질의 차이를 이해한다.

완성품

[그림 5-7] 출력 완성된 정12면체 주사위

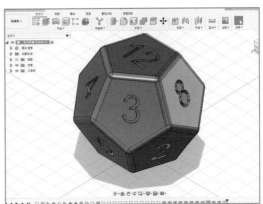

[그림 5-8] 정12면체 주사위 모델링

설계 콘셉트/모델링

- 음각으로 주사위의 12개 숫자 표현
- 최대한 주사위의 표면이 매끄럽게 출력
- 크기: $40 \times 38 \times 33$mm

슬라이싱

- 경사진 면의 표면 품질 향상을 위해 레이어 높이를 0.1mm로 설정하고 베드에 접착되는 면이 주사위의 한 면이므로 표면 정밀도의 향상을 위해 바닥 보조물은 브림으로 적용한다.
- 주사위의 면은 베드 기준 수직 방향에서 $26.6\degree$ 기울어져 있으므로 큐라의 기본 설정에서는 서포트 생성이 해제돼 있다.

- 주사위 면에 새겨진 12개의 숫자는 깊이 2mm이며 오버행 각도를 볼 때 서포트가 생성된다. 큐라는 숫자의 음각 깊이가 낮아 서포트를 생성하지 않지만, 큐비크리에이터의 경우 오버행 각도만 계산해 서포트를 생성한다.

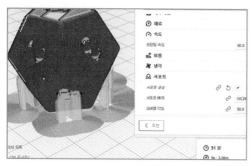

[그림 5-9] 음각의 숫자에 생성된 서포트

[그림 5-10] 숫자 음각의 깊이를 1mm로 변경하고 서포트 생성 체크를 해제한 경우

출력 결과

초기 출력 결과

- 음각의 숫자 부분의 서포트 때문에 전체적인 표면 정밀도가 좋지 못하다.

[표 5-2] 주사위의 초기 출력 조건

사용 프린터	필라멘트	레이어 높이	내부채움 밀도	출력 속도	출력 시간	특이 사항
큐비콘 싱글 Plus	PLA	0.1mm	기본	60mm/s	51분	없음

[그림 5-11] 출력 중인 주사위

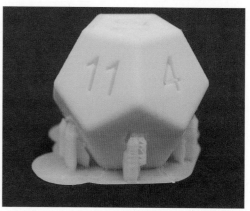

[그림 5-12] 후가공 전 출력물

모델링 수정 및 슬라이서 설정 변경 후 재출력

- 모델링 자체에서 숫자의 음각 깊이를 2mm에서 1mm로 조금 낮춘다.
- 슬라이서에서 서포트 생성을 하지 않도록 설정하고 출력한다.
- 숫자 부분에 서포트가 생성되지 않았지만, 출력에는 이상 없으며 서포트가 생성됐던 부분의 표면이 개선됐다.

[표 5-3] 수정된 주사위 출력 조건

사용 프린터	필라멘트	레이어 높이	내부채움 밀도	출력 속도	출력 시간	특이 사항
큐비콘 싱글 Plus	PLA	0.1mm	기본	60mm/s	42분	없음

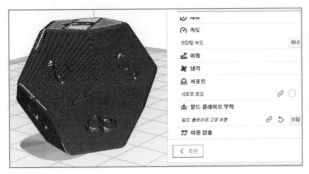

[그림 5-13] 서포트 생성 없음으로 슬라이싱

[그림 5-14] 서포트 생성 없음으로 출력

생각해 볼 문제

01 서포트 생성 부분의 표면 품질을 향상시키기 위한 방법은 무엇인가?

- 서포트 Z 거리를 사용해 서포트를 제거하기 쉽게 서포트 생성 부분의 표면 품질을 증가시킬 수 있다. 서포트 Z 거리는 기준값 0.1mm에서 레이어의 높이만큼 설정하는 것을 권장한다.

02 레이어 높이를 0.2로 했을 때의 표면 품질은 0.1로 했을 때와 어느 정도 차이가 있는가?

- 수직이나 수평인 면의 경우, 이 정도의 레이어 높이 차이는 표면의 정밀도에 큰 영향을 미치지 않는다. 그러나 이 출력물과 같이 경사진 면 또는 곡면이 존재하는 경우, 레이어 높이 0.1mm와 0.2mm는 차이가 생긴다.

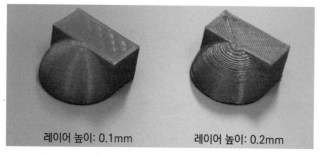

레이어 높이: 0.1mm　　　레이어 높이: 0.2mm

[그림 5-15] 레이어 높이 0.1, 0.2의 차이

03 음각된 숫자 부분의 형상을 어떻게 해야 그 부분을 정밀하게 표현할 수 있을까?

- [그림 5-16]에서 음각으로 새겨진 숫자 부분에 서포트 일부가 보이고 있다. 큐라의 설정에서 강제로 서포트를 제거하더라도 특별한 문제가 발생하지 않도록 음각의 깊이를 낮게 조절할 수 있다. 단, 제품의 기능상의 문제가 발생하지 않는 범위에서 조절할 수 있다.
- 서포트 배치를 '어디에나'에서 '빌드 플레이트 위'로 바꾸면 [그림 5-17]에서 보이는 파란색의 서포트는 생성되지 않는다. 이 경우, 서포트 생성 자체의 체크를 해제해도 출력에는 이상이 없다.

[그림 5-16] 음각의 숫자 부분에 생성된 서포트와 이로 인해 손상된 일부 표면

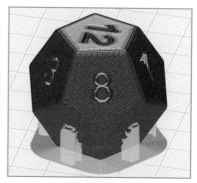

[그림 5-17] 서포트 배치를 '어디에나'로 설정한 후 음각된 부분에 생긴 서포트(그림의 파란색 부분)

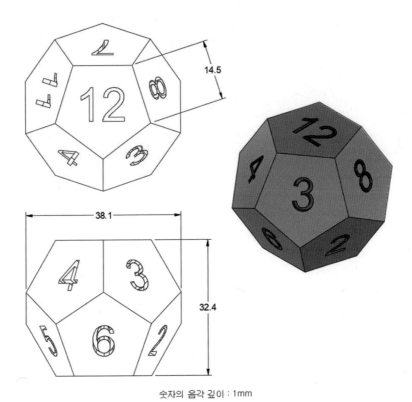

14.5

38.1

32.4

숫자의 음각 깊이 : 1mm

이 도면은 전체 크기를 예상하고 형태를 구분하기 위한 용도이므로 표기되지 않은 치수는 자유롭게 설정할 수 있음

기초 02	정12면체 주사위

03 스마트폰 거치대

연습 목적

01 실제 제품을 측정한 치수를 바탕으로 새로운 부품을 설계하는 방법을 연습한다.

02 FDM 프린팅 출력물의 치수 특징을 이해한다.

완성품

[그림 5-18] 완성된 휴대폰 거치대

설계 콘셉트/모델링

- 2가지 각도로 스마트폰을 안정적으로 거치할 수 있는 거치대
- 소형 크기와 최대한 간단한 구조 적용으로 빠른 출력 시간 확보
- 크기는 75×30×25mm로 불필요한 공간 낭비 최소화

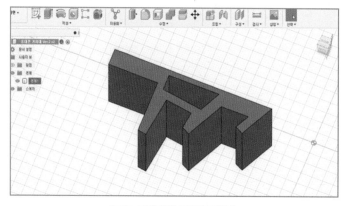

[그림 5-19] 휴대폰 거치대 모델링

슬라이싱

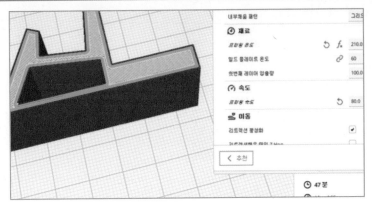

[그림 5-20] 큐라 슬라이서의 휴대폰 거치대 슬라이싱

- 서포트가 생기지 않는 출력 방향을 설정한다. 정교한 치수를 요하거나 복잡한 형상이 없으므로 출력 시간을 줄이기 위해 출력 속도를 기준값인 60mm/s보다 약간 높여 80mm/s로 설정한다.
- 바닥 보조물은 '없음'으로 하며 다른 설정은 큐라의 기본값을 적용한다.

출력 결과

[표 5-4] 출력 조건

사용 프린터	필라멘트	레이어 높이	내부채움 밀도	출력 속도	출력 시간	특이 사항
큐비콘 싱글	PLA	0.2mm	20%	80mm/s	45분	없음

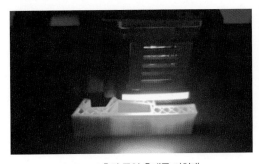

[그림 5-21] 출력 중인 휴대폰 거치대

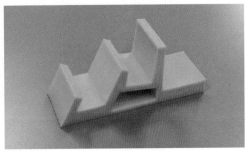

[그림 5-22] 완성된 출력물

01 출력 방향에 따른 표면 정밀도의 차이는 이 제품에 어떤 영향을 미치는가?

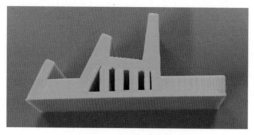

[그림 5-23] 베드에 수직으로 출력했을 때
개선된 양쪽 옆면의 표면 품질

- 베드에 수직으로 출력할 경우와 수평으로 출력할 경우, 거치대의 표면 정밀도는 어떻게 변화하는가?
- 베드에 수직으로 출력할 경우 서포트가 최소한으로 생성되기 위한 거치대 각 부분의 각도는 어떻게 설정해야 하는가?

02 다른 형태의 거치대를 디자인할 수 있는가?

- 거치대의 형태는 다양한 디자인이 가능하다. 사용자가 원하는 각도를 적용할 수 있고 필렛과 챔퍼를 적절하게 적용할 수 있다.

03 출력 시간을 더 줄일 수 있는 방법은 무엇인가?

- 이 휴대폰 거치대는 3D프린팅 출력물 중에서도 매우 단순한 형태이므로 표면의 품질을 조금 포기한다면 레이어 높이를 0.4로 출력함으로써 출력 시간을 대폭 감소시킬 수 있다.

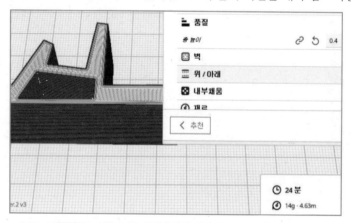

[그림 5-24] 레이어 높이를 0.4로 설정해 출력 시간이 45분에서 24분으로 감소함

04 위 예제의 도면으로 판단할 때 현재의 디자인은 3D프린팅 출력 면에서 완전하지 않다. 모델링을 수정한다면 어떤 부분이 수정돼야 하는가?

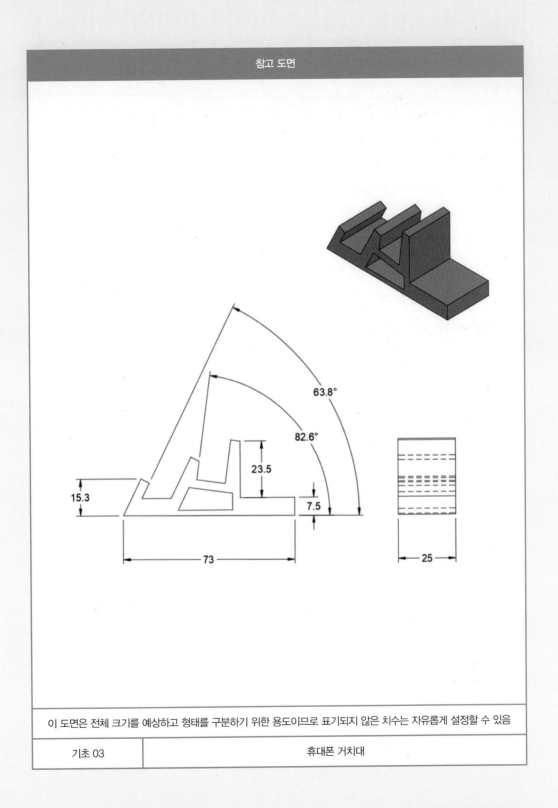

63.8°

82.6°

23.5

15.3

7.5

73

25

이 도면은 전체 크기를 예상하고 형태를 구분하기 위한 용도이므로 표기되지 않은 치수는 자유롭게 설정할 수 있음

기초 03	휴대폰 거치대

04 휴대용 가방걸이

연습 목적

01 힘이 가해지는 부품의 모델링 시 고려사항을 이해한다.

02 강도가 필요한 부품을 출력할 때 유의해야 할 내용을 이해한다.

완성품

[그림 5-25] 완성된 가방걸이

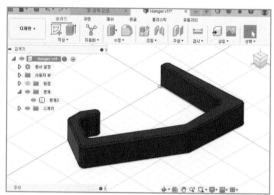

[그림 5-26] 가방걸이 모델링

설계 콘셉트/모델링

- 휴대할 수 있으면서 책상 등에 설치해 가방을 걸 수 있는 가방걸이
- 가방 무게(약 7kg 이내)를 버틸 수 있는 내구성 확보
- 휴대성을 위한 작은 크기: $60 \times 100 \times 15$mm
- 하중을 많이 받는 부분에 필렛을 적용해 응력 분산

슬라이싱

[그림 5-27] 상 · 하단 레이어와 내부채움 밀도 설정

- 가방걸이가 받을 수 있는 굽힘 하중을 늘릴 수 있도록 상 · 하단 레이어의 값을 기존 5와 3에서 5와 5로 변경한다.
- 내부채움 밀도는 기존 20%에서 30%로 증가시킨다.

출력 결과

[표 5-5] 1차 출력 조건

사용 프린터	필라멘트	레이어 높이	내부채움 밀도	출력 속도	출력 시간	특이 사항
신도리코 3DWOX 2X	PLA	0.2mm	30%	60mm/s	81분	상단/하단 두께 1mm

- PLA는 ABS보다 굽힘 강도와 인장 강도가 높으므로 PLA 필라멘트로 선택한다.

[그림 5-28] 출력 중인 가방걸이

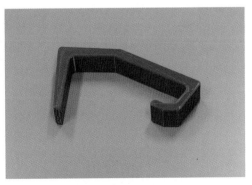

[그림 5-29] 완성된 출력물

생각해 볼 문제

01 다른 디자인의 가방걸이 형태를 생각해 보라.

- 가방 2개 또는 가방과 함께 다른 것도 걸 수 있도록 디자인을 변경할 수 있다. [그림 5-31]
은 디자인을 변경해 출력한 예이다.

[그림 5-30] 다른 디자인으로 모델링

[그림 5-31] 다른 디자인 모델링 후 출력

02 가방걸이가 견딜 수 있는 하중을 더 늘리기 위해서는 어떤 방법을 사용할 수 있는가?

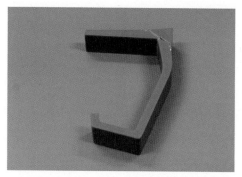

[그림 5-32] 내부채움 20%로 출력했을 경우 6kg의 가방 무게를 견디지 못하고 파손된 출력물

- 3D프린터 출력물들은 레이어가 적층되는 방향으로 가해지는 힘에 약하기 때문에 출력 방향에 유의해야 한다. 이 부품의 경우, 서포트가 생성되지 않도록 [그림 5-32]와 같이 베드에 수평 방향으로 출력하게 되는데, 이는 부품이 힘을 받는 방향과 반대이다. 만약, 이 부품을 세워서 출력할 경우에는 현재의 출력물보다 현저하게 굽힘 강도가 줄어들게 된다.
- 다른 부품일 경우에는 힘을 받는 방향과 레이어가 적층되는 방향을 고려해야 한다.
- 힘을 받는 부품의 경우, 내부채움 밀도를 기본값 20 대신 40~100으로 설정할 필요가 있다.
- 내부채움 밀도 외에 상단 두께, 바닥 두께, 상단, 바닥의 레이어 개수를 증가시킬 수도 있다.

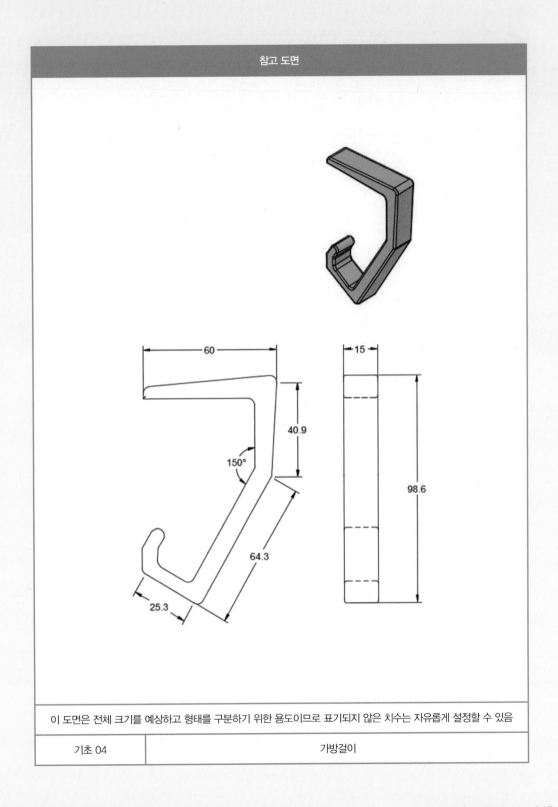

이 도면은 전체 크기를 예상하고 형태를 구분하기 위한 용도이므로 표기되지 않은 치수는 자유롭게 설정할 수 있음

기초 04	가방걸이

05 호루라기

연습 목적

01 스트링을 최소화하기 위한 리트렉션을 이해한다.

02 서포트 생성 옵션과 표면 품질의 관계를 이해한다.

완성품

[그림 5-33] 완성된 호루라기

설계 콘셉트/모델링

• 입으로 불어 넣은 공기의 흐름으로 고음을 낼 수 있는 호루라기

• 한 손으로 잡기에 편한 크기

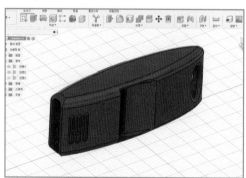
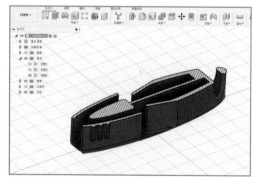

[그림 5-34] 호루라기 모델링

• 크기: 약 $10 \times 17 \times 48$mm, 외벽 두께: 0.8mm

• 서포트를 제거하기 힘든 막힌 구조이므로 서포트 생성 없이 출력할 것을 염두에 두고 필요한 곳에 챔퍼와 필렛 등을 적용

슬라이싱

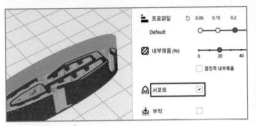

[그림 5-35] 큐라에서 서포트를 생성할 경우

[그림 5-36] 큐라에서 서포트의 생성을 해제할 경우

- 호루라기는 교량과 같은 천장이 있는 막힌 구조이다. 안정적인 출력을 위해 서포트를 생성해야 하지만, 막혀 있으므로 출력 후 서포트 제거가 불가능하다.
- 교량의 길이가 10mm 정도로 서포트 없이 원활하게 출력할 수 있을 것이라 예상되므로 '서포트 생성'을 체크 해제한다.
- 서포트 없이 출력할 것에 대비해 모델링에서 옆면에서 벽이 시작되는 곳에 챔퍼를 적용한다.
- 입에 직접 닿는 제품이기 때문에 ABS보다 PLA 재료를 선택한다.
- 소리가 잘 나오기 위해서는 내부 구조의 표면이 매끈해야 한다. 출력물 내부에 스트링이 최소화될 수 있도록 슬라이서 설정에서 이동 속도는 기본값 150mm/s에서 130mm/s로, 리트렉션 거리는 6mm로 설정한다. 이때 이동 속도는 출력하지 않을 때 노즐이 이동하는 속도이다. 프린팅 속도는 출력할 때, 즉 노즐에서 필라멘트가 압출될 때 노즐이 이동하는 속도를 말한다.

[그림 5-37] 이동 속도와 리트렉션 거리 설정

출력 결과

- 다음과 같은 조건으로 출력한 결과, 서포트 생성 없이 예상대로 잘 출력됐다.
- 단, 출력 도중 출력 상태를 관찰해 보면, 내부의 벽에 약간의 흠과 스트링이 발생한 것으로 보이지만, 제품의 기능에는 큰 문제가 없다.

[표 5-6] 출력 조건

사용 프린터	필라멘트	레이어 높이	내부채움 밀도	출력 속도	출력 시간	특이 사항
신도리코 3DWOX 2X	PLA	0.2mm	20%	40mm/s	29분	없음

[그림 5-38] 출력 중인 호루라기

[그림 5-39] 완성된 출력물

생각해 볼 문제

01 얇은 벽을 출력할 때 스트링 없이 출력할 수 있는 방법은 무엇인가?

- 프린터의 이동 속도를 낮추고 리트렉션 거리를 높이는 방법이 있다. 프린터마다 설정값이 다르므로 자신이 사용하는 프린터의 최적 설정값을 찾을 때까지 일정한 값으로 변화시켜 보는 것이 필요하다.

02 교량 형상을 포함하는 출력물은 반드시 서포트가 필요한가?

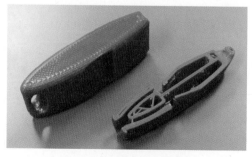

[그림 5-40] 내부 상태 확인을 위해
50% 정도 출력된 호루라기 출력물

- 교량 형상이 10mm 정도라면 서포트 없이도 원활하게 출력할 수 있다.
- 교량 형상에서 서포트가 생성되지 않기 위해 벽이 시작되는 곳에 챔퍼를 적용할 수 있다.

03 레이어 높이 차에 의한 출력물의 표면 품질 차이는 어느 정도인가?

- 레이어 높이가 0.1mm일 때는 레이어 높이가 0.2mm일 때보다 높은 정밀도의 품질을 얻을 수 있지만, 크기가 작은 출력물일 때는 큰 차이를 보이지 않았다.
- 반면, 출력 시간은 약 2배인 57분으로 늘어났으므로 크기가 작은 출력물일 경우, 레이어 높이는 기본 설정값이 적당하다.

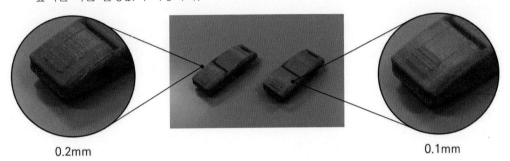

0.2mm   0.1mm

[그림 5-41] 0.2mm와 0.1mm의 레이어 높이로 출력했을 때의 표면 상태 비교

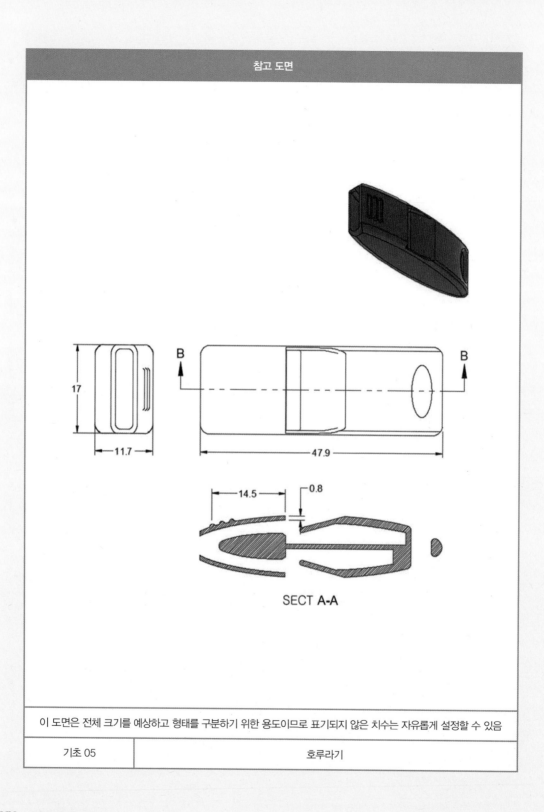

SECT **A-A**

이 도면은 전체 크기를 예상하고 형태를 구분하기 위한 용도이므로 표기되지 않은 치수는 자유롭게 설정할 수 있음

기초 05	호루라기

02

3D프린팅 연습 – 응용

연습 목적

01 TPU 소재의 특징과 출력 시 유의사항을 이해한다.

02 TPU 소재의 슬라이서 옵션 설정을 이해한다.

03 TPU 소재의 출력 상황과 표면 정밀도, 경도 등을 직접 경험한다.

완성품

[그림 5-42] 출력된 먼지 제거기 완성품

[그림 5-43] 설계에 참고한 판매 중인 제품

설계 콘셉트/모델링

• 플렉서블 소재로 제작된 수동 펌핑식 먼지 제거기

• 제품을 누를 때 중앙 부분의 구멍을 손으로 막아 풍압을 상승시키며 바람 생성

• 판매 중인 제품을 벤치마킹해 형태적 특징을 파악하고 1개의 부품으로 구성

• 펌프의 위쪽 부분 때문에 펌프 내부에 서포트가 생기면 안 되므로 펌프의 형상을 수정해 45°
의 오버행을 상단에 추가

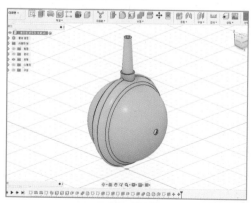

[그림 5-44] 1차 모델링

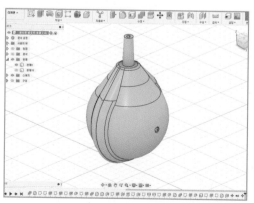

[그림 5-45] 오버행이 추가된 수정 모델링

슬라이싱

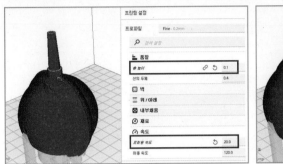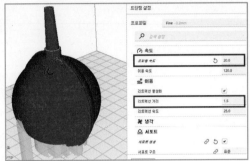

[그림 5-46] 슬라이싱 옵션

- 출력물을 베드에 수직 방향으로 위치시킨다.
- 출력 후 공기가 새지 않게 하기 위해 0.1mm의 레이어 높이로 설정해 출력물의 밀도를 높인다.
- TPU 소재를 사용하기 때문에 층간 접착을 고려해 출력 속도를 줄여 20mm/s로 설정한다.
- 플렉서블 재료이기 때문에 리트렉션 거리는 1.5mm로 짧게 설정한다.
- 서포트 배치를 '빌드 플레이트 위'로 선택해 외관에만 서포트가 생기게 하고 내부에는 서포트 가 생성되지 않도록 한다.

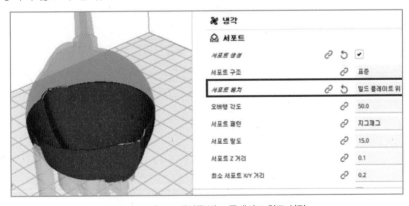

[그림 5-47] 서포트 배치를 빌드 플레이트 위로 설정

출력 결과

[표 5-7] 출력 조건

사용 프린터	필라멘트	레이어 높이	내부채움 밀도	출력 속도	출력 시간	특이 사항
Creality Ender3 pro	TPU	0.1mm	20%	20mm/s	5시간 28분	없음

[그림 5-48] 1차 출력 결과물

- 플렉서블 재료를 바닥 보조물 없는 상태로 출력했기 때문에 바닥 부분이 원활하게 출력되지 않았다.
- 외벽 두께가 0.8mm로 얇아서 외부에 생성된 서포트를 제거하기 어려웠다. 제거 시 주변 표면이 손상되는 결과를 초래했다.
- 레이어의 층간 접착이 약해 여러 번의 작동 후 제품의 표면이 찢어지는 문제가 발생했다.

설계 수정

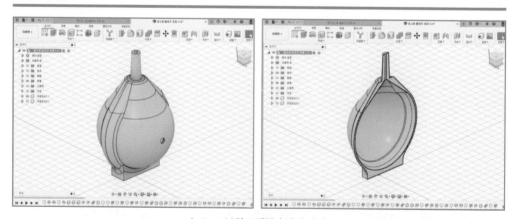

[그림 5-49] 2차 모델링과 단면 사진

- 출력물이 베드에 잘 안착되도록 부품의 형상을 변경했다. 하단 부분에 평평한 블록을 추가해 서포트가 자체적인 역할을 하도록 함으로써 서포트를 제거할 필요가 없도록 했다.

- TPU 소재는 서포트 제거 시 표면 품질이 다른 필라멘트 대비해 상대적으로 좋지 않으므로 모델링에서 이를 고려하는 것이 필요하다.

슬라이싱

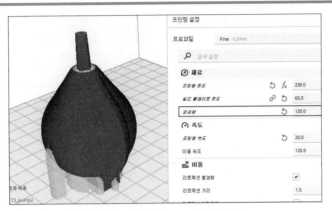

[그림 5-50] 압출량을 120%로 설정한 모습

- TPU 재료라는 것을 고려해 프린팅 온도는 230℃로 설정하고 프린팅 속도는 20mm/s으로 줄인다.
- 레이어 간 접착이 더욱 잘 되도록 재료 공급량을 120%로 변경한다.

출력 결과

- 1차 출력 테스트 후 수정 사항을 모델링에 반영한 후 2차 출력한 결과, 대부분의 문제점이 해결됐다.

[그림 5-51] 출력 중인 모습

[그림 5-52] 최종 완성된 출력물

생각해 볼 문제

01 플렉서블 재료를 사용할 때 주의해야 할 점은 무엇인가?

- 다른 재료와 달리, 플렉서블 재료는 리트렉션 거리를 길게 하고 리트렉션 속도를 높게 설정하면 스트링이 생기기 쉬우므로 리트렉션 거리를 1.5mm 정도로 낮추고 리트렉션 속도는 20mm/s 정도로 설정한다.
- 익스트루더의 이동, 모터 및 팬으로 인해 제품에 진동이 과도하게 발생할 수 있는데, TPU는 진동에 매우 민감하므로 출력물이 베드에 단단히 고정할 수 있도록 한다. 하지만 바닥 보조물을 설치하면 이를 제거한 면의 품질이 나빠지고 레이어 박리가 일어날 위험성이 있다.
- 층간 접착을 고려해 압출량을 100%를 초과해 120% 정도로 설정한다.

02 부품 내부에 서포트가 생기지 않게 하는 방법에는 어떤 것이 있을까?

- 슬라이서의 설정에서 서포트 배치를 '빌드 플레이트 위'로 설정하면 베드 위에서 생성돼야 할 곳에서만 서포트가 생성되게 할 수 있다.
- 모델링 자체가 서포트 역할을 할 수 있도록 수정하는 방법이 있다. 이 예제와 같이 서포트가 생성돼야 하는 곳에 형상을 추가할 수 있으며 벽이 시작되는 곳, 서포트가 생성될 오버행 부분에 챔퍼를 설정해 서포트가 생성되지 않도록 할 수 있다.
- 슬라이서 설정의 오버행 각도는 슬라이서마다 다르게 설정돼 있는데, 큐라의 기본값 50°를 60°로 수정하면 서포트의 생성 위치를 작게 할 수 있다. 그러나 과도한 각도 설정은 출력물이 제대로 출력되지 못하고 무너지게 하는 결과를 초래한다.

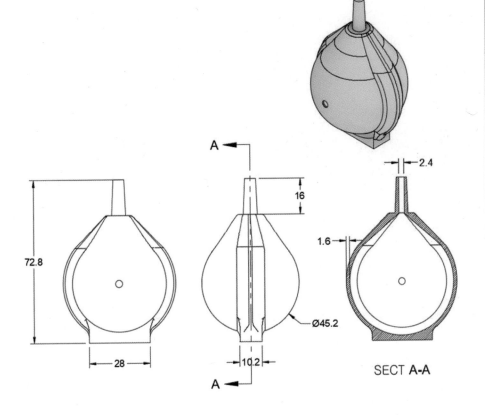

A

16

72.8

A

28

10.2

Ø45.2

2.4

1.6

SECT A-A

이 도면은 전체 크기를 예상하고 형태를 구분하기 위한 용도이므로 표기되지 않은 치수는 자유롭게 설정할 수 있음

응용 01	펌프 먼지 제거기

02 카드형 휴대폰 거치대

연습 목적

01 얇은 두께의 부품 출력 시 유의사항을 이해한다.

02 리빙 힌지의 개념을 이해하고 이를 적용할 때의 기본 치수를 익힌다.

완성품

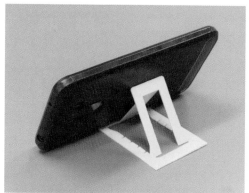

[그림 5-53] 완성품

설계 콘셉트/모델링

- 신용카드 두께(0.8~1.0mm) 정도로 얇은 접이식 스마트폰 거치대
- 5개의 각도로 거치 가능
- 리빙 힌지 사용으로 최대한의 간단한 구조와 최소의 부피 구현
- 크기: 86×54×0.8mm
- 힌지 부분의 두께는 0.3mm, 길이는 1.0mm로 설정

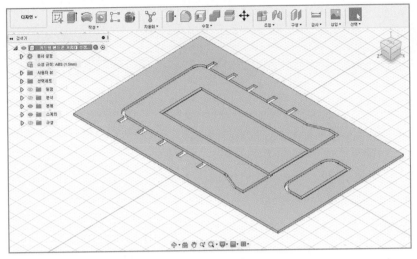

[그림 5-54] 모델링

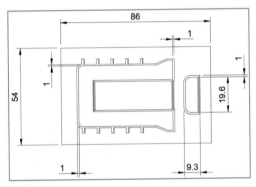

[그림 5-55] 카드 핸드폰 거치대 도면

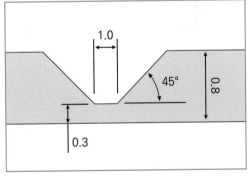

[그림 5-56] 힌지 치수

슬라이싱

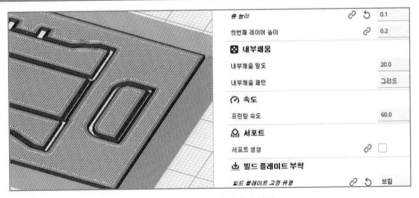

[그림 5-57] 큐라 슬라이서의 설정

- 리빙 힌지의 내구성을 향상시키기 위해 레이어 높이(층 높이)를 0.1mm로 설정한다.
- 형태가 얇은 판 모양으로 휨에 취약할 것으로 예상돼 바닥 보조물은 브림으로 설정한다. 브림으로 설정하면 베드와의 접착력이 높아지고 출력 후 베드에서 제거하기 쉽다.

출력 결과

- 두께 0.8로 얇은 판 형태의 부품은 출력 시 베드에서 휘어지는 불량이 종종 발생하는데, PLA로 출력한 이 부품은 예상대로 출력됐다.
- 리빙 힌지 부분의 설계값, 두께 0.3과 길이 1mm는 힌지의 기능을 하는 데 이상이 없었지만, 수십 회 이상 사용하기는 어렵다.
- 출력물을 베드에서 제거할 때 출력 직후, 제품이 식기 전 제거하면 얇은 형태의 제품은 휠 가능성이 크다. 베드에서 충분히 온도가 낮아진 다음에 제거하는 것이 유리하다.

[표 5-8] 출력 조건

사용 프린터	필라멘트	레이어 높이	내부채움 밀도	출력 속도	출력 시간	특이 사항
큐비콘 싱글 Plus	PLA	0.1mm	20%	기본	46분	베드에서 제거 시 주의

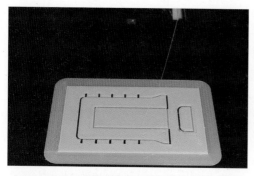

[그림 5-58] 출력 직후 베드 위에 놓인 출력물

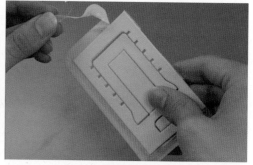

[그림 5-59] 브림 제거 및 표면 정리

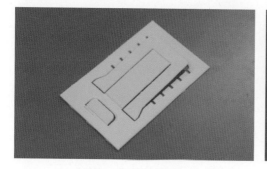

[그림 5-60] 완성된 출력물

[그림 5-61] 원하는 각도로 설정한 거치대

01 FDM 프린터로 출력한 출력물의 리빙 힌지의 두께는 얼마일 때 최적인가?

- 힌지 부분의 두께는 전체 부품의 두께와도 연관된다. 이 제품은 벽 두께가 0.8mm이므로 힌지의 두께를 0.3mm로 한다.
- 힌지 부분의 두께를 0.2mm와 0.3mm로 출력해 비교한 결과, 0.2mm의 리빙 힌지가 더 유연하지만, 수회 사용 후 부러졌다.

[그림 5-62] 부러진 0.2mm 두께의 힌지

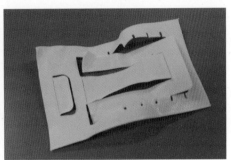

[그림 5-63] 냉각 없이 베드에서 제거돼 변형된 출력물

02 이 출력물과 같이 얇은 제품을 베드에서 제거할 때 주의해야 할 점은 무엇인가?

- 얇은 출력물들은 물리적 강도가 약하므로 베드에서 제거 시 파손되거나 변형되지 않도록 주의해야 한다. 또한 서포트가 없는 구조이므로 충분히 냉각된 후 베드에서 제거해야 한다.

03 제품의 두께를 0.8mm로 할 때와 1.0mm로 할 때의 차이는 무엇인가?

- 두께가 0.8mm인 경우 매우 얇아서 휴대하기 좋지만, FDM 프린팅 출력물의 한계로 쉽게 손상될 수 있다.
- 두께를 1.0mm로 설정했을 경우, 상대적으로 내구성이 좋을 것으로 예상했으며 실제 출력물도 표면 품질, 내구성, 강도 등에서 우수했다.
- 두께가 1.0mm인 경우, 힌지의 두께는 0.4mm를 적용했다.

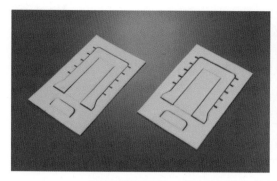

[그림 5-64] 두께 0.8mm, 힌지 두께 0.3mm(왼쪽), 두께 1.0mm, 힌지 두께 0.4mm(오른쪽)

04 필라멘트는 PLA와 ABS 중 무엇이 적당한가?

- 높은 노즐 온도를 요구하고 수축률이 상대적으로 큰 ABS는 워핑이 발생할 확률이 높다. 특히 얇은 판 형태에서는 PLA를 사용할 때 형상의 불량이 발생할 가능성이 상대적으로 낮다.
- 인장 강도와 굽힘 강도도 PLA가 더 높으므로 얇은 두께를 고려하면 PLA가 적당하다.

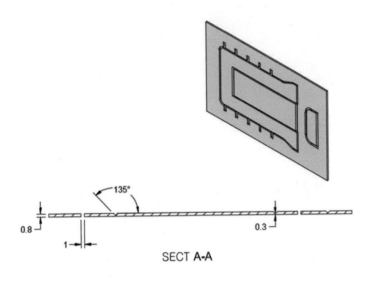

SECT **A-A**

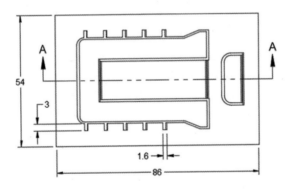

이 도면은 전체 크기를 예상하고 형태를 구분하기 위한 용도이므로 표기되지 않은 치수는 자유롭게 설정할 수 있음

응용 02	카드형 휴대폰 거치대

03 3D프린팅 출력물 샌딩 보조 도구

연습 목적

01 3D프린팅 출력물의 볼트, 너트 체결 구조를 이해한다.

02 볼트, 너트 구조의 공차 적용 방법을 이해한다.

03 볼트, 너트 구조 출력물의 슬라이서 설정과 그 차이를 이해한다.

완성품

[그림 5-65] 완성된 샌딩 블록의 사용 예

- 3D프린팅 출력물의 후가공을 쉽게 할 수 있는 사포 고정 도구
- 사포가 흔들리지 않고 잘 고정되며 필요시 교체할 수 있도록 볼트, 너트 체결 구조 적용

설계 콘셉트/모델링

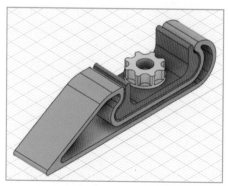

[그림 5-66] 조립된 상태

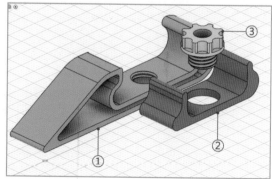

[그림 5-67] 3개의 부품으로 구성

- 사포가 끼워지는 ①번과 ②번 부품의 간격은 0.5mm를 적용한다.
- 볼트 구조로 된 ③번 부품과 ②번 부품의 구멍 간격은 볼트가 들어갈 수 있게 1.0mm 공차를 적용한다. ③번 부품은 ②번 부품을 단순하게 관통하며 서로 결합되지 않는다.
- 볼트의 지름은 M8이며 볼트와 너트의 체결 공차는 0.2mm를 적용한다.

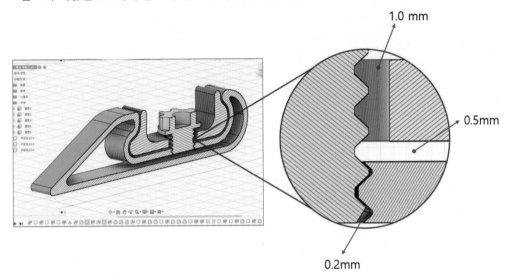

[그림 5-68] 부품 ①, ②, ③의 배치와 공차

슬라이싱

- 제품 외관의 품질이 중요하지 않기 때문에 레이어의 높이는 기본값인 0.2mm로 설정한다.

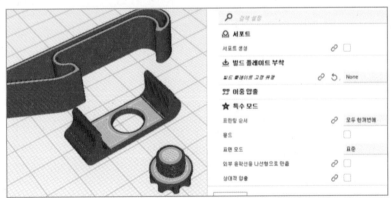

[그림 5-69] 큐라 슬라이서의 설정 옵션

- 나사산이 들어간 부품이 있으므로 서포트 생성을 해제한다. 나사산 이외의 영역은 형상의 특징상 서포트가 생기지 않는 구조이며 너트 부분은 크기가 작아 서포트 생성 없이 출력해도 문제가 없을 것으로 예상한다.
- ①번 부품은 경사면을 포함하고 있고 내부가 뚫려 있는 모습이기 때문에 [그림 5-69]와 같은 방향으로 배치한다.

[표 5-9] 출력 조건

사용 프린터	필라멘트	레이어 높이	내부채움 밀도	출력 속도	출력 시간	특이 사항
Creality Ender3 pro	PLA	0.2mm	20%	60mm/s	32분	없음

출력 결과

- 모델링에서 충분한 공차를 적용하고 슬라이서 설정에서 서포트 생성 없이 출력한 결과, [그림 5-70]과 같이 제대로 출력됐다.

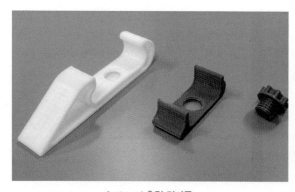

[그림 5-70] 출력 결과물

[그림 5-71] 조립 후 사포가 결합된 완성품

생각해 볼 문제

01 [그림 5-72]의 일반적인 볼트, 너트 체결 구조에서 ①번과 ②번 부품이 나사산으로 결합될 때 각 부품 치수의 상관관계와 체결 원리를 이해한다.

- 나사 체결 구조를 처음 모델링할 때의 흔한 실수는 ①번 부품의 구멍에 나사산을 만드는 것이다. 나사의 몸통은 ①번을 관통해야 하며 ②번 부품에 나사산으로 체결된다.
- ①번 부품에서 볼트 머리가 닿는 부분의 두께는 최소 2mm 이상을 권장한다.

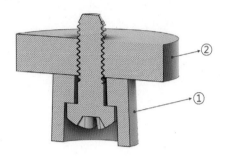

[그림 5-72] 볼트, 너트 체결 구조

02 볼트, 너트 구조가 들어간 부품들을 FDM 프린터로 출력할 때 나사산의 품질이 좋아야 체결이 원활해진다. 이를 위해 해야 할 일은 무엇인가?

- 나사산은 크기가 작은 여러 개의 구조물이 반복된 형태를 하고 있는데, 반복된 나사산의 표면은 정밀해야 한다. 이를 위해서는 나사산에 서포트가 생성되지 않는 것이 가장 유리하다. 나사산을 잇는 축 또는 구멍이 베드에 수직이 되도록 모델링의 방향을 설정하고 서포트 생성을 해제한다.
- 나사산 이외의 다른 부분은 구조 때문에 서포트 생성을 해제하기 어려운 경우, 별도의 영역을 지정해 서포트 생성을 해제할 수 있다.
- 레이어 높이는 0.1mm로 설정하고 출력 속도를 30mm/s 정도로 낮추면 좋은 품질의 나사산을 얻을 수 있다.

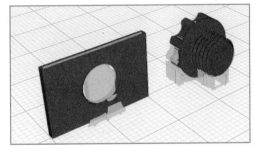

[그림 5-73] 나사산을 포함하는 부품을 출력할 때 서포트가 생성돼 바람직하지 않은 출력 예시

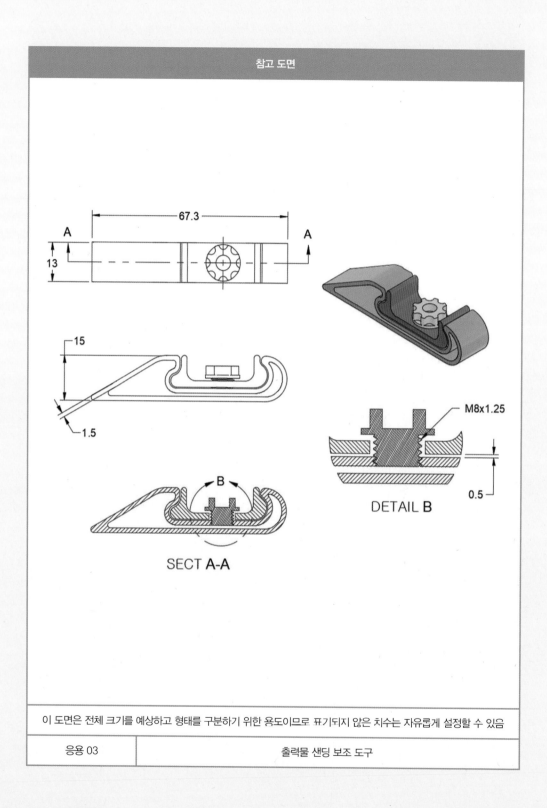

67.3

A   A

13

15

1.5

SECT **A-A**

B

M8x1.25

DETAIL **B**

0.5

이 도면은 전체 크기를 예상하고 형태를 구분하기 위한 용도이므로 표기되지 않은 치수는 자유롭게 설정할 수 있음

응용 03	출력물 샌딩 보조 도구

04 웹캠 가리개

연습 목적

01 다른 제품에 결합되는 출력물의 치수 공차를 이해하고 모델링에 반영할 수 있다.

02 힌지 구조를 이해하고 연습한다.

03 축과 구멍 형태를 출력할 때의 유의사항과 슬라이서 설정을 이해한다.

완성품

[그림 5-74] 조립이 완료된 캠 가리개

설계 콘셉트/모델링

- 크기: 42×30×8mm
- 사용하고 있는 웹캠에 부착해 필요시 캠을 가릴 수 있는 캠 가리개
- 힌지 구조를 적용해 가리개를 열고 닫을 수 있는 구조

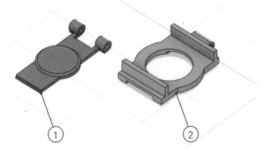

[그림 5-75] 캠 가리개의 부품 구성

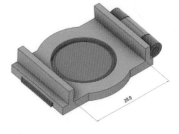

[그림 5-76] 조립된 상태의 캠 가리개와
장착 부분의 치수

- 이 제품이 장착되는 대상 제품인 웹캠의 해당 부분 치수가 28mm이므로 웹캠에 끼워지는 부품 ②의 치수는 28.8로 해 0.4mm씩 공차를 부여한다.
- 힌지 구조에 사용하는 핀은 실제 제품과는 다른 프로토타입이므로 단순 기능 확인을 위해 1.75mm 지름의 필라멘트로 대용한다.
- 부품 ①의 힌지의 구멍의 크기는 핀 역할을 하는 1.75지름의 필라멘트가 힌지에서 잘 빠져나오지 못하도록 2.2로 설정하며 부품 ②의 힌지 구멍 지름은 핀이 쉽게 회전하도록 2.5로 설정한다.

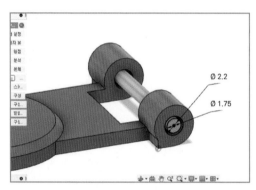

[그림 5-77] 부품 ①의 힌지 구멍 치수   [그림 5-78] 부품 ②의 힌지 구멍 치수

- 레이어 높이는 기본값 0.2mm보다 낮게 설정한 경우, 출력물의 품질은 좋아지지만 출력 시간이 증가할 것으로 예상된다. 기본값 대신 0.15로 설정해 힌지 결합 부분의 품질 증가를 얻고 출력 시간 증가를 감수한다.
- 서포트 설정은 힌지 구멍 부분에는 생기지 않도록 서포트 배치 설정을 '어디에나'가 아닌 '빌드 플레이트 위'로 설정한다.

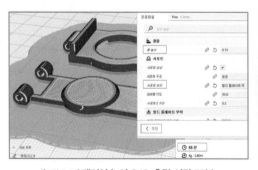
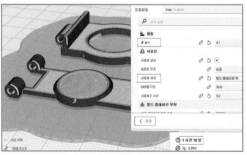

[그림 5-79] 레이어 높이 0.15, 출력 시간 55분   [그림 5-80] 레이어 높이 0.1, 출력 시간 1시간 10분

- 부품 ②는 베드에 어느 방향으로 배치하든 서포트가 생성되는 형태이므로 웹캠에 장착되는 곳의 정밀도를 얻기 위해 외관 품질이 중요하지 않은 곳에 서포트가 생성되도록 한다.

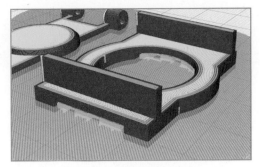

[그림 5-81] 서포트가 생성된 부품 ②

- 레이어 높이를 0.15mm로 설정해 출력하고 조립한 결과, 힌지 부분의 품질은 문제가 없었지만, 외부로 드러나는 부분의 표면 품질이 매우 낮았다. 서포트가 제거된 곳의 표면 상태가 좋지 않았다. 프린터의 종류, 필라멘트의 종류 등 여러 요인에 의해 서포트 제거 자국의 표면 정밀도가 차이가 크게 나는데, 이 출력물의 경우 외관 품질이 문제가 될 정도의 결과를 보였다.

출력 결과

[표 5-10] 출력 조건

사용 프린터	필라멘트	레이어 높이	내부채움 밀도	출력 속도	출력 시간	특이 사항
3DWOX 2X	PLA	0.15mm	20%	60mm/s	55분	없음

[그림 5-82] 출력 중인 캠 가리개

[그림 5-83] 출력 후 부품 및 조립 테스트

01 여기 제시된 힌지 구조가 프로토타입이 아닌 실제 제품에 적용된다면 어떤 문제점이 예상되는가?

02 출력물의 표면 품질을 현재보다 더 좋게 하려면 어떻게 해야 하는가?

03 힌지의 구멍 부분이 정밀하게 출력되기 위해 슬라이서의 설정에서 추가로 할 수 있는 것은 무엇인가?

[그림 5-84] 구멍에 생긴 서포트와 솔기

- 구멍에 생긴 서포트와 솔기(Seam)가 구멍의 품질을 저하시킬 수 있으므로 솔기 코너 환경 설정에서 솔기 숨기기를 선택해 솔기가 생기지 않도록 할 수 있다. 이 솔기 설정은 구멍의 치수가 클수록 효과가 더 크게 나타난다.

04 더 개선된 힌지 구조가 적용된 웹캠 가리개를 직접 디자인할 수 있는가?

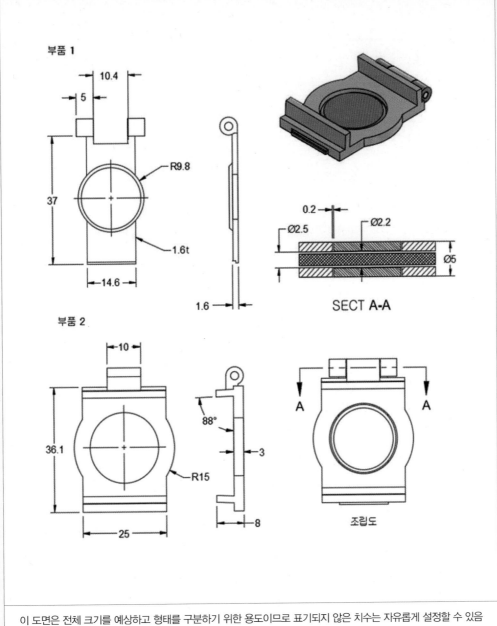

부품 1

10.4
5
R9.8
37
1.6t
14.6

1.6

0.2
Ø2.5
Ø2.2
Ø5

SECT A-A

부품 2

10
36.1
R15
25

88°
3
8

A
A
조립도

이 도면은 전체 크기를 예상하고 형태를 구분하기 위한 용도이므로 표기되지 않은 치수는 자유롭게 설정할 수 있음

응용 04	웹캠 가리개

05 밀봉 클립

연습 목적

01 스냅핏 조인트 구조를 이해하고 이를 제품에 적용할 수 있는 능력을 키운다.

02 힌지 구조의 결합 출력 방식을 이해하고 경험한다.

완성품

[그림 5-85] 밀봉 클립 완성품

설계 콘셉트/모델링

- 개봉한 봉지를 다시 밀봉할 수 있게 해 주는 플라스틱 클립
- 스냅핏 조인트 구조를 사용해 2개의 플라스틱 막대를 강하게 결속
- 결합 출력 방식으로 출력해 힌지 부분에 서포트가 생성되지 않도록 함.
- 크기: 127×10×10mm

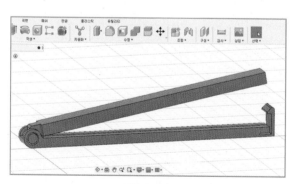

[그림 5-86] 밀봉 클립의 전체 구조

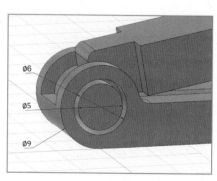

[그림 5-87] 힌지 부분의 치수

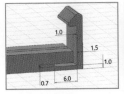

[그림 5-88] 스냅핏 조인트의
설계 치수

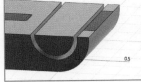

[그림 5-89] 0.5mm의
공차로 설정된 힌지

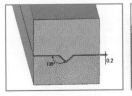

[그림 5-90] 두 다리
결합 단면

[그림 5-91] 결합 시
스냅핏 치수

- 이 제품의 힌지 기능은 정밀한 동작보다 자유로운 회전이 요구되므로 공차를 크게 적용할 수 있다. 여기서는 반지름 0.5mm 공차를 적용한다.
- 힌지 주변의 벽 두께는 제품의 크기와 주어진 공간을 고려해 1.5mm로 설정한다.
- 밀봉 막대가 서로 맞물리는 곳의 형상인 음각과 양각 부분의 각도를 45°로 설정해 수평 방향 출력 시 서포트가 생기지 않도록 한다.

슬라이싱

[그림 5-92] 내부채움 40%, 서포트 생성을 해제한 출력물

- 힌지와 스냅핏 부분의 내구성 향상을 위해 내부채움 밀도를 20%에서 40%로 증가시킨다.
- 큐라의 기본 설정에서는 일부 구간에서 서포트가 생기지만, 결합 출력이라는 것을 고려하고 힌지 부분의 작동을 위해 '서포트 생성을 하지 않음'으로 설정한다. 다른 부분은 서포트가 생기지 않는 형상 구조이다.

출력 결과

출력 조건은 [표 5-11]과 같다. 내부채움 밀도를 변경했으며 다른 조건은 기본값을 적용했다. 조립된 상태로 결합 출력한 결과, 힌지의 작동, 스냅핏의 체결 등 전체 기능이 원활하게 작동했다.

[표 5-11] 출력 조건

사용 프린터	필라멘트	레이어 높이	내부채움 밀도	출력 속도	출력 시간	특이 사항
큐비콘 싱글 Plus	PLA	0.2mm	40%	기본	51분	없음

[그림 5-93] 출력 중인 밀봉 클립

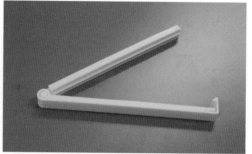

[그림 5-94] 완성된 출력물

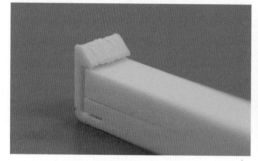

[그림 5-95] 밀봉 클립의 스냅핏

[그림 5-96] 밀봉 클립의 힌지

생각해 볼 문제

01 이 예제의 출력물의 내구성 향상을 위해 내부채움 밀도를 40%로 늘렸다. 내구성을 향상시키기 위한 다른 방법은 무엇인가?

- 이 출력물은 전체 부피 중에서 내부채움의 비중이 크지 않다. 셸의 두께를 늘린다면 내부채움 밀도를 증가한 효과와 비슷한 결과를 얻을 수 있다.

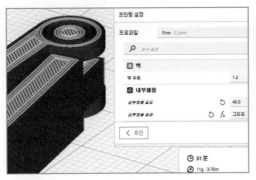

[그림 5-97] 셀 1.2, 내부채움 40%, 벽 두께 1.2

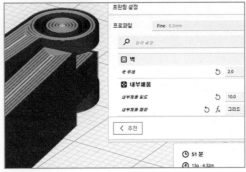

[그림 5-98] 셀 2.0, 내부채움 10%, 벽 두께 2.0

- 벽 두께를 변경할 경우, 동일한 출력 시간으로 더 높은 밀도로 출력 가능하다. 출력 시간이 늘어나는 것을 감수하면 내부채움 밀도를 높이고 벽 두께를 키울 수 있다.

02 이 제품이 결합 출력이라는 것을 고려할 때 힌지 부분에서 축과 구멍의 적절한 공차는 무엇인가?

03 모델링의 수정 없이 슬라이서 설정에서 힌지의 공차를 조절할 수 있는 방법은 무엇인가?

- 큐라 설정에서 구멍 수평 확장 기능을 사용할 수 있다. 구멍 수평 확장은 큐라가 모델에서 구멍 부분을 직접 인식해 그 부분을 입력한 수치만큼 확대 또는 축소시켜 주는 기능이다.

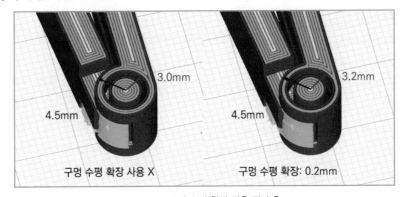

[그림 5-99] 구멍 수평 확장 적용 전과 후

- 구멍 수평 확장 0mm를 입력한 [그림 5-99]의 왼쪽에서는 구멍을 이루는 부분이 총 4개의 노즐 경로로 이뤄져 있지만, 구멍 수평 확장 0.2mm로 설정하면 3개의 노즐 경로로 줄어든 것을 확인할 수 있다. 그 이유는 구멍의 바깥지름 치수(Ø4.5)는 변하지 않고 그대로 있지만, 구멍 안쪽인 안지름 치수는 0.2만큼 확장돼 원래의 안지름인 Ø3에서 Ø3.2로 커지고 벽 두께가 얇아진 결과로 나타나기 때문이다.

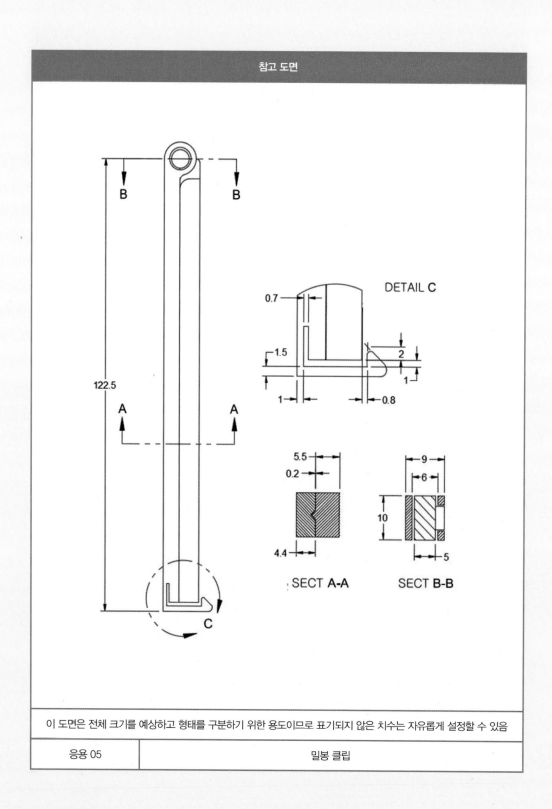

122.5

B B

A A

C

DETAIL C

0.7

1.5

1

0.8

2

1

5.5

0.2

4.4

SECT A-A

9

6

10

5

SECT B-B

이 도면은 전체 크기를 예상하고 형태를 구분하기 위한 용도이므로 표기되지 않은 치수는 자유롭게 설정할 수 있음

응용 05	밀봉 클립

06 케이블 릴

연습 목적

01 3D프린팅 출력물의 조립 공차를 이해한다.

02 나사산의 치수 공차 조절 방법을 이해하고 각 모델링 툴에서 적용하는 방법을 익힌다.

03 원통형 부품의 솔기에 대한 특징을 이해하고 슬라이서의 설정 차이를 이해한다.

완성품

[그림 5-100] 완성된 케이블 릴

설계 콘셉트/모델링

- 이어폰 등의 케이블을 꼬이지 않게 감을 수 있고 필요할 때 풀어서 사용할 수 있게 하는 릴
- 부드러운 회전과 쉬운 동작 구현
- 크기: 지름 42mm, 높이 30mm

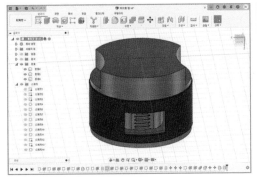

[그림 5-101] 조립된 상태의 케이블 릴

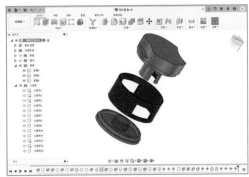

[그림 5-102] 케이블 릴 분해도

  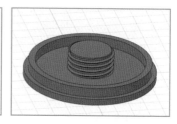

[그림 5-103] 케이블 릴의 각 부품

- 제품 중앙부의 체결 나사는 M15×1.5로 가능한 설계 공간 안에서 크게 설정해 3D프린팅 출력물의 내구성을 보완한다.
- 볼트와 너트의 나사산의 공차는 수나사 부분에 면 오프셋 기능(퓨전360−수정−밀고 당기기)을 적용해 총 0.3mm의 공차를 추가로 확보한다.

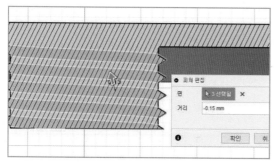

[그림 5-104] 면 오프셋을 통해 나사산 공차 조절

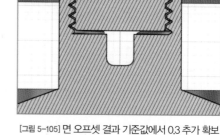

[그림 5-105] 면 오프셋 결과 기준값에서 0.3 추가 확보

- 중앙의 케이스와 나머지 부품들이 잘 조립되고 회전할 수 있도록 1mm 공차를 적용한다.
- 각 나사산의 시작 부분에 챔퍼를 적용해 잘 조립되도록 한다.

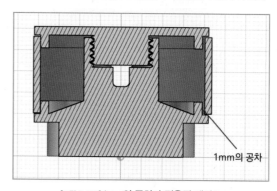

[그림 5-106] 1mm의 공차가 적용된 케이스

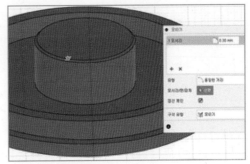

[그림 5-107] 각 나사산의 시작 부분에 적용된 챔퍼

슬라이싱

- 나사산을 안정적으로 출력하기 위해 출력 속도를 기준값 60mm/s 대신 40mm/s로 다소 낮게 설정한다. 60mm/s로 출력했을 경우, [그림 5-108]처럼 나사산이 제대로 형성되지 못하고 무너져 내릴 수 있다.

[그림 5-108] 기준 속도인 60mm/s로 출력했을 경우 무너진 나사산

- 큐라 설정에서 서포트 생성을 '어디에나'로 설정하면 [그림 5-109]와 같이 나사산에 서포트가 생성된다. 나사산의 서포트는 제거가 힘들고 제거 후에도 표면이 거칠어지므로 나사 결합에 방해가 된다. 이때 서포트 생성을 '빌드 플레이트 위'로 설정하면 나사산에는 서포트가 생성되지 않게 돼 부드러운 결합을 할 수 있다.

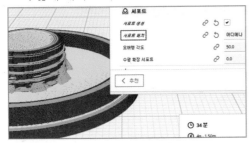

[그림 5-109] 나사산에 생성된 서포트

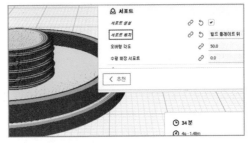

[그림 5-110] '빌드 플레이트 위'로 설정 후 나사산에 생성되지 않은 서포트

출력 결과

- 출력 속도를 다소 낮춘 40mm/s로 출력한 결과, 3가지 부품이 잘 출력됐으며 조립에 문제가 없었다. 나사에 적용된 공차는 M15 정도의 크기가 적당했다는 것을 알 수 있다.
- 단, 제품 전체의 회전에 적용했던 공차 1mm는 다소 커서 헐거운 느낌이 들었다. 지름 42mm 의 원통형 결합에 반지름 1mm의 공차는 다소 크다.

[표 5-12] 출력 조건

사용 프린터	필라멘트	레이어 높이	내부채움 밀도	출력 속도	출력 시간	특이 사항
큐비콘 싱글	PLA	0.2mm	20%	40mm/s	2시간	없음

[그림 5-111] 출력 중인 부품

[그림 5-112] 완성된 출력물

[그림 5-113] 각 부품 간의 조립성 체크

생각해 볼 문제

01 원통형 부품은 출력 시 솔기(Seam), 즉 재봉선이 발생하는데 이 재봉선 때문에 충분한 공차에 도 불구하고 조립이 원활하지 않은 경우가 있다. 이를 해결할 수 있는 방법은 무엇인가?

- 큐라의 솔기코너 환경 설정의 스마트 숨김 기능을 사용하거나 심의 위치를 랜덤으로 해 심 의 영향을 최소화할 수 있다. 슬라이서의 미리 보기에서 심의 위치가 확인되므로 이 심으 로 인해 치수 정밀도에 영향을 미친다고 판단될 경우, 심의 생성 방법을 랜덤으로 설정할 수 있다.

[그림 5-114] 심의 위치를 랜덤으로 설정

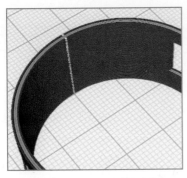

[그림 5-115] 슬라이싱 미리 보기에서
확인할 수 있는 심의 위치

[그림 5-116] 스마트 숨김으로 심을 최소화

02 회전하는 두 부품의 적절한 공차는 무엇인가?

- 부품 간의 공차는 부품의 크기에 큰 영향을 받는다. 출력 오차는 부품의 크기가 커질수록 커지기 때문에 부품의 크기가 커지면 공차도 크게 적용한다.
- 이 부품은 지름이 40mm이므로 1mm의 공차를 적용했지만, 조립 체크 시 너무 헐거워서 0.5mm로 공차를 조정하고 재출력했다. 그 결과 부드러운 회전이 가능해졌다.

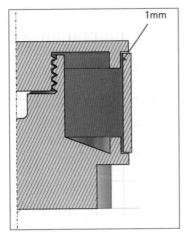
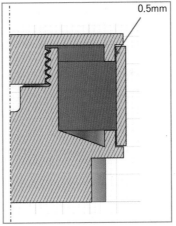

[그림 5-117] 공차 1mm(왼쪽)와 공차 0.5mm(오른쪽)

Ø43

A

부품1

부품2

부품3

A

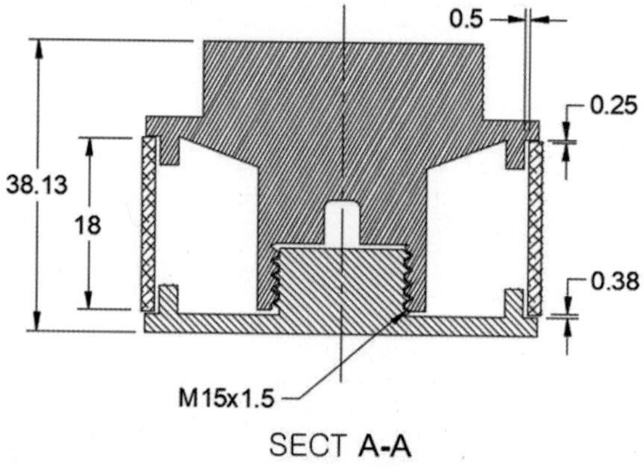

38.13

18

0.5

0.25

0.38

M15x1.5

SECT A-A

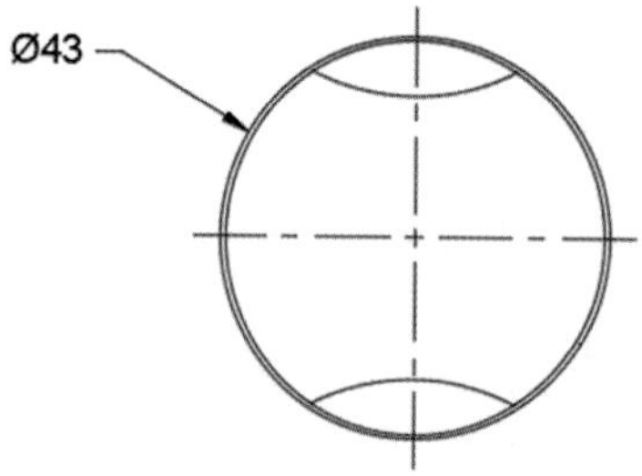

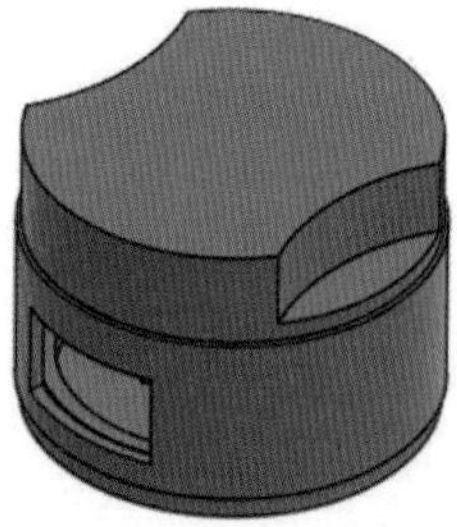

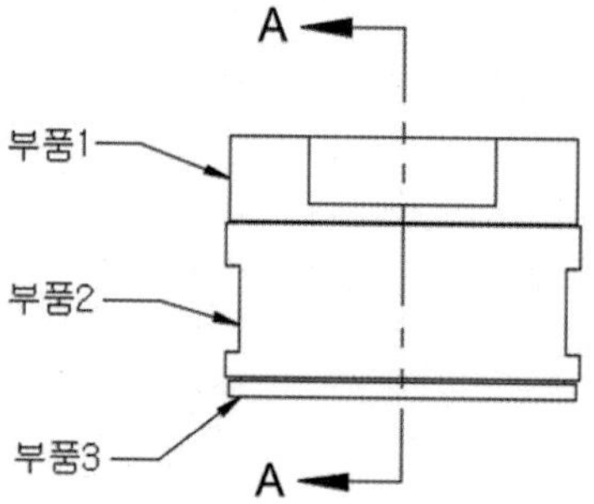

이 도면은 전체 크기를 예상하고 형태를 구분하기 위한 용도이므로 표기되지 않은 치수는 자유롭게 설정할 수 있음

응용 06	케이블 릴

03

3D프린팅 연습 – 프로토타입

01 도난 방지 우산 손잡이

연습 목적

01 프로토타이핑에서 결합 출력의 장점을 이해하고 응용할 수 있는 능력을 키운다.

02 힘을 받는 부품의 출력에서의 고려사항을 이해한다.

완성품

[그림 5-118] 완성품

제품 개요

- 도난을 방지하기 위해 자물쇠가 장착된 우산 손잡이 프로토타입
- 우산을 보관할 때 자물쇠로 손잡이 전체를 다른 곳에 고정시킬 수 있는 콘셉트 제품의 형태와 구조, 기능성 및 사용성, 상품성 등을 확인하기 위한 프로토타입 용도

설계 콘셉트/모델링

- 이 제품은 콘셉트 제품으로, 제품의 사용 가능성, 구조와 기능의 확인 용도의 프로토타입을 제작하는 프로젝트이므로 양산 설계가 아닌 프로토타입 설계로 진행한다. 따라서 자물쇠로 우산을 잠글 수 있는 기능의 구현과 사용성을 체크하는 용도에 맞춰 부품을 설계한다.
- 자물쇠는 트렁크 케이스에서 사용되던 TSA007 자물쇠를 그대로 사용한다.
- 우산 손잡이의 힌지 부분은 실제 제품과 달리, 기능만 구현할 수 있도록 결합 출력 방식을 적용한다.
- 대략적인 크기: 193×94×32mm

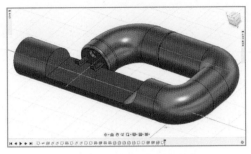

[그림 5-119] 프로토타입의 전체 형태

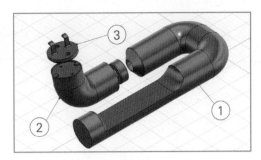

[그림 5-120] 우산 손잡이 프로토타입의 구성

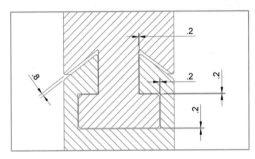

[그림 5-121] 부품 ①, ② 결합 힌지 공차

- 부품 ②는 실제 제품에서는 별도의 부품으로 제조 후 조립되는 방식이지만, 이 프로토타입에서는 자물쇠의 기능 확인이 주요 용도이므로 결합 출력해 조립의 번거로움을 감소시킨다.

- 힌지 부분의 공차는 [그림 5-121]과 같다.

- 부품 ③은 자물쇠에 체결되는 부품으로, 실제 제품에서는 내구성을 위해 금속으로 제작되는 부품으로 예상된다. 따라서 FDM 프린팅 출력물로 제대로 기능하는지 확인할 때도 어느 정도 내구성을 가지려면 다른 부품과 다른 재료를 사용할 가능성이 있어서 부품을 분리했다. 같은 재료로 출력 후 조립 테스트에서 내구성이 약하다고 판단되면 다른 재료와 다른 슬라이서 옵션으로 다시 출력할 것을 고려했다.

- 부품 ②와 부품 ③은 Ø2.6의 직결나사를 이용해 결합한다. 두 부품의 자리 맞춤을 위해 추가적인 돌기와 홈을 [그림 5-122]와 같이 마련한다.

- 직결나사 부분의 치수는 다음과 같다. 부품 ②의 보스 부분은 직결나사 지름의 80% 정도인 Ø2.0의 구멍으로 만든다.

[그림 5-122] 부품 ②, ③의 자리 맞춤을 위한 홈과 돌기

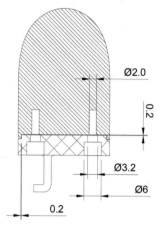

[그림 5-123] 부품 ②, ③의 결합 단면 치수

[그림 5-124] 부품 ②, ③의 결합 단면

슬라이싱

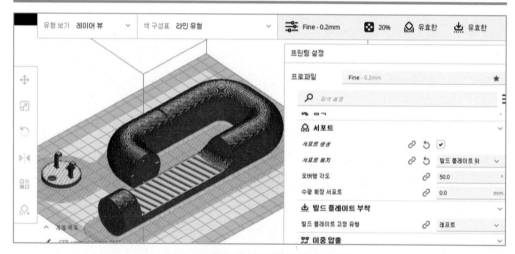

[그림 5-125] 래프트와 서포트를 생성해 슬라이싱

- 부품의 형상이 원통형이며 표면 상태가 중요한 부품은 아니므로 서포트 생성에 체크한다. 오버행 각도는 기본값으로 설정한다.
- 부품의 결합 부분인 힌지와 직결나사로 체결되는 구멍에는 서포트가 생기지 않도록 서포트 배치는 '빌드 플레이트 위'로 설정한다. 이렇게 할 경우, 베드 위에서 시작되는 곳에서만 서포트가 생성되고 나사 구멍에는 생성되지 않는다.
- 바닥 보조물은 안정적인 래프트 형식으로 설정한다.
- 큐라는 내부채움 옵션을 부품별로 따로 설정할 수 있다. 부품 ③의 내부채움은 강도를 위해 100%로 설정한다.

- 각 부품별로 슬라이서 설정을 다르게 하는 방법은 [그림 5-126]에 표시돼 있다. 슬라이서 화면에서 모델을 먼저 선택한 후 [그림 5-128]의 순서대로 설정하면 된다.

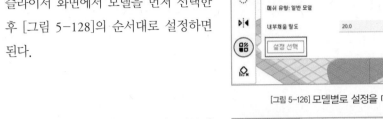

[그림 5-126] 모델별로 설정을 다르게 하는 방법

- [그림 5-127]과 같이 부품 ③은 내부채움이 100%로 설정했으며 다른 부품은 내부채움이 20%로 설정됐다.

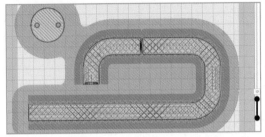

[그림 5-127] 다른 모델에 다른 설정(내부채움 밀도)이 적용된 모습

출력 및 조립 테스트

[표 5-13] 초기 출력 조건

사용 프린터	필라멘트	레이어 높이	내부채움 밀도	출력 속도	출력 시간	특이 사항
큐비콘 싱글 Plus	ABS	0.2mm	20%	기본	9시간 2분	부품 ③: 내부채움 100%

[그림 5-128] 출력 직후 베드 위의 출력물

[그림 5-129] 래프트와 서포트 제거

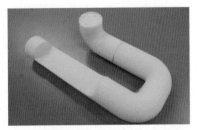

[그림 5-130] 원활하게 회전되는 결합 힌지 부분

[그림 5-131] 부품 ②, ③이 결합되는 면

[그림 5-132] 제대로 출력되지 않은 부품 ③. 서포트 제거 시 파손된 상태

[그림 5-133] 래프트를 제거한 후 부품 ③의 표면

- 1차 출력 후 각 부품의 개별 검사 및 조립 테스트 결과 모델링을 수정할 부분은 없는 것으로 판단했다.
- 출력에 실패한 부품 ③을 다시 출력하고 재료는 ABS 대신 인장 및 굽힘 강도가 더 좋은 PLA 로 변경했다.
- 부품 ③에서 자물쇠와 결합되는 부분의 강도와 출력 상태를 더 좋게 하기 위해 레이어 높이 0.1mm, 서포트 위치 '어디에나', 출력 속도는 '30mm/s'로 설정을 변경하고 출력했다.

[표 5-14] 우산 손잡이 부품 ③ 재출력 조건

사용 프린터	필라멘트	레이어 높이	내부채움 밀도	출력 속도	출력 시간	특이 사항
신도리코 DP200	PLA	0.1mm	100%	30mm/s	1시간 2분	없음

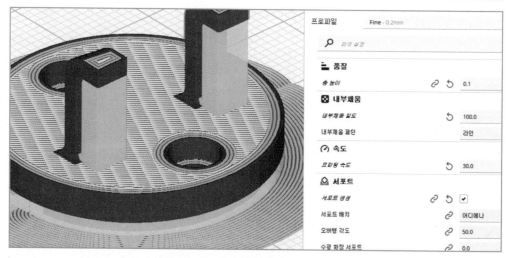

[그림 5-134] 서포트 위치는 '어디에나', 레이어 높이는 '0.1', 내부채움 밀도는 '100'으로 설정

- 위 상태로 출력 후 부품 ③을 부품 ②에 조립했지만, 공차 부족으로 조립에 실패해 기존의 공 차를 0.2mm에서 0.4mm로 증가한 후 다시 출력했다.

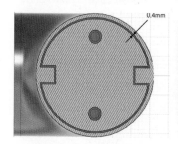

[그림 5-135] 결합 부분 조립 공차

[그림 5-136] PLA로 재출력한 부품 ③

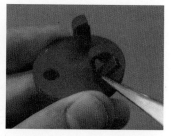

[그림 5-137] 핀셋으로 서포트 제거

[그림 5-138] 서포트 제거한 부품 ③

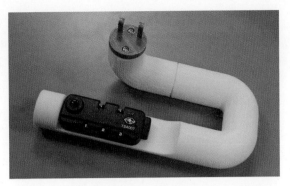

[그림 5-139] 출력 완성 후 모두 조립된 우산 손잡이 프로토타입

생각해 볼 문제

01 3D프린팅으로 출력되는 부품 ③은 자물쇠와 직접 결합되는 부품인데, 이 출력물의 강도 향상 방법은 무엇인가?

- 첫째, 재료는 PC를 우선적으로 고려한다. 그러나 PC는 노즐 온도가 높고 필라멘트도 고가 이므로 출력 난이도가 높아 흔히 사용하는 재료는 아니다. PC가 용이하지 않으면 ABS보 다 인장 강도와 굽힘 강도가 우수한 PLA를 선택할 수 있다.

- 둘째, 슬라이서의 설정을 조정한다. 내부채움 밀도를 높이고 벽(상단, 하단)의 두께를 증가 시키고 레이어 개수를 증가시킨다.

- 셋째, 출력 방향을 힘이 가해지는 방향을 고려해 결정한다. 부품 ③은 갈고리 부분이 자물 쇠에 채워지고 [그림 5-140]과 같이 힘을 받게 된다. 따라서 출력 방향을 [그림 5-141]과 같이 하면 적층되는 레이어가 힘을 받는 방향에 수직으로 하면 내구성이 좋아진다. 표면 품질을 다소 희생하고 강도를 얻는 방법이다.

[그림 5-140] 부품 ③에 가해지는 힘의 방향

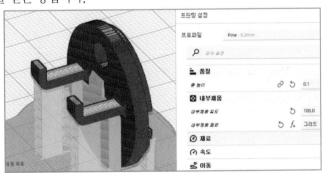

[그림 5-141] 갈고리 부분의 강도를 올리기 위한 출력 방향

02 ABS와 PLA 출력물의 치수 정밀도의 차이가 있는가?

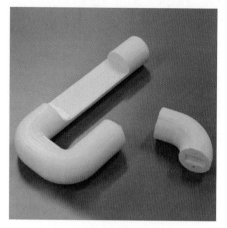

[그림 5-142] PLA로 출력했을 경우 결합 힌지 부분이 작동하지 않고 부러진 경우

- [그림 5-142]와 같이 같은 데이터를 PLA로 출력했을 경우, 결합 힌지 부분이 작동하지 않아 무리한 토크를 가한 후 파손됐다. 이것은 PLA가 ABS보다 더 큰 조립 공차가 필요했다는 의미이며 ABS 대비 치수 정밀도와 표면 정밀도가 떨어지는 것으로 이해할 수 있다.
- 일반화하기는 어렵지만, 대체로 동일한 프린터에서 ABS 출력물이 PLA 출력물보다 표면 정밀도와 치수 정밀도가 약간 우수한 것을 종종 경험한다.
- PLA일 경우, 조립 공차를 좀 더 크게 적용하는 것이 좋다.

03 부품 ②와 부품 ③의 결합 방법에서 직결나사 대신 사용할 수 있는 다른 결합 방법은 무엇인가?

[그림 5-143] 슬라이더 방식의 조립 방법

- 직결나사는 가장 보편적이며 안정적인 플라스틱의 체결 방식이다. 다만, 이 프로토타입에서는 자물쇠의 기능 확인이 주된 용도이므로 실제 제품의 체결 방식과는 다른, 더 간단하고 편리한 방법을 사용할 수 있다.
- 예를 들어, [그림 5-143]과 같이 부품에 가해지는 힘의 방향과 수직 방향으로 움직이는 슬라이더 결합 방식을 사용할 수 있다. 단, 적절한 끼움공차는 필요하다. 이 정도 크기의 경우, 끼움 공차는

0.1 정도가 적당하며 끼워진 후 어느 정도 고정돼 있어야 한다. 공차가 작을 경우, 후가공으로 공차를 조절하는 방법을 사용할 수 있다.
- 모델링 단계에서 공차를 크게 주면 출력 후 조립이 헐거울 경우 대응하기 힘들므로 공차를 작게 하고 후가공으로 공차를 크게 할 방법을 우선 고려한다.

04 위 슬라이딩 방식을 참조해 다른 슬라이딩 구조를 만든다면 어떤 구조를 만들것인가?

02 쉽게 날을 잘라 낼 수 있는 커터칼

연습 목적

01 슬라이딩 이동이 많은 조립품에서 각 부품의 치수공차를 설정하는 방법을 이해한다.

02 수평 출력과 수직 출력의 차이를 직접 경험하고 슬라이서 설정의 최적값을 이해한다.

03 작은 크기의 힌지 구조를 프린팅으로 구현하는 방법을 경험한다.

완성품

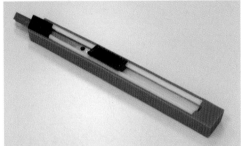

[그림 5-144] 완성된 커터칼 프로토타입

제품 개요

- 커터칼의 날을 쉽고 안전하게 잘라 낼 수 있는 커터칼 프로토타입
- 커터칼의 앞부분에 장착돼 있는 별도의 부착물을 구부려 간단하게 칼날 절단

설계 콘셉트/모델링

- 제품의 크기: 160×19×10mm
- 제품의 콘셉트 및 기능 확인 용도의 프로토타입이므로 실제 양산 제품의 설계 치수와 달리, 3D프린팅 출력물 프로토타입을 위한 조립 공차를 적용한다.
- 조립 후 모든 부품이 원활하게 슬라이딩될 수 있도록 적절한 조립 공차를 고려해 부품의 치수를 결정한다.

[그림 5-145] 조립된 상태의 커터칼 모델링

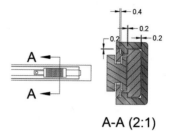

[그림 5-146] 1차 조립 테스트 후 수정된 조립 공차 적용

[그림 5-147] 커터칼 케이스 총 부품 수

- 제품 앞부분의 칼날을 자르는 도구 부분의 힌지 축(부품 ④)은 기능을 확인하는 용도이므로 금속의 핀을 사용한다. 사용하려고 하는 금속 핀의 지름은 측정 결과 1mm이다.
- 부품 ①, ②, ③은 서로 슬라이딩 방식으로 결합되며 부드럽게 움직이는 부품이므로 [그림 5-146]과 같이 공차를 부여한다.

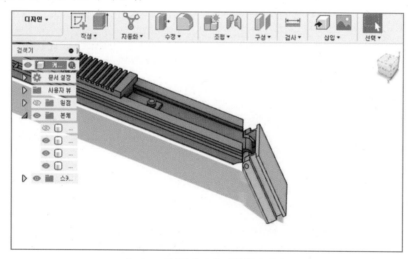

[그림 5-148] 부품 ③과 ④ 결합 힌지 회전

- 부품 ③과 부품 ④ 사이의 힌지 축 치수는 금속 핀의 지름이 Ø1이므로 원통형 형태라는 것을 감안해 반지름 기준 0.2의 공차를 적용한다.

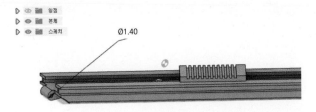

[그림 5-149] 힌지 구멍에 적용된 조립 공차

- 부품 ④가 회전하지 않고 부품 ③과 평행하게 됐을 때 두 부품의 간격은 0.2의 공차를 부여한다.

[그림 5-150] 부품 ③과 ④의 공차를 0.2mm로 설정한 조립품의 단면도

슬라이싱

부품 ①, ③의 설정

- 각 부품은 작은 크기의 단면에서 많은 면이 닿고 슬라이딩해야 하므로 부품의 정밀도가 필요할 것을 고려해 세워서 출력하기로 했다. 이 부품의 경우, 베드에 세워 출력할 때 서포트의 양을 최소화하면서 출력할 수 있다.

[그림 5-151] 세워서 출력하는 부품 ①, 부품 ③

- 이때 레이어 높이는 0.15mm, 내부채움 밀도는 40%로 설정했으며 바닥 보조물은 세로로 긴 형태이므로 안정적인 베드 접착을 위해 래프트로 설정했다.

부품 ②, 부품 ④의 설정

• 큐라 설정의 기본값으로 할 경우, [그림 5-152]와 같이 서포트가 생성된다. 내부채움 밀도는
부품의 크기가 작아 출력 시간에 큰 차이가 없어 '60'으로 설정했다.

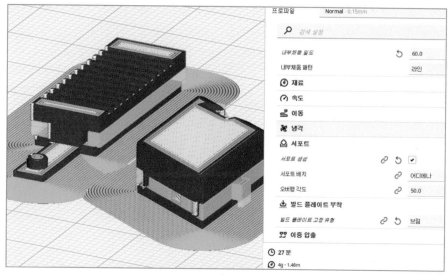

[그림 5-152] 서포트를 추가해 출력된 부품 ②, ④

출력 및 조립 테스트

부품 ①, ③

• 부품 ①, ③은 다음과 같은 조건으로 출력했으며 세로로 출력한 경우, 4시간의 출력 시간이
소요됐다. 세로로 출력하므로 출력 속도를 낮춘 것이 영향을 미친 것으로 보인다.

[표 5-15] 커터칼 부품 ①, ③ 출력 조건

사용 프린터	필라멘트	레이어 높이	내부채움 밀도	출력 속도	출력 시간	특이 사항
큐비콘 싱글 Plus	ABS	0.15mm	40%	60mm/s	3시간 55분	베드에 수직으로 출력

[그림 5-153] 출력 중인 부품 ①, ③

[그림 5-154] 출력이 끝난 부품 ①, ③

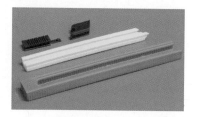

[그림 5-155] 출력이 완료된 커터칼 부품들

조립 공차와 슬라이딩

- 부품 ①, ③의 초기 조립 공차는 [그림 5-157]과 같이 0.1로 설정해 출력했다. 그러나 조립 테스트 결과, 두 부품의 간격이 너무 좁아 슬라이딩이 불가능했다.
- 따라서 공차를 0.1에서 0.2로 조정한 후 재출력하고 테스트한 결과, 슬라이딩이 원활하게 작동했다.

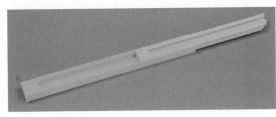

[그림 5-156]최초 출력 결과, 두 부품의 슬라이딩이 어려운 조립 결과

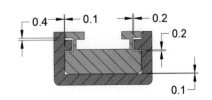

[그림 5-157] 부품 ①과 ③의 최초 출력물의 조립 공차

부품 ②, ④

- 부품 ②, ④는 처음에는 서포트가 생성되도록 출력했지만, 서포트를 제거한 후 표면 상태가 좋지 않아서 서포트를 생성하지 않고 출력했다.

[표 5-16] 커터칼 부품 ②, ④ 출력 조건

사용 프린터	필라멘트	레이어 높이	내부채움 밀도	출력 속도	출력 시간	특이 사항
3DWOX 2X	PLA	0.2mm	20%	60mm/s	22분	없음

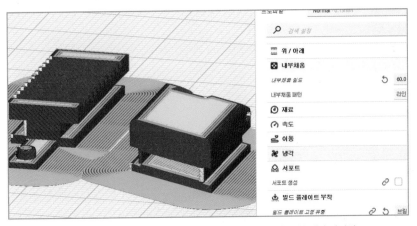

[그림 5-158] 부품 ②, ④에서 '서포트 생성'을 체크하지 않은 경우의 슬라이싱

- 크기가 작은 부품이어서 오버행 부분이 서포트 없이 출력됐지만, 큰 문제는 없었다. 부품 ④는 세워서 출력할 수도 있다.

[그림 5-159] 서포트 없이 출력된 부품 ②, ④

생각해 볼 문제

01 세로로 긴 형태의 부품의 슬라이서 설정에서 베드에 수직으로 출력할 때와 베드에 수평으로 출력할 때의 차이는 무엇인가?

- [그림 5-160]과 같이 다른 조건은 동일한 상태에서 세로 방향과 가로 방향으로 각각 출력할 경우 서포트의 생성 유무, 출력 시간 등의 차이가 발생한다.

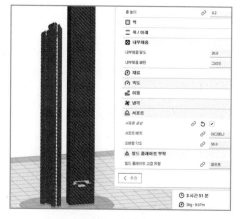

[그림 5-160] 서포트가 생성되지 않으며 출력 시간은 3시간 51분 소요된다.

[그림 5-161] 오버행 부분에 서포트가 생성되지만, 출력 시간은 약 1시간 이상 단축됐다.

- 부품 ①, ③을 베드에 수평 방향으로 출력해 본 결과, 서포트 제거에 주의를 기울여야 하지만 서포트가 생성된 면의 넓이가 크지 않아 서포트 제거에 큰 어려움은 없었으며 전체 부품 조립 시 원활하게 조립된다는 것을 알 수 있었다. 따라서 부품 ①, ③의 경우, 초기 예상과 달리 베드에 수평 방향으로 놓고 출력하는 것이 전체적인 품질과 출력 시간 등을 종합적으로 고려할 때 유리하다는 것을 알 수 있다.

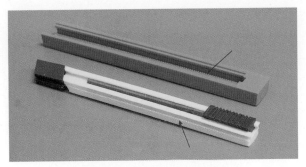

[그림 5-162] 서포트 제거된 부품의 표면

02 베드에 수직 방향으로 출력할 때 주의해야 할 점은 무엇인가?

- 세로로 긴 형태를 수직 방향으로 출력할 때는 무엇보다 프린터의 기계적 정밀도가 중요하다. [그림 5-163]과 같이 2개의 서로 다른 프린터에서 출력한 출력물에서 품질 차이가 발생한다.

- [그림 5-163]의 왼쪽은 신도리코 2X 프린터에서 출력한 상태이며 오른쪽은 큐비콘 싱글 플러스 프린터에서 출력된 모델이다. 수직 방향으로 레이어가 적층될 때 큐비콘의 경우 중간층이 어긋난 것을 볼 수 있다. 수직 방향으로 부품의 길이가 길어질수록 이러한 불량이 크게 부각되고 있다.

- 이 경우, 프린터의 기계적 정밀도, 진동에 영향을 미치는 요인 등을 먼저 점검해야 하며 슬라이서에서는 출력 속도를 기준값보다 낮추는 방법 등을 사용할 수 있다.

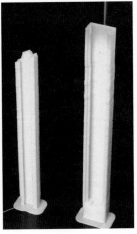

[그림 5-163] 신도리코 2x(왼쪽), 큐비콘 싱글 플러스에서 각각 출력 중인 동일 부품(오른쪽)의 출력 품질 차이

03 커피 그라인더용 블로우 호퍼

연습 목적

01 기존에 사용하는 제품과 결합되는 프린팅 제품의 설계 방법을 익힌다.

02 TPU 소재의 출력 특성을 이해한다.

완성품

[그림 5-164] 대상 제품

[그림 5-165] 완성된 블로우 호퍼를 장착한 대상 제품

제품 개요

- EURECA 사의 MIGNON SPECIALITA 커피 그라인더(www.eureka.co.it)의 원래 부속품인 대형 커피 호퍼([그림 5-164]의 투명 용기)를 대체할 새로운 1인용 블로우 호퍼

- 이 커피 그라인더는 개인용 제품으로 주로 사용되므로 커피 원두를 담는 용기의 부피를 최소화하고 분쇄된 커피 가루를 모두 원활하게 배출하기 위해 공기를 압축해 분출할 수 있는 블로우 호퍼로 개발

설계 콘셉트/모델링

- 기존의 대상 제품에 정확하게 장착될 수 있도록 기존 제품의 결합부 구조를 파악하고 치수를 정밀하게 측정한다.

- 블로우 기능을 위한 펌핑 형태의 부품은 TPU로 출력할 것을 고려해 벨로우즈(Bellows) 구조로 모델링하고 부품을 분리한다.
- 각 부품의 결합 시 공기가 새어 나오지 않도록 결합 부분의 공차를 정밀하게 관리한다.
- 커피를 담고, 분쇄하고, 블로우잉하는 전 과정의 사용성을 고려해 부품을 구성하고 조립 순서를 결정한다.

▌ 제품의 구성

- 새롭게 개발하는 제품의 구조는 [그림 5-166]~[그림 5-168]과 같다. 커피 그라인더에 연결되는 몸체 부분, 몸체와 연결되는 블로우 기능을 하는 벨로우즈 부분, 커피를 담을 때 용기를 여닫을 수 있는 마개 부분의 3가지 부품으로 구성한다.

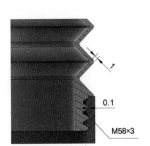

[그림 5-166] 3개의 부품으로 구성   [그림 5-167] 부품 간의 간격과 공차   [그림 5-168] 부품①, ②의 공차와 치수

- 부품 ①이 결합되는 커피 그라인더의 지름은 41.9mm이기 때문에 공차를 고려해 바깥지름을 41.5mm로 설계하고 벽 두께는 2.5mm로 설정한다.
- 부품 ①과 ②는 공기가 새지 않고 원활한 결합을 위해 나사 체결을 한다. 부품 ②에 M58×3의 나사산을 적용한다.
- 부품 ①과 ②의 타이트한 체결을 위해 두 부품의 나사산의 간격을 줄인다. 부품 ②의 나사산을 퓨전 360의 기능 중 하나인 면(Face)의 '밀고 당기기' 기능을 통해 0.1mm의 공차만큼 확장한다.
- 부품 ③과 벨로우즈 부품 ②는 공기가 새지 않으면서 쉽게 열고 닫을 수 있게 하기 위해 홈을 만들어 결합할 수 있게 했다. 공차는 0.4mm를 적용한다.

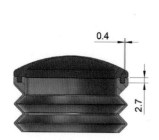

[그림 5-169] 부품 ②, ③의 공차와 치수

[그림 5-170] 큐라 슬라이서의 상단 마개 슬라이싱

슬라이싱

- 분쇄된 커피 가루가 ③번 부품인 상단 마개의 안쪽 부분에 직접 닿기 때문에 마개의 안쪽 표면이 매끄러워야 하고 바깥 표면은 외부로 노출되며 눈에 보이는 부분이므로 이와 마찬가지로 표면이 정밀한 것이 좋다.
- 이를 고려해 상단 마개는 45°의 각도로 기울여 배치해 서포트가 닿는 부분을 최소화한다.
- 부품 ①인 몸체 안쪽은 커피 가루가 가장 많이 닿는 곳이므로 표면이 매끄러워야 한다. 또한 부품 ②와 결합되기 위한 나사산 구조의 품질이 중요하기 때문에 서포트 배치를 빌드 플레이트 위로 설정해 내부에 서포트가 생성되지 않도록 한다.
- 나사산과 같이 단면의 길이가 짧은 곳은 서포트를 생성하지 않아도 출력에 별다른 문제가 발생하지 않는다.

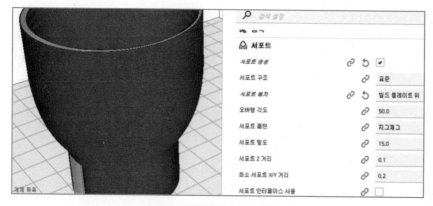

[그림 5-171] 부품 ①의 슬라이싱 옵션

- 부품 ②는 TPU로 출력될 것을 고려해 프린팅 속도를 20mm/s, 리트렉션 거리를 1.5mm, 리트렉션 속도를 25mm/s, 서포트 배치를 '빌드 플레이트 위'로 설정한다. TPU 재료는 프린팅 속도를 느리게 하는 것이 출력 품질이 좋다.
- 벨로우즈 구조는 각 주름의 기울어진 각도가 45°이므로 서포트가 생성되지 않도록 오버행 각도를 설정된 기본값인 50°로 한다.

[그림 5-172] 큐라 슬라이서의 블로우 호퍼 슬라이싱

출력 및 조립 테스트

[그림 5-173] 1차 출력 결과물

[그림 5-174] 조립된 출력물

- 부품 ③이 부품 ②에 결합될 때 서로 겹치는 홈의 깊이가 낮아 사용 중 흔들거리는 문제가 발생했다.
- 부품 ②와 부품 ③의 나사 체결의 공차 0.1mm가 충분하지 않아 체결이 원활하지 않았다. 더욱 공차가 필요했다.
- 부품 ①에서 나사산이 생성된 부분의 깊이가 충분하지 않아 부품 ②와 체결될 때 체결이 불안정했고 이곳을 통해 공기가 빠지는 현상이 발견됐다.

- TPU로 출력되는 벨로우즈 구조의 부품 ②는 벽 두께가 두꺼워 손으로 눌러 압축하는 데 큰 힘이 들어 잘 압축되지 않았다. 따라서 기존의 벽 두께 1mm를 0.7mm로 수정했다.
- 부품 ②의 전체 길이를 줄여 전체 크기를 다소 작게 수정했다. 초기 모델링에서 벨로우즈의 주름 4개가 3개로 줄어들었다.

[그림 5-175] 부품 ②의 수정 사항: 벽 두께, 길이, 부품 ①과 겹치는 부분 확장

- 부품 ①은 [그림 5-176]에서 보이는 것과 같이 빈 공간이 발생해 바람이 새는 문제가 발생했다. 이 제품에서 나사산은 모델링 툴의 스레드 기능으로 생성한다. 예를 들어, 퓨전360에서는 수나사와 암나사 부분을 모두 M58로 설정하고 최대 나사산의 크기를 적용하면 [그림 5-176]의 왼쪽 그림과 같이 나사산의 공차가 약 0.1 정도 확보된다.
- 이는 M58의 크기를 고려했을 때 너무 작은 공차가 된다. 따라서 암나사 부분은 원통의 지름을 Ø60으로 설정하고 나사산을 적용한 결과, 약 0.5의 공차가 확보됐다.
- 공차가 커진 만큼, 두 부품의 나사 결합을 견고히 하기 위해 나사산이 맞물리는 길이를 10mm에서 12mm로 늘렸다.

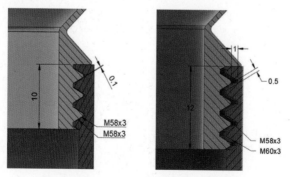

[그림 5-176] 수정 전과 후의 부품 ①, ②의 공차와 치수

- 부품 ③은 [그림 5-177]과 같이 홈의 깊이를 2.7mm에서 4.3mm로 늘리고 공차를 0.4mm에서 0.1mm로 줄여 바람이 새는 것을 방지함과 동시에 결합이 느슨해 발생할 수 있는 흔들거림을 줄였다.
- 서로 맞물리는 형상을 직각 형태에서 구배각이 적용된 형태로 변경해 서로 맞물릴 때 쉽게 결합될 수 있도록 했다.
- 부품 ③의 단면 중 가장 두께가 얇은 부분인 상단 부분의 두께는 출력 안정성을 높이기 위해 두께를 0.5mm에서 1mm로 늘렸다.

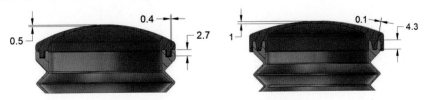

[그림 5-177] 수정 전과 후의 부품 ②, ③의 공차와 치수

2차 출력

[그림 5-178] 1차 출력 결과: 이동 속도가 높을 때 생기는 스트링

- 1차 출력 시 부품 ② 벨로우즈 구조 부분을 TPU로 출력할 때 15시간 27분의 출력 시간이 소요됐다. 시간이 이 정도로 오래 걸린 이유는 0.1mm의 레이어 높이와 20mm/s라는 출력 속도 설정 때문으로 추정된다. 그러나 TPU로 출력할 때 출력 시간이 오래 걸리는 문제는 현재로서는 감수해야 하는 부분으로 보인다.

- 한편, 출력하지 않을 때의 노즐의 이동 속도를 120mm/s로 기본값으로 설정했을 때, 부품 ②의 내부에 스트링이 많이 관찰됐다. 이동 속도를 120mm/s에서 100mm/s로 수정해, 스트링의 생성을 최소화하고자 했다.

[표 5-17] 2차 출력 조건

부품 번호, 이름	사용 프린터	필라멘트	레이어 높이	내부채움 밀도	출력 속도	출력 시간
① 몸체	신도리코 3DWOX 2X	PLA	0.1mm	20%	40mm/s	4시간 26분
② 블로우 호퍼	큐비콘 3DP-110F	TPU	0.1mm	20%	40mm/s	7시간 13분
③ 상단 마개	신도리코 3DWOX 2X	PLA	0.2mm	20%	60mm/s	1시간 16분

- 부품 ②의 출력 시간을 단축하기 위해 압출량을 120%로 늘리고 출력 속도는 40mm/s로 수정했을 때 7시간 13분이라는 출력 시간을 얻을 수 있었다. 기능상의 문제는 발견되지 않았으며 더 좋은 표면 품질을 얻을 수 있었다.
- TPU 소재는 필라멘트 제조사에 따라 재료의 특성이 다르게 표현되기 때문에 몇 번의 시행착오를 통한 최적의 설정값을 찾는 과정이 필요하다.
- 부품 ③의 표면은 서포트가 생성된 자리는 출력 각도와 형상 등의 요인으로 여전히 만족할 만큼 우수하지는 않다. 안쪽은 표면 품질이 우수했지만, 바깥 표면은 후가공이 필요할 것으로 판단된다.

[그림 5-179] 부품 ③의 출력 결과물

- 전체 부품을 조립한 결과, 1차 출력 때와 달리 부품 간의 결합 정도, 공기가 빠져나가는 정도, 나사와 나사의 원활한 결합 등 모든 부분의 조립성이 개선됐다.

[그림 5-180] 조립된 출력 결과물

생각해 볼 문제

01 TPU 소재를 사용할 때의 슬라이서 설정에서 특히 유의해야 하는 내용은 무엇인가?

- 레이어의 층간 접착력을 높이기 위해 15mm/s~40mm/s의 낮은 출력 속도를 설정하고 압출량을 120% 정도로 늘리는 것이 좋다.
- 내부채움 밀도를 100%로 높이는 것은 출력 시간이 매우 길어지는 단점이 있으므로 꼭 필요한 경우에만 하는 것이 좋다. TPU 소재는 강도가 필요한 부분에 사용하는 소재는 아니므로 내부채움은 기본값 또는 40% 이하가 적당하다.

02 부품 ①과 ③인 몸통과 마개는 ABS와 PLA 중 어떤 재료가 더 적합한가?

[그림 5-181] PLA로 출력한 상단 마개의 서포트
자리를 샌딩한 후 보이는 거친 표면

- 식품이 직접적으로 닿는 부품을 출력하는 경우, 필라멘트 제조사에서 제공하는 재료 안전 데이터 시트를 참조할 수 있다. 일반적으로 PLA와 ABS는 출력 후 재료가 굳은 상태에서는 식품 용기로 사용될 만큼 안전한 편이다.

- 그러나 후가공을 고려한다면 이 제품에서는 PLA보다 ABS를 선택할 수 있다. 커피 가루가 안쪽 표면에 묻게 되고 외부는 시각적으로 노출되기 때문에 표면의 정밀도가 중요한 부품이기 때문이다.

- [그림 5-181]에서 보이는 상단 마개는 서포트 제거 자리의 표면이 꽤 거칠다. PLA로 출력된 부품을 사포로 샌딩한 후에는 거친 자국이 생겨서 표면 상태가 좋지 않다. 샌딩과 다른 후가공을 고려한다면 PLA보다는 ABS가 유리하다. ABS일 경우 최소한의 후가공으로 사용할 수도 있고 아세톤 훈증과 같은 2차적인 후가공을 할 수도 있다.

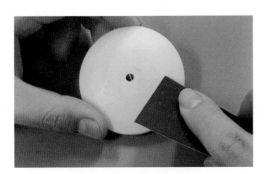

[그림 5-182] ABS 재료 출력물 샌딩

[그림 5-183] ABS 재료 출력물 아세톤 훈증

[그림 5-184] ABS 재료 출력물 후가공 전과 후

03 벨로우즈 구조의 부품에 다른 종류의 플렉서블 재료를 사용할 수 있을까?

[그림 5-185] 왼쪽부터 큐비콘 사의 TPU, eSUN 사의 eLastic, eSUN 사의 eFlex로 출력 테스트(벽 두께 1mm)

[그림 5-186] 87A 경도의 TPU 소재로 벽 두께 0.7mm인 출력물 출력 실패 예시

- TPU 재료의 부드러움의 정도는 쇼어 경도로 표시된다. 쇼어 경도를 이용해 재료가 얼마나 딱딱하고 부드러운지를 구별하고 있다.

- 큐비콘 사에서 판매하는 TPU 필라멘트의 쇼어 경도는 92A, eSUN 사의 eLastic TPE는 쇼어 경도 85A, eSUN 사의 eFlex TPU는 경도 87A이다. 숫자가 낮을수록 더 부드러운 재료이다.

- 숫자가 낮을수록, 즉 부드러울수록 출력의 난이도가 올라간다. 재료별로 생성할 수 있는 벽 두께에서 차이를 보인다. 92A 경도의 큐비콘 TPU는 0.7mm의 벽 두께를 갖는 부품이 원활하게 출력할 수 있었지만, 87A, 85A의 경도를 갖는 재료는 출력되지 않았다.

04 쇼어 경도에 따라 벨로우즈 구조의 기능은 어떤 차이가 있을까?

- 92A 경도의 TPU는 벨로우즈의 주름이 접히며 펌프의 역할을 잘 수행했다. 하지만 85A 경도의 eLastic TPE는 위에서 눌렀을 때 주름이 접히는 것이 아니라 형상 자체가 찌그러지는 것이 관찰됐다. 따라서 형상과 기능에 맞게 적절한 재료를 선택하는 것이 중요하다.

- 따라서 쇼어 경도를 무조건 낮은 것으로 선택해 부드럽게 출력하는 것이 모든 경우에 유리한 것은 아니다. 부품의 기능에 적합한 쇼어 경도를 선택하는 것이 필요하다.

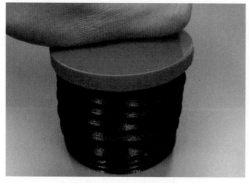

[그림 5-187] 92A 경도와 85A 경도 출력물 비교

04 아두이노 우노 케이스

연습 목적

01 가장 일반적인 형태의 PCB보드가 포함된 케이스의 설계 방법을 익힌다.

02 직결나사와 보스 결합의 케이스 구조를 이해하고 이를 출력할 때의 고려사항을 이해한다.

완성품

[그림 5-188] 완성된 아두이노 우노 케이스 프로토타입

제품 개요

- 아두이노 우노(Arduino Uno) 보드가 들어가는 전장 제품의 케이스 프로토타입
- 아두이노 보드에 내장된 택트(Tact) 스위치를 누르는 버튼 포함
- 제품 개발을 위한 프로토타입 용도의 자주 개폐하는 케이스

케이스의 고정

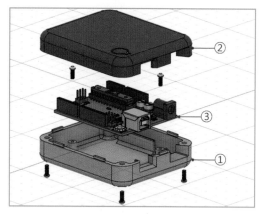

[그림 5-189] 아두이노 우노 케이스 모델링

- 부품 ①과 ②의 케이스 체결 방법은 직결나사와 보스 구조를 적용해 개폐의 용이성을 확보한다.
- 부품 ①과 ②의 자리 맞춤을 위해 요철 구조를 적용하고 요철의 두께 1mm를 고려해 전체 벽 두께에 3mm를 적용한다.
- 크기: $86 \times 73 \times 15$mm
- 케이스의 체결을 위한 직결나사는 $\varnothing2.6 \times 8$, 4개를 사용한다.

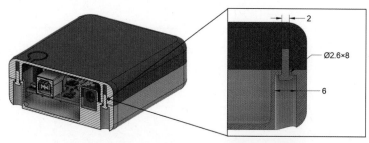

[그림 5-190] 케이스 조립을 위한 직결나사와 보스의 구조

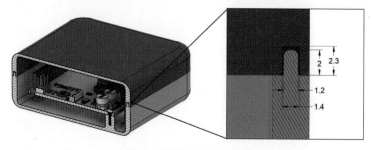

[그림 5-191] 케이스의 요철 구조

아두이노 보드의 고정

- 부품 ③인 아두이노 우노 보드의 고정은 직결나사와 보스 구조를 적용한다.
- 부품 ③에 마련된 나사 체결을 위한 구멍은 4개소지만, 프로토타입라는 것을 감안해 2개소에만 나사 체결을 한다([그림 5-192]의 빨간색 화살표 부분).
- 직결나사는 Ø2.6×8을 사용하며 보스의 안지름은 나사 지름의 80% 정도인 Ø2를 적용한다.

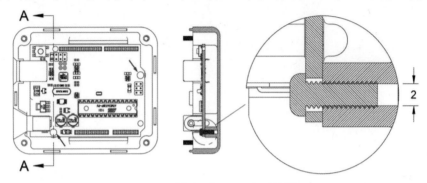

[그림 5-192] 아두이노 우노 보드의 조립 방법

전원과 USB 포트 부분

- 전원 및 USB 연결을 위한 포트는 외부로 돌출되도록 하며 쉽게 액세스 가능하도록 고려한다.
- 단, 전장 기능 확인을 위한 프로토타입이므로 플라스틱 양산 설계의 고려사항은 반영하지 않고 간단하게 모델링한다.

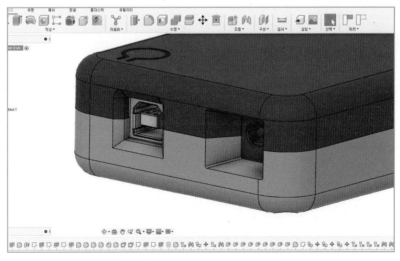

[그림 5-193] 전원과 USB 포트 부분 형상

슬라이싱

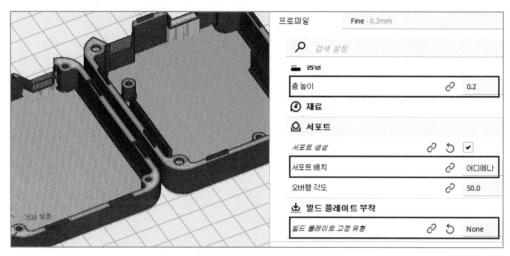

[그림 5-194] 부품 ①과 ②의 출력 옵션

- 케이스 내부에 오버행이 존재하기 때문에 서포트 배치를 '어디에나'로 설정한다.
- 표면 정밀도가 크게 중요한 부품은 아니며 복잡한 곡면 형상이 없으므로 레이어 높이는 기본 값인 0.2mm로 설정한다.
- 부품의 형태가 평평하고 넓어서 부품이 자체적으로 바닥 보조물의 역할을 하므로 슬라이서 설정에서 바닥 보조물은 생성하지 않도록 한다.
- 다른 항목은 큐라의 기본값으로 설정한다.

출력 및 조립 테스트

- 다음 출력 조건으로 출력한 결과, 벽 두께의 문제가 발생됐다.

[표 5-18] 출력 조건

사용 프린터	필라멘트	레이어 높이	내부채움 밀도	출력 속도	출력 시간	특이 사항
큐비콘 싱글	PLA	0.2mm	20%	60mm/s	6시간 36분	없음

- [그림 5-195]와 같이 보스 부분의 벽 두께가 채워지지 않고 빈틈이 존재한 채로 출력됐다. 보스 부분은 직결나사가 체결되는 곳으로, 벽 두께는 나사의 체결력에 중요한 영향을 미치므로 모두 채워지는 것이 좋다.

[그림 5-195] 벽 사이의 빈틈이 있는 채로 출력된 출력물

[그림 5-196] 부품 ①과 나사로 체결된 보드

- 아두이노 보드는 하부 케이스에 직결나사를 이용해 체결됐지만, 몇 번의 조립과 분해 이후 보스의 나사산이 금방 손상됐다. 위의 벽 두께 문제가 영향을 미친 것으로 보인다.

- 단, 보스의 위치와 깊이 등 출력 이외의 설계를 수정해야 할 부분은 발견되지 않았다.

수정 및 재출력

▌슬라이서 설정 변경

- 직결나사가 체결되는 보스의 벽 두께를 모두 채워 출력하기 위해 슬라이서의 설정을 수정한다.

- 슬라이서마다 약간의 명칭의 차이가 있지만, 이 제품의 출력에 사용한 큐비크리에이터의 경우, '벽 사이 빈틈 채우기'라는 설정에서 Everywhere로 설정을 변경하면 보스의 벽 두께 문제를 해결할 수 있다.

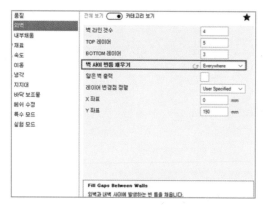
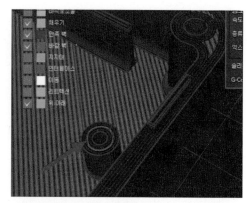

[그림 5-197] 큐비크리에이터 슬라이서의 벽 사이 빈틈 채우기 설정을 적용했을 때

[그림 5-198] 1차 출력물(왼쪽)과 2차 출력물(오른쪽)의 보스 부분 차이(슬라이서 설정에서 '벽 사이 빈틈 채우기'로 설정)

- 2차 출력 후 직결나사와 보스 구조로 상, 하 케이스가 잘 조립했으며 아두이노 우노 보드도 하부 케이스에 잘 조립됐다.

[그림 5-199] 완성된 출력물   [그림 5-200] 부품 ①과 ②의 나사 체결

생각해 볼 문제

01 보스 구조에서 슬라이서마다 설정된 기본값이 다르면 어떤 차이가 발생하는가?

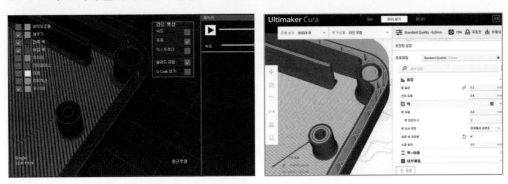

[그림 5-201] 큐비크리에이터(왼쪽)과 큐라 슬라이서(오른쪽)의 비교

- 큐비크리에이터 슬라이서의 기본값은 [그림 5-201]과 같이 벽 사이의 빈틈을 채워 주지 않는다. 큐비크리에이터에서 출력한 실제 결과를 보면, [그림 5-198]과 같이 보스 부분에서 빈틈이 발견된다. 따라서 보스 구조의 안정적인 결합을 위해 벽 사이의 빈틈을 채움으로 설정해야 한다.

02 PLA와 ABS 재료 차이에 의한 출력물의 차이는 무엇인가?

- ABS는 재료의 수축률이 높고 노즐과 베드의 온도가 높아 대체로 수축이 많이 발생한다. 베드에서 안착된 면이 넓을 경우, 종종 휨 현상이 나타난 된다. 또한 출력 후에 오랫동안 베드에서 서서히 냉각되면 베드와 닿는 부분의 품질이 떨어진다.

[그림 5-202] 출력 후 베드에 오래 뒀을 때와
즉시 떼어냈을 때의 품질 비교

- [그림 5-202]에서와 같이 출력 후 베드에 오래 뒀을 때는 베드와 닿은 부분의 품질이 좋지 않은 것을 확인할 수 있다. 적절하게 냉각된 후 바로 베드에서 제거하는 것이 좋다.

03 크기마다 차이는 있지만, 이 케이스 정도의 크기에서 벽 두께는 몇 mm가 적당한가?

04 상부 커버와 하부 커버가 결합될 때 요철 구조를 적용했는데, 이것의 역할은 무엇이며 이것이 없을 경우의 단점은 무엇인가?

05 자전거 자물쇠

연습 목적

01 여러 개의 부품으로 구성된 복잡한 제품의 조립을 통해 조립 공차에 대한 개념을 이해한다.

02 부품이 많을 경우, 3D프린팅 출력물의 조립성과 조립 시의 여러 가지 문제점을 경험하고 이를 최소화할 수 있는 모델링 고려사항을 이해한다.

03 다양한 형상과 구조의 부품에 대한 최적의 슬라이서 설정값을 이해한다.

완성품

[그림 5-203] 출력 후 조립된 자전거 자물쇠

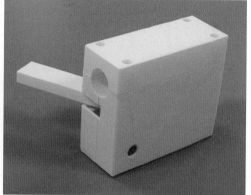

[그림 5-204] 잠금 상태의 조립품

제품 개요

• 자전거 받침다리를 내렸을 때 자동으로 바퀴를 잠글 수 있는 자전거 자물쇠 프로토타입

• 손을 사용하지 않고 자전거를 세움과 동시에 잠글 수 있는 새로운 개념의 자전거 자물쇠

제품의 동작 방법

• 자전거 자물쇠는 자전거 프레임에 고정된 자물쇠 부분(노란색 조립품) A와 자전거 받침다리에 고정된 펀치 부분(흰색 조립품) B로 나눠 구성한다.

• 자전거를 세워둘 때 자전거 받침다리를 발로 내리게 되는데, 이때 받침다리에 부착돼 있는 펀치 부분의 B 부품이 내려오면서 c 부품을 누르게 되고 내부에 마련된 장치에 의해 부품 d가 90° 회전해 자전거 뒷바퀴 살을 관통하고 잠기게 된다.

d A c B

[그림 5-205] 자전거 자물쇠가 잠기는 과정

설계 콘셉트/모델링

- 이 제품은 체결 나사 포함 총 15종 23개의 부품으로 구성된 조립품으로, 복잡한 조립 과정과 정교한 순서의 조립이 요구되는 프로토타입이다.
- 3D프린팅으로 출력한 부품 이외에 표준품에 해당하는 압축 스프링, 코일 스프링, 자물쇠 어셈블리, 걸쇠, 핀 등 외부에서 구입한 부품이 사용되므로 더 정밀한 치수의 출력물이 요구된다.
- 모든 케이스는 직결나사와 보스를 사용해 안정적으로 체결한다.
- 이 프로토타입의 표면 정밀도는 크게 중요하지 않다. 제품의 기능과 사용성을 테스트하는 프로토타입이므로 테스트에 중점을 두고 설계한다.
- 제품의 대략적 크기는 자물쇠 부분 85×173×40mm, 펀치 부분 154×100×40mm이다.
- 이 제품의 부품 구성은 [그림 5-206]과 같다. 이 중 출력하지 않고 구입해 사용하는 부품은 8, 10, 11, 12, 13, 14 부품이다.

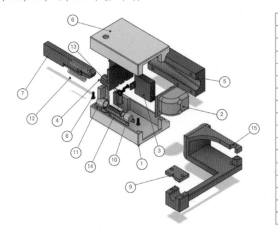

15	1	PUSHBAR
14	1	COIL SPRING
13	1	SCREW(2)
12	2	SPRING
11	1	LOCK
10	1	LOCKER
9	1	PUSHBARCOVER
8	8	SCREW
7	1	HOOK
6	1	COVER-L
5	1	COVER-T
4	1	PUSH_BAR
3	1	GUIDE
2	1	PUSHER-B
1	1	COVER-R
항목	수량	부품 번호
부품 리스트		

[그림 5-206] 자전거 자물쇠 프로토타입의 부품 구성

슬라이싱

- 제품을 구성하는 부품의 수가 많아 한 번에 모두 출력되지 않고 자물쇠 몸체부 A와 받침다리에 고정되는 B 파트로 나눠 출력한다.
- A 파트를 구성하는 부품들의 형상은 복잡하지 않으며 일부 언더컷 부분에 약간의 서포트가 생성되므로 특이 사항 없이 출력한다.
- [그림 5-207]과 같이 일반적인 슬라이서 설정값을 적용한다. 출력 시간이 14시간 정도로 매우 오래 걸리므로 중간에 프린팅 에러가 생기는지 확인할 필요가 있다.

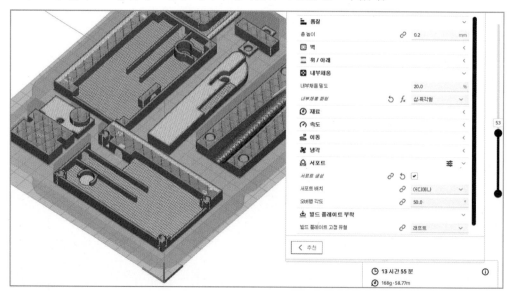

[그림 5-207] 출력 설정 화면

- B 파트의 구성은 다음과 같으며 기본 설정값으로 출력한다. 단, 이 파트는 어느 방향으로 배치해도 서포트가 많이 생성되는 구조이므로 [그림 5-208]과 같이 출력하고 서포트 제거 시 주의한다.

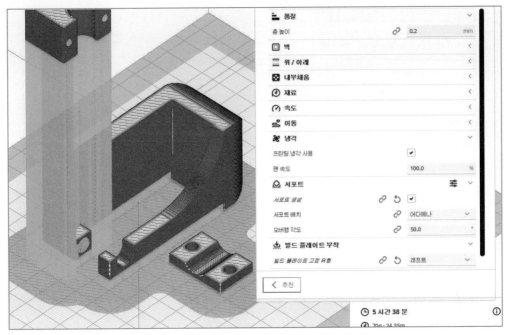

[그림 5-208] 서포트의 생성 현상

출력 및 조립 테스트

[표 5-19]와 같은 출력 조건으로 각 부품을 출력하고 조립한 후 기능성을 테스트한다.

[표 5-19] 출력 조건

부품 번호, 이름	사용 프린터	필라멘트	레이어 높이	내부채움 밀도	출력 속도	출력 시간
A 부분	큐비콘 3DP-110F	PLA	0.20mm	20%	60mm/s	13시간 55분
B 부분	큐비콘 3DP-110F	PLA	0.20mm	20%	60mm/s	5시간 38분

▌레어어 박리

- 출력물의 크기가 클 경우, 출력 난이도가 올라간다. 크기가 커질수록 출력 시간이 오래 걸리고 변형이 발생할 가능성이 커지기 때문이다.
- 여기서는 가장 큰 부품인 케이스의 출력 부분에서 레이어 박리와 약간의 워핑 현상이 발생했다. 다만, 출력 후 전체 조립에서 큰 문제는 없었으며 새로운 자물쇠의 콘셉트를 테스트하는 용도의 프로토타입 목적에 벗어나지 않아 재출력은 하지 않았다.

[그림 5-209] 몸체 파트 케이스 출력 시 나타난 레이어 박리 현상

워핑 현상

레이어 박리를 줄이고 워핑 현상을 해소하기 위해
출력 속도를 낮게 하고 압출량을 약간 늘릴 수 있
지만, 출력 시간이 너무 길어지는 단점이 있어 적
용하기 어려운 방법이다.

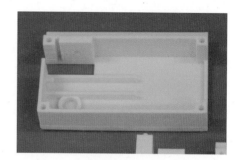

[그림 5-210] 출력물의 끝부분이 베드에서
약간 들뜨는 워핑 현상

서포트 제거

- 서포트가 많이 생성된 B 파트는 생성된 양에 비해 부품과 붙어 있는 면적이 크지 않아서 서포
  트를 제거하는 데 따른 어려움은 없었다. 단, 서포트로 인해 출력 시간이 매우 오래 걸렸다.
- 서포트의 양을 줄이기 위해 부품을 분리해 출력할 수 있지만, 여기서는 적용하지 않았다.

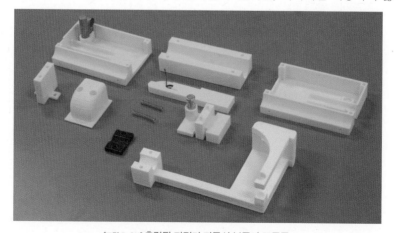

[그림 5-211] 출력된 자전거 자물쇠 부품과 표준품

01 출력 시간을 단축할 수 있는 방법은 무엇인가?

- 내부채움 밀도를 조절하면 약간의 출력 시간을 단축할 수 있다. 내부채움은 덩어리 형태의 내부를 어느 정도의 밀도로 채울지를 결정하는 비율이므로 일반 플라스틱 부품처럼 얇은 벽 두께로 된 형태의 부품에서는 별로 출력 시간을 단축시키지 못한다.

- 그러나 프로토타입을 위한 모델링은 사출 설계 조건을 따르지 않아도 되므로 두꺼운 벽 두께가 가능하다. 이 경우, 내부채움 밀도를 적게 하면 출력 시간을 단축할 수 있다. 두꺼운 부품일수록 효과는 크다.

- [그림 5-212]를 보면 내부채움 밀도가 10%일 때는 출력 시간이 7시간 39분인데, 내부채움 밀도가 20%일 경우는 8시간 6분으로 약간 증가한다. 출력 시간의 단축 정도는 부품의 형태와 부피에 좌우된다.

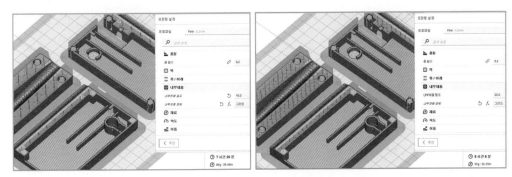

[그림 5-212] 내부채움 밀도 10%와 20%일 경우의 출력 시간 차이

- 두 번째 방법은 출력 속도를 조절하거나 레이어 높이를 조절하는 방법이 있다. 부품에서 요구되는 정밀도의 정도에 따라 출력 속도를 약간 높이거나 레이어 높이를 기본값으로 설정하는 것이 일반적인 방법이다.

02 많은 수의 부품을 한꺼번에 출력하는 것이 좋은가, 따로따로 출력하는 것이 좋은가? 그 이유는 무엇인가?

참고 문헌

PART 01

모델링 소프트웨어
- https://www.ptc.com
- https://www.autodesk.com
- https://www.simens.com
- https://www.3ds.com
- https://www.rhino3d.com

슬라이서
- https://www.3dcubicon.com
- https://www.ultimaker.com
- https://www.shido.com

STEP 파일
- ISO10303-21

STL 파일
- https://www.3dsystems.com

3MF 파일
- https://www.3mf.ic

충격 강도
- ASTM D256
- Shrikant Bardiya, J.Jerald & V.Satheeshkumar, "Effect of process parameters on the impact strength of fused filament fabricated (FFF) polylactic acid (PLA) parts", materialstoday: Proceedings, 41(5), 1103–1106, 2021
- Shilpesh R. Rajpurohit & Harshit K. Dave, "Impact strength of 3D printed PLA using open source FFF–based 3D printer", Progress in Additive Manufacturing(2021)6, 119–131, 2021
- TugceTezel, Murat Ozenc & Volkan Kovan, "Impact properties of 3D-printed engineering polymers", Materialstoday Communications26:102161, 2021

굽힘 강도
- ASTM D790

인장 강도
- ASTM D638

내열성
- ISO 75

사출 및 필라멘트 열 변형 온도
- https://omnexus.specialchem.com
- https://www.matweb.com
- https://www.3dcubicon.com
- https://www.prusa3d.com

폼랩스 사에서 제시하는 프린터 방식별 최소 벽 두께 권장값
- https://formlabs.com/blog/minimum-wall-thickness-3d-printing

재료별 권장 벽 두께
- https://www.rapiddirect.com/blog/3d-printing-wall-thickness

신도리코의 후가공 소개
- https://www.sindohblog.com/1849
- https://www.sindohblog.com/1851?category=522209

후가공의 종류와 각 장단점
- https://all3dp.com/2/fdm-3d-printing-post-processing-an-overview-for-beginners
- https://www.hubs.com/knowledge-base/post-processing-fdm-printed-parts
- https://www.makerbot.com/ko/professional/post-processing

후가공 관련 팁
- https://www.youtube.com/watch?v=Bc-zTKs4_1Y
- https://bigrep.com/post-processing

PART 4

치수공차와 끼워맞춤
- KS B 0401(관련 규격: ISO 286-1, 286-2)

기하공차
- ASME Y14.6M-1994

스냅핏 설계 공식
- Snap-Fit Joints for Plastics, Bayer MaterialScience, page 11~16(https://fab.cba.mit.edu/classes/S62.12/people/vernelle.noel/Plastic_Snap_fit_design.pdf)

3M 양면테이프
- 3M 99786(https://www.3m.co.kr/3M/ko_KR/p/d/v000585704/)
- 3M 465(https://www.3m.co.kr/3M/ko_KR/p/d/v000068254/)

니토 양면테이프
- Nitto EW-514D(https://www.nitto.com/kr/ko/products/double/240/)
- Nitto 5790(https://www.nitto.com/kr/ko/products/double/071/)

사진 출처

PART 01

- [그림 1-9] EOS 사의 소형 금속 프린터 EOS M100(https://www.eos/info/en)
- [그림 1-10] 렙랩의 3D프린터, 다윈(https://reprap.org/wiki/Darwin)
- [그림 1-11] 렙랩의 3D프린터, 멘델(https://reprap.org/wiki/Mendel/kr)
- [그림 1-12] 메이커봇의 초기 리플리케이터(https://beta.ivc.no/wiki/index.php/MakerBot_Replicator_1)
- [그림 1-13] 싱기버스에서 찾을 수 있는 모델링들(https://www.thingiverse.com/)
- [그림 1-15] 아디다스의 4DFWD 운동화(https://www.adidas.co.kr/4dfwd/Q46446.html)
- [그림 1-16] GE의 적층 제조된 엔진 노즐(https://www.gereports.kr/ge-additive-day-2019-review/)
- [그림 1-17] 포르셰, 3D프린팅 피스톤(https://media.porsche.com/mediakit/porsche-innovationen/ko_kr/porsche-innovationen/3D-printed-pistons)
- [그림 1-18] 포르셰의 3D프린팅한 시트의 일부 구조(https://media.porsche.com/mediakit/porsche-innovationen/ko_kr/porsche-innovationen/3D-druck-technologie-fuer-schalensitze)
- [그림 1-19] 3D프린팅 로켓 TERRAN 1, TERRAN R(https://www.relativityspace.com/rockets)
- [그림 1-20] GE에서 3D프린팅한 항공기 엔진(https://www.gereports.kr/additive-manufacturing-innovation-and-case/)
- [그림 1-22] 3D프린터로 출력한 인공 심장(https://www.youtube.com/watch?v=aQC2FXDqNCA&t=20s)
- [그림 1-23] 인공 심장 제작 과정(https://www.youtube.com/watch?v=aQC2FXDqNCA&t=20s)
- [그림 1-24] 바이오프린터로 창살 모양의 목재를 기르고 특성을 강화하는 것을 보여주는 개념(https://news.mit.edu/2022/lab-timber-wood-0525)
- [그림 1-25] 3D프린팅된 치아(https://stock.adobe.com)
- [그림 1-26] Sakuu사에서 소개하는 배터리(https://www.sakuu.com/batteries)
- [그림 1-27] 3D프린팅으로 구현된 Zn-ion 배터리 DOI: 10.1021/acsnano.8b02744, ACS Nano 2018, 12)
- [그림 1-28] 3DSystems의 반도체 생산 설비(https://ko.3dsystems.com/semiconductor)
- [그림 1-29] 반도체 세척 시스템의 가스 혼합기 제작 사례(https://ko.3dsystems.com)
- [그림 1-30] 인쇄된 고기를 레이저로 굽는 모습(https://www.nature.com/articles/s41538-021-00107-1)
- [그림 1-31] 대체육을 프린팅하는 모습(https://www.novameat.com/)
- [그림 1-32] 레이저로 닭고기를 조리하는 모습(https://www.nature.com/articles/s41538-021-00107-1)

- [그림 1-33] 3D프린팅된 초콜릿 장식품(https://www.barry-callebaut.com/ko-KR/artisans/mona-lisa/3dstudio)
- [그림 1-49] 미국의 재료시험 협회 ASTM(American Society for Testing and Materials)의 3D프린팅 방법 분류(ASTM F2792-12a)
- [그림 1-50] SLA 방식의 FORMLABS사의 Form 3L(https://formlabs.com/kr/3d-printers/form-3l/)
- DLP 방식의 XYZPrinting 사 Nobel superfine(https://www.xyzprinting.com/ko-KR/product/nobel-superfine)
- [그림 1-51] 3Dsystems 사의 DMP flex200(https://www.3dsystems.com/3d-printers/dmp-flex-200)
- Sinterit 사의 LIsaX SLS 3D프린터(https://sinterit.com/3dprinters/lisa-x/)
- [그림 1-52] 재료 분사 방식의 스트라타시스 사의 J55 prime(https://www.stratasys.co.kr/3d-printers/j55-prime)
- [그림 1-53] 결합제 분사 방식의 exone 사의 S-print(https://www.exone.com/en-US/3D-printing-systems/sand-3d-printers/S-Print)
- [그림 1-54] 직접 에너지 증착 방식의 INSSTEK 사의 MX-Fab 시리즈(http://www.insstek.com/content/mx_fab)
- [그림 1-55] 시트 적층 방식인 UAM 기술을 이용한 FABRISONIC 사의 fabrisonic1200(https://fabrisonic.com/3dprinting/wp-content/uploads/2019/03/SonicLayer-1200-R2-003.pdf)
- [그림 1-56] Creality 사의 ENDER3(https://www.creality.com/pages/products?collection=Ender+Series&spm=..index.header_1.1)
- PRUSA 사의 i3 MK3S+(https://www.prusa3d.com/product/original-prusa-i3-mk3s-3d-printer-3/)
- 큐비콘 사의 Style-220C(http://www.3dcubicon.com/shop/item.php?it_id=1594957290)
- [그림 1-61] 핫 엔드 부품 구조(https://vip.creality.com/en/goods-detail/1195)
- [그림 1-64] 콜드 엔드의 구성 요소(https://www.creality3dofficial.com/products/direct-extruding-mechanism-complete-extruder-nozzle-kit-for-ender-3)
- [그림 1-71] Ultimaker 사의 S5(https://ultimaker.com/ko/3d-printers/ultimaker-s5)
- 큐비콘 사의 single plus-320c 에어필터(http://www.3dcubicon.com/shop/item.php?it_id=1595152698)
- [그림 1-72] 큐비콘 사의 single plus-320C(http://www.3dcubicon.com/shop/item.php?it_id=1592533596)
- [그림 1-74] FLSUN 사의 Q5(https://flsunofficial.com/products/flsun-q5?utm_source=navigationq5&utm_campaign=home)
- Monoprice사의 Mini Delta V2(https://www.monoprice.com/product?p_id=21666)
- [그림 1-80] PPprint에서 PP소재로 출력한 출력물(https://www.ppprint.de)

찾아보기